「私がこの世で一番好きなのは冒険ね」

エレ・ニース談

目次

はじめに

今朝、私の机には写真が広がっている。風景写真が三枚。魅力的な女性の写真が三枚。映画スターのように、どんな顔でカメラに向けばよいのかよく承知している風だ。そして一枚は車の衝突事故の写真。

まず、風景写真から。一九〇〇年。セピア色のはがきに写っているのは、パリから七〇キロ南西にある小さな村、オネ・ス・オノー。当時の日常生活を捉えたものだ。道には三人の女が腰に手をあて、厚手のストッキングを履いた足を踏みしめて立っている。オネに詳しい歴史家レイモンド・バレントンは、うわさ話に忙しいその女たちではなく、背後にある建物に注目するように言った。小さくて屋根の低いみすぼらしい建物。これが一九〇〇年にエレ・ニース（エレーヌ・ドラングル）が生まれた家である。もっとも、彼女としては一九〇五年生まれということにしたかったようだが。虫眼鏡を使ってそのはがきをのぞき込むと、「郵便と電信」の文字が書かれた、淡い褐色の小さな表札が壁についている。輝かしいキャリアの始まりとしては、地味すぎる家である。

次の写真はリュウゼツラン屋敷《ヴィラデザガーヴ》。コートダジュールにあり、一九三七年、エレーヌはこの屋敷に住んでいた。白いその建物は、曲線が美しい当時最先端をいくデザインだ。そして、カップ・フェラの優美な岬を見下ろすかたちで、ボーリュ・シュル・メールの上に切り立つ崖のきから張り出している。リュウゼツラン屋敷は、曲がりくねった上り坂エドワール七世大通りのてっぺん近くにある。エレーヌがキャリア絶頂期に住んでいたこの屋敷の隣人たちといえば、ヨーロッパの王族や人気スポーツ選手たちだった。メインの寝室のテラスからほぼ見下ろす位置にある壮麗なチュニス屋敷は、エレーヌの後援者でもあったエットーレ・ブガッティが、自社のやり手ドライバー、ジャン・ピエール・ウィミーユから購入したものである。エットーレ・ブガッティとミラノ生まれのオペラ歌手との三〇年にわたる結婚生活は、一九三〇年代半ばにはよい状態とはほど遠くなり、彼はそんな生活からの避難場所としてチュニス屋敷を買ったのだ。海辺のお屋敷は、まるで馬車や競走馬のごとく家を買う彼のために作られたようなものであった。

三枚目は、それから五〇年ほど後の写真。その家は、ニースの旧市街にある港の裏、タバコ農場の雇われ労働者たちが部屋を借りて住んでいたあたりにある。町の背後に迫る山とエドゥアール・スコフィエ通りの間に走る何本かの通りは、みすぼらしくいかがわしい雰囲気を醸し出している。トラックの板金塗装工場の向かいにある安っぽいファサードの建物が、エレーヌの人生がひっそりと消えて行った住処である。この家に彼女は援助を受けながら一〇年近くも住んでいた。そして一九八四年、エレーヌは地元の病院の公共病棟で息絶えた。所持品はほとんどなく、あったのは古い新聞の切抜きや手紙、写真が詰まった大きな箱が二つ。が、さっさと部屋を掃除して次に貸し出したい大家は、そういったものもゴミとして送り出してしまった。彼女のトロフィーや、七〇年にわたって集めた大事な切手帳も売られるか、人手に渡っていった。

場所についてはこれくらいにして、次は人物写真。まず一枚目に写っているのは、見目麗しい若い女性。一糸まとわず、羽ばたく白い鳩を捕まえようと手をのばしている。このパフォーマンスは、どこで行われたものかはわからないが、オネ村の公会堂などでないことは明らかだ。おそらく、このときエレーヌは二〇代前半と思われ、触れたくなるようなつやつやとした素肌をしている。

次の写真も一枚目と同じ若い女性だが、その姿は驚くほど違う。こちらの写真では彼女は車の運転席に座っている。その車は、エットーレ・ブガッティが設計した世界でもっとも美しいレーシングカー（今ではこの私も、そのよさがわかるようになった）、タイプ35のスーパーチャージャーを備えた仕様だ。エレーヌは白いオーバーオールを着ており、布製の防風キャップの下でカールした金髪は見えない。彼女の写真にしては珍しく、ナーバスな笑顔を浮かべている。何時頃に撮ったものかは定かではない（他の証拠から、一九二九年一二月のある日の早朝だと思われる）。天気予報はよくなかったようで、車の後ろに一列に並んだ男たちは、ギャングよろしくレインコートを着ている。そのなかで一番小柄な男が心配そうに車を見つめているが、これが彼女のメカニックであるジョセフ・チェッキに違いない。この写真は彼に捧げると彼女の力強い筆記体で書かれている。

もう少し、この写真をよく見てみよう。そう、この写真こそ祝福すべき日の記録なのだ。それは、その当時エレ・ニースと名乗っていたエレーヌ・ドラングルが、フランス初の高速サーキットを平均速度毎時一九八キロメートルで一〇周し、世界最速の女性ドライバーとなった日である。そのコースの表面はでこぼこで、傾斜したバンクが高くそそり立っている。金魚鉢のようなこのモンレリー・サーキットのてっぺんを横滑りしながら、一周四八秒の速さで走行する。タイヤが破裂したり、ねじが一本ゆるんだり、ブレーキに欠陥でもあったなら、コンクリートでできたバンクのへりから投げ飛ばされるであろうことも承知の上で。そんなスピードでブガッティのハンドルを操るのは、溶けたバターをナイフで切ろうとするようなものだと言われていたのだ。

実際、それはどんな感じだろう？　小説家ならばそのスピードを十分に表現できたであろうに、それを描くことを選んだ者がほとんどいないのは残念だし、不思議でもある。なんといっても、自動車レースは一九二〇年代においての最大の娯楽だったのだ。ロートレックやマティス、肖像画『緑のブガッティと女』を描いたタマラ・ド・レンピカといった画家たちは、二次元の世界でいかにしてスピードを表現するかというチャレンジを楽しんでいた。一方、小説家たちはといえば、常套的なシーンやいくつかの詩を別として、それを離れたところから見ていたのである。その詩にしても、エリュアールやアポリネールとしては、忘れてほしいと思っているかもしれない。[註1]

女が猛スピードで車を飛ばす話として、よく知られているのはイギリスの小説家イヴリン・ウォーが一九二九年に書いた『Vile Bodies』である。一九二九年といえば、三〇歳に手が届くかというエレーヌ・ドラングルがスピード新記録を打ち立てた年でもある。『ヴァイル・ボディーズ』の一二章で若者アダム・サイムスとマイルス・マルプラクティスが、レースコースで埃にまみれる長い一日を過ごしに出かける。友人のアガサ・ランシブルとアーチー・シュワルツも一緒だ。冒険好きなミス・ランシブル——彼女のモデルとなったのは、ウォーのレース仲間であるエリザベス・プランケット・グリーンだ——は、コ・ドライバーとしてレースに出場する。そして、チャンピオンを打ち負かすが、そのままのスピードで道から外れてしまう。病院に運ばれたあとも、看護婦が止めるまで、彼女の頭の中には経験したばかりの事故が何度もよみがえってくるのだった。

四分の一マイル以上先の道路が前に見えることはほとんどなかった。巻かれた映画フィルムがほどけていくように目の前がひらけていく。道路の端はぼやけてはっきり見えない。一陣のほこりが渦を巻いてわきをすり抜けていく。「速く、速く！」彼らは響き渡るエンジン音のなかで怒鳴り合う。道が突然上り坂になり、白い車がスピードをゆるめることなく飛ぶように走っていく。丘のてっぺんはカーブになっている。気がつくと、両わきに車が近づいてきていた。接近してくる。「速く」ミス・ランシブルが叫んだ。「もっと速く！」（中略）次の急カーブ。車は外側に引っ張られたようになり、内側のタイヤ二本が宙に浮く。

道路を横切るかたちで道路わきの傾斜面まで数インチというところまで引きずられる。コーナーを曲がるときにブレーキを踏むべきだったが、こんな風に寝そべったような体勢ではコーナーがいつやってくるのかも見えない。このスピードでは、リアタイヤが効くわけもなかった。車はスリップして右往左往する。

「速く、もっと速く」

注射針が腕にささる。

「なにも心配しなくていいのよ。かわいそうに。…なにもね…大丈夫よ」

エレ・ニース――エレーヌの芸名――は、その当時もっとも大胆な女性ドライバーだった。彼女がそれを初めて証明してみせたのは、この写真にある冬のモンレリーだ。シニカルなスポーツライターたちと、ブガッティのワークスチームの選ばれたメンバーが注視する前でのことである。エットーレ・ブガッティお決まりの山高帽こそ、この写真では見当たらないが、彼はエレが達成しようとしていることに強い関心を抱いていた。エレの度胸と技術は注目に値する。しかし、それ以上にエットーレの興味を引いたのは、すでに舞台上ではおなじみとなっていた、誘惑するように目を細め、うれしさに満ちた彼女の笑顔である。当時、自動車会社の売り上げは、レースの勝ち負けと同じくらいドライバーの個性に左右されていた。その艶めいた、にこやかな顔つきに加えて、記録や勝利に命をかけて車を飛ばすエレーヌ・ドラングルは、自動車メーカーにとってなくてはならないものとなったのだ。

三枚目は興味深いロマンティックな写真だ。もちろん、多くの異性と関係を持ったエレーヌゆえ、人生唯一のロマンスではない。彼女のアップを撮った写真は一九三六年に南アメリカ行きの定期客船上で撮影されたもので、アルバムに残された客船の男の写真とちょうど符合する。彼らは同じ椅子に座って互いを撮り合っているのだ。『ナルド』と、ありがたいことにエレーヌが写真のわきに記している。新しい恋人、アルナルド・ビネッリは黒髪の目立つハンサムな男だ。柔らかそうな唇は笑うことと口づけすることに慣れ親しんでいるのだろう、エレーヌの唇と同じように。この二人はお似合いだったにちがいない。いつもどおり写真映えするエレーヌだが、この写真では若々しく、ナイーブに見える。髪の毛を後ろにひっつめて頭を少し傾けている。そして、その大きな夢見がちな瞳は恋のせいかとろけるようだ。

机に出ている最後の写真に写っているのは自動車の事故。惨劇のその瞬間を捉えた、おぞましい一枚である。撮ったのは、ゴールラインわきに立っていたエレーヌの恋人だ。一九三六年、ブラジルはサン・パウロでのことだ。このレースでは彼女はアルファ・ロメオを運転しており、経過は順調だった。だが、何かが起きたのだ。写真には人形のようなものが写っている。ほこりが舞う空中をくるくると回りながら飛んでゆく。手足がピンと伸び、まるで星のようだ。車は立ちこめる煙で見えない。レースの後、彼女の体は死体と一緒にレースコースわきに横たえられた。信じがたいことではあるが、エレーヌはこの事故を生き延び、さらに翌年一〇個の世界記録を更新している。このとき新聞は『Elle a du cran』とうたった。一九三〇年に彼女がアメリカのダートトラックやバンク付きコースのレースに参加したときと同じように。『この娘、根性がある』と。

当時最速の女性ドライバーとして名を馳せたエレーヌのキャリアをぶちこわしたのは、しかしながら、恐ろしい事故ではなかった。戦前のもっとも有名なレーサーの一人が、彼女がゲシュタポのスパイだったと告発したのだ。汚名を晴らそうと闘った彼女だったが、信用は失われ、レース界から葬り去られることになってしまった。彼女の名誉が回復することはなかったのである。かつての恋人たちから助けの手が差し伸べられることもなく、彼女は海辺の町の映画館で、チャリティのためのチケットを売り歩くまでに落ちぶれた。そしてひとりぼっちで死んでいった。家族の墓標には、その名前すら刻まれていない。

エレーヌについての調査に関しては、あとがきで触れさせてもらった。本文中、脚註については章ごとに、参考文献などについては数字のみを振り、巻末の注釈のページにまとめて記した。自動車、ミュージックホール、そしてナチ占領下におけるフランスでの暮らしなど、彼女の人生を語るうえでの重要な要素について、ほとんど知らなかった筆者にとって、この本を書くことはすばらしい冒険となった。私は二〇世紀でもっとも大胆かつ魅力的な女性の一人ともいえる彼女を、正当に評価することを目標にした。エレーヌは人々の記憶に残る価値がある。そして、それ以上に、ほめたたえられていいはずである。おそらく、本を読むのが好きだった彼女も、この本を楽しんでくれたのではないかと思う。

これで彼女とのつきあいが終わってしまうと思うと寂しい気がする。

二〇〇三年六月　ロンドンにて

註1　その他の例としては、次のような作家、作品が挙げられるかもしれない。ドーンフォード・イエーツの作品のいくつか、マイケル・アーレンの『ザ・グリーン・ハット』の手に汗握るクライマックス、『グレート・ギャツビー』の氷のように冷たい描写のドライブシーン。アンソニー・パウエルの作品中に時折描かれたもの、W・E・ヘンリーが一九〇三年に発表した詩『ソング・オブ・スピード』、ギルバート・フランコーによる、女性レーシング・ドライバーが題材の力強い小説『クリストファー・ストロング』。フランコーの小説はキャサリーン・ヘップバーン主演で映画化されたが、自動車レースに関しては、そっくり割愛されている。

著者附記

エレ・ニースの人生についてのリサーチは、彼女の人生とキャリアに関する掘り出し物ともいえる素材の発見につながっていった。その発見のほとんどは、今作まで一つにまとめられたことや出版されたことがないものだ。したがって、本書がエレ・ニースの人生についてのもっとも包括的な記述となる。著者としては、今後もこれ以上をカバーするものは出ないのではないかと思いたい。もちろん、現存する記録文書には抜けている部分もあるし、彼女の生い立ちの詳細に至っては永遠に知りようがない。この非凡な物語を記すにあたっては、私の想像で話を復元しなければならないことも何度かあった。そういった事実が推量のうちに含まれる部分に関しては、読み手にも明らかだと思いたい。何年もエレーヌの人生にどっぷりとつかりこんできた今、多分、そんな推量も他の人よりはいい線にいっているのではないかと自負している。それに、その魅力的な一生を通じて変わり続けた彼女のことだから、それほどうるさくいうことはないような気がしている。

1. 馬小屋のドアの前で母親の膝に抱かれるエレーヌ。1900 年、オネ・ス・オノーにて。

2. 1923 年にエレーヌが試しに描いた自画像。初めて「エレ・ニース」とサインしている。

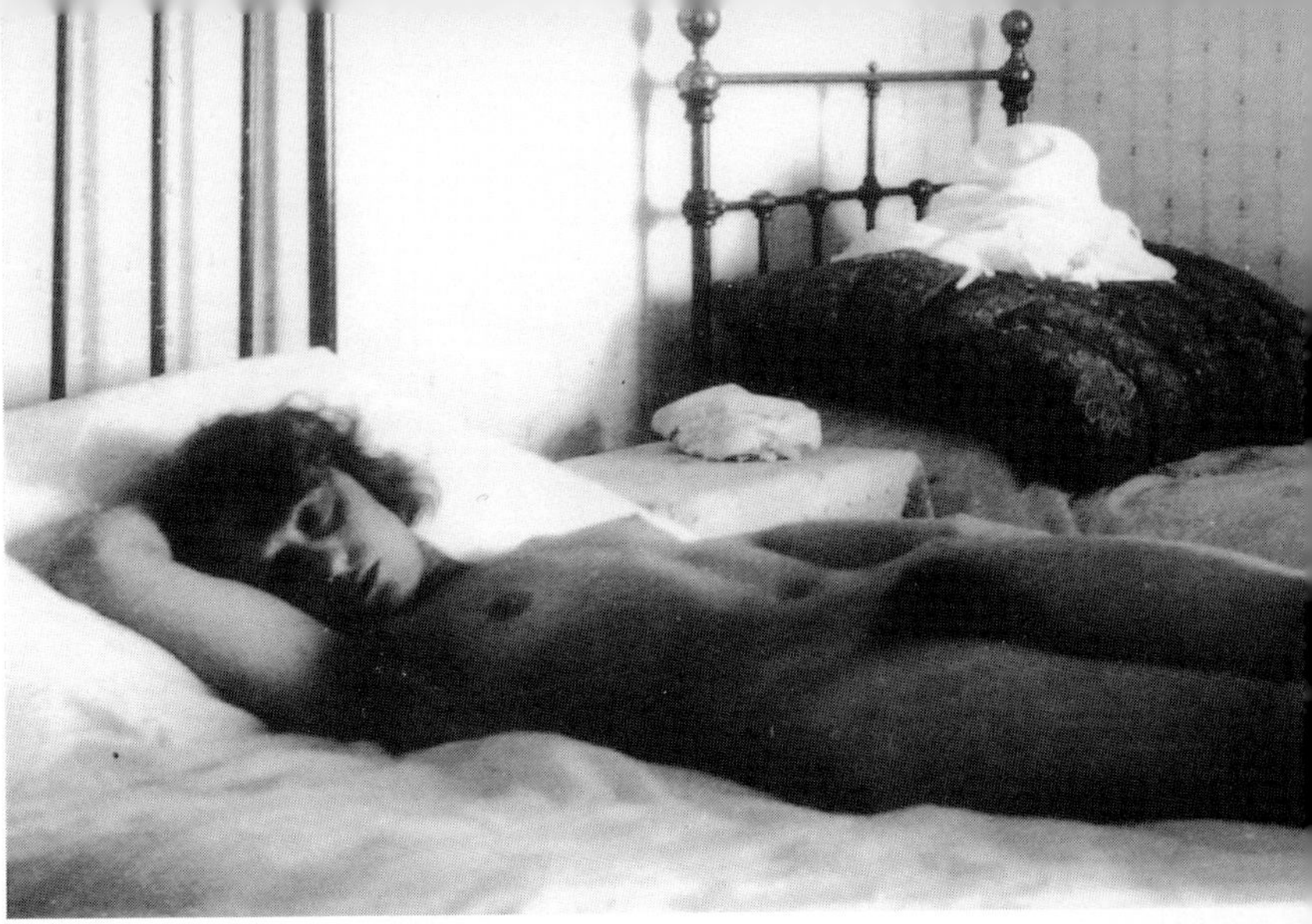

3. 1920年、ブライトンのホテルで横になるエレーヌ。撮影したのはマルセル・モンジャンと思われる。

4. おしゃれなノルウェイ人の２人組ダンサー、ロッキー・ツインズ。エレーヌのダンサー時代の仲のよい友達だった。

5. パリに出てきてから初めの数年は、こういった写真のモデルをして金を稼いでいた。

6. 友人の画家ルネ・カレール。エレーヌ撮影。

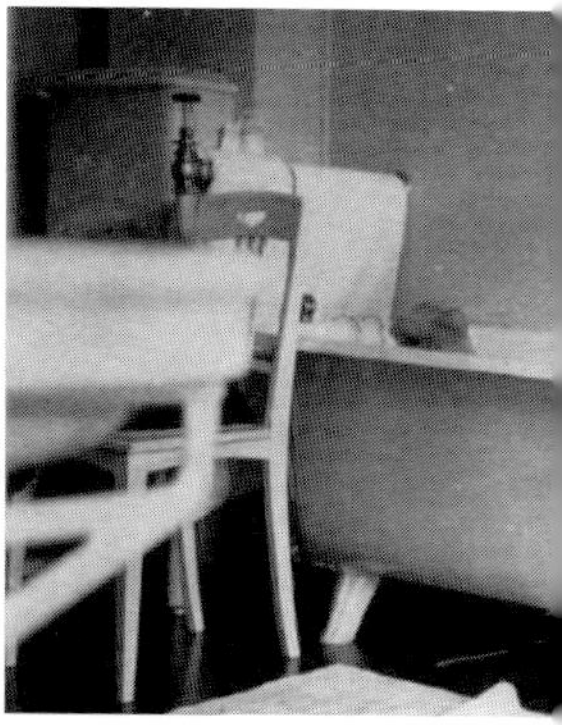

7. 微笑みながら白い鳩を捕まえるエレーヌ。

8. 前途有望な若手時代。エレーヌはこの写真を大切にし、人目につくところへ飾っていた。

9. カンヌのホテル・ミラマーでパフォーマー仲間たちとの夕べを過ごし、リラックスするエレーヌ。最前列左から２人目。

10. 1929 年モンレリーにて、スピード新記録を樹立する前。

11. 左上：1930 年、自身のブガッティ・タイプ 35 の上で勝ち誇ったポーズをとる。

12. 左下：松葉杖で立つジャン・ブガッティがブガッティ GP で 3 位に入賞したエレーヌを祝福する。1930 年 6 月ル・マンのサルト・サーキットにて。

ATIONS OFFIC
BOUGIE CHAMP

13. 1930 年 9 月スピード・トライアルが開催されるデイトナ・ビーチにて。左から右、詳細不明の友人、ハンキンソン夫人、エレーヌ、ハンキンソン夫妻の末っ子。

14.「なんて女の子だ。いいやつだな。もっとフランスから送ってくれ」ホット・ニュース・エージェンシーのフランク・ワースが贈った言葉。1930 年。

15. 1930年6月、ル・トゥケの海岸で友人とアクロバットを演じる。

16. 彼女が1930年代にアメリカをツアーした際の広報担当、ホット・ニュース・エージェンシーのハリー・リギンスと仲良く写るエレーヌ。スクラップブックには、茶目っ気たっぷりに「私の秘書」とある。

17. おだやかな雰囲気のデイトナ・スピード・トライアル。1930年ハンキンソン一家との休暇中に開催された。

18. ロートシルトのブガッティを全速力で飛ばす。1930 年 9 月ラ・ボールにて。

19. 1933 年 8 月マルセイユ・グランプリ、ミラマ・サーキットにて。

20. 1930 年、非常にコンディションの悪いグルノーブル・グランプリのドフィネ・サーキットにて、ずぶぬれのエレーヌ。

21. レースの前にチャールズ・グローヴァー“ ウィリアムス ”と話す。1930 年 9 月ラ・ボールにて。

22. アルファ・モンツァでコーナーを曲がるエレーヌ。1935 年 6 月、バルセロナ・ムンジュイックパークでのペンヤ・リン・グランプリ。

23. 運転をしなくてもレース用のキャップをかぶっている。1933 年、撮影場所不明。

24. 左上：1935 年 6 月初旬、ビエッラに集まったドライバーたち。後列、左 2 人目から、タツィオ・ヌヴォラーリ、ディディ・トロッシ、トニー・ブリヴィオ、エレーヌ。後ろはジョヴァンニ・ルラーニ。1 人おいて腕組みしたシロン。

25. 左下：レース前の撮影に、アルファ・モンツァに腰をかけて応じる。1935 年 8 月サン・ゴダンのコマンジュ・グランプリにて。

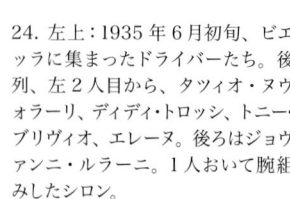

12
22
12

26. レースの後、クラブ会長バスコ・ベアルネがエレーヌにお祝いを述べている。1935 年 2 月のポー・グランプリにて。

27. 1936 年 4 月、ラ・チュルビ・ヒルクライム。『初めに機械系にトラブルがあったにもかかわらず優勝した』とスクラップブックに記述がある。

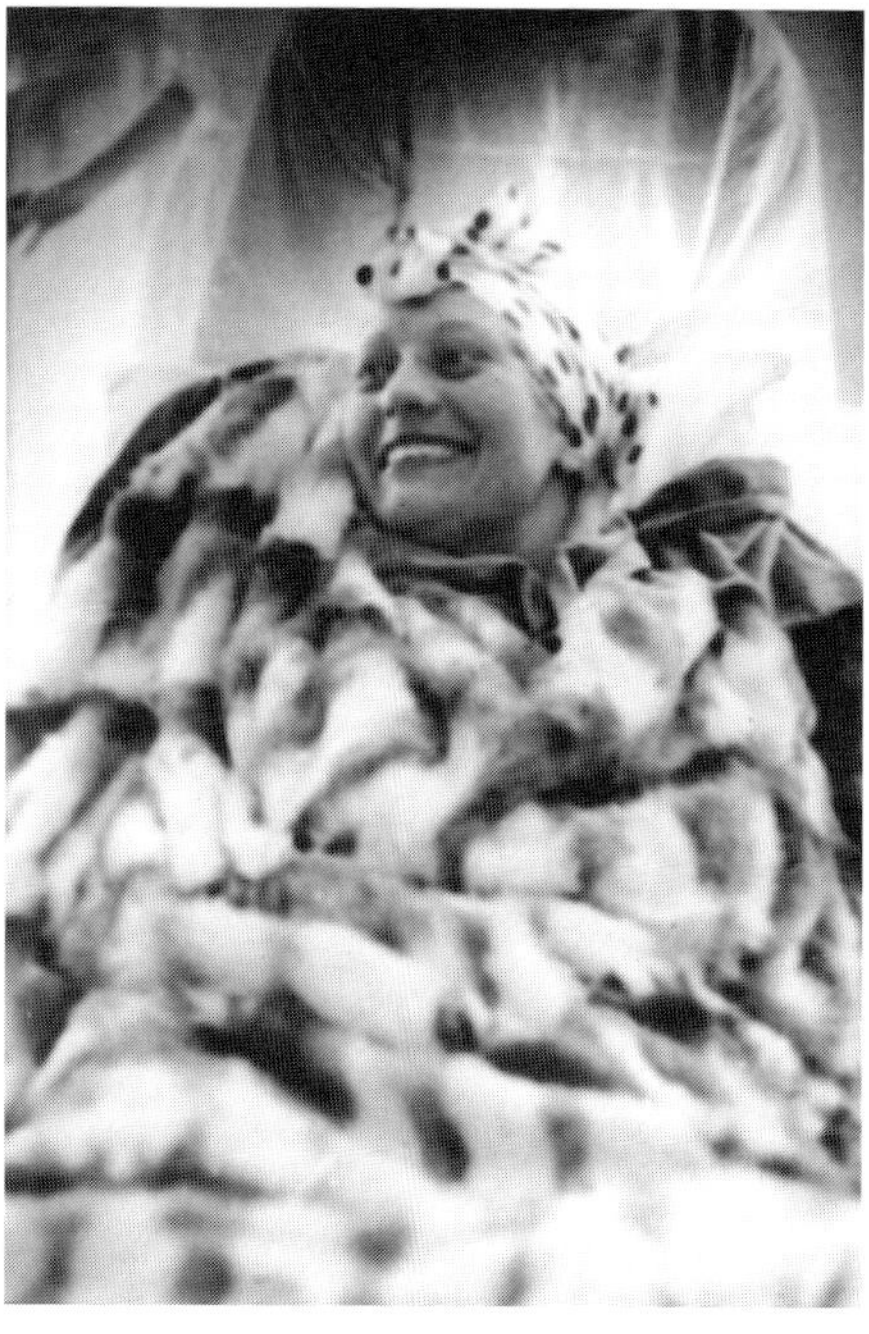

28. アルナルド・ビネッリが 1936 年サンパウロの事故を撮影した連続写真の一枚。

29. サンパウロの事故後初めて公の場に現れたエレーヌ。1936 年 9 月にサンタ・カトリーナ病院から退院するところ。

郵便局長の娘

1. はじまり

私の終わりこそが私の始まり

伝　スコットランド女王メアリー

一九七五年　冬　ニース

その手袋は捨てられなかった。とりわけ魅力的だった恋人の一人、フィリップ・ド・ロートシルトとの出会いを思い出させるから。

パリのカフェで女友達と話をしていたとき、通りかけた男が立ち止まったのに気がついた。がっしりとした体格で身なりもよく、顔は小麦色に焼けている。男は、一分ほど身じろぎもせずに、こちらをまっすぐ見つめている。サインでも欲しいのかしら、と彼女は思う。報道関係の人には見えないし。目もすてきだし、口のかたちもいい。にっこりと男に笑ってみせ、こちらのテーブルに向かってくるのを見守った。男は彼女の名前を知っており、職業も承知しているらしく、アメリカツアーから戻ってどれくらいになるのか聞いてきた。私も、あなたの顔に見覚えがあるような気がする、と言った彼女は、男が名乗るのを聞いて吹き出した。彼もレーシングドライバー。しかも、ブガッティの。見覚えがあってあたりまえだ。カジノのダンサー時代以来の女友達を彼に紹介し、彼女にすばやく目配せを送る。ディアナはそれをくんで、用事を思い出したと言って二人に微笑み、日よけが落とす黄色い日かげから、シャンゼリゼの午後のきつい日差しのなかへと消えて行った。その時だった。フィリップ・ド・ロートシルトは、テーブルから彼女の左手をとり、彼女が着けた手袋がどこのものか言い当ててみせた。手袋は手首のところが四つの小さな真珠のボタンできっちりと留められ、まるで第二の皮膚のように、型押しされたヤギ革がぴったりと肌にはりついている。彼は陽に焼けた彼女の手を返し、ボタンを外した。ここは、と手首の内側を指して言う。赤ん坊の肌のように白いね。そう微笑みながら、彼女の手を口元へと近づけた。そして、彼女の目をのぞきこむように見つめつつ、ほんの少しのぞいた素肌に口づけた。それと同時に、ごく軽く、舌の先で触れる。その仕草は、まさに洗練の極みだった。彼女は思う。この男なら、ベッドでも満足させてくれるでしょうね。

朝の四時。ベッドの縁に腰掛け、彼女は手袋を顔に近づける。まるで、過去への手がかりを呼び戻すかのごとく。だが、そこにはヤギ革の柔らかさ以外、何も残っていなかった。今はフィリップ・ド・ロートシルトに関しては生死すら知らなかった。彼女はため息をついて、のばしたつま先でスリッパーを探った。そして膝をつき、大切な収納箱を隠した——彼女は誰も信用していなかった——鉄製のベッドの下から引き出す。顔をしかめながら、力を込めて重いふたをこじあけた。

そこにあるのは大切な宝物だった。色の変わってしまったレースの賞杯、ブラジルでの銀の記念プレート、旅行中に収集した切手帳。すべて無事だ。記念プレートをどけて、黄ばんだ切抜きの束に手をのばした。写真の入った封筒を二通と、ひとつかみの手紙を取り出し、一日の仕事の支度を整える。

彼女は窓の脇のテーブルにつき、写真と手紙を丁寧に並べた。暗闇から猫の鳴き声がする。ハッとして頭をあげ、彼女が住んだなかでももっとも寂しいこの住まいから、飼い猫のミネットがペット不可と言う大家に追い出されたことを思い出す。一〇年以上も一緒に住んでいたのに。彼女の悲しみようを見た大家は、慰めにシャンパンを持ってきた。だが、シャンパンのボトルをなでてやったり、話しかけたりするわけにもいかないし、魚の切れはしをやったって、ボトルが喜ぶわけでもない。しかし、貧乏人にはなんの力もない。住まいか猫かの選択を迫られた挙げ句、ミネットは通りを行ったところのタバコ屋にもらわれていった。今ではあのメス猫、一週間分のタバコを買いに、彼女が悪い足をひきずりつつ店に入っていっても、目も開けなかった。結局、他のみんなと同様、当てになんかならないものだ。

古き良き日々が写った、小さな白黒写真の裏に糊を塗り、彼女はいつものようにスクラップブックに写真を貼り始める。こうして過去の記録を作り上げていくのだ。かかとで床を鳴らしつつ、それぞれいつ撮ったものかを思い出そうとしていた。これは、もとはといえば、モンテカルロ・ラジオの若いインタビュアーのアイデアだった。――五年、それとも六年前だったか――彼女がパリ郊外のモンレリー・サーキットでブガッティに乗り、世界記録を破った一九二九年のあの日のことを聞きに、インタビュアーが訪ねてきたときのこと。聞き上手の好青年だった。青年との話は楽しかったが、でも、あの車を運転する喜びをわかってはもらえなかった。「自分で運転してみることね」彼女は言った。「それ以外にはないわ」獲得した数々のトロフィーを見せ、彼が尊敬に目を丸くするのを見守った。あなたがどれほどすごいことをしたのかわかっていませんでした、と青年は言った。そして、家を去る前に、ご自分のキャリアの記録をきちんと残すべきだと熱心に説いていった。

その作業は、いってみれば暇つぶし、眠りのおとずれない長い夜を満たすものだった（彼女が子供のようにぐっすりと眠った日々は、一九三六年に終わりを告げた。あの事故で、夜の安らかなくつろぎ以上のものまで失うところだった）。今では、自分をもう一つの人生に連れ戻してくれるこのスクラップブックが、彼女にとってのなぐさめとなっていた。一九三〇年のアメリカツアーのニュース記事を見ると、我ながら別人のようだとしばしば思った。あのツアーでは、ニュージャージーでもっとも危険な板張りレーストラックに女性ドライバーが初登場、とうたっていた。彼女はそこでの新記録樹立を期待されていた。

けちな大家は、最上階の二部屋にヒーター一本だけの電気ストーブを一台しかつけてくれなかった。寒さに震えながら、彼女は掛け布団をベッドから引きずりおろし、きっちりと体に巻きつけてから再びテーブルにつく。今、目の前にある写真は黄ばんで、画像は年月とともに薄らいでいた。レースに包まれた赤ん坊が、どっしりした長いスカートを着て、木靴を履いた田舎っぽい女の膝に乗っている。『一九〇二年サント・メムにて　母と私』と写真の裏に書いた。そして気がつく。いいや、そんなはずはない。一九〇二年には、シャルトル郊外のオネ・ス・

オノーに住んでいた。この写真は自分なのか、それとも姉のソランジュか。赤ん坊は難しい。ボンネットとおくるみに包まれて、みんな同じに見えた。姉のソランジュかもしれない。だとしたら、この写真は収まるべき箱に戻さなければ。彼女の勝利の記録には、家族の入り込む余地などないのだ。

一八九八年　ボワシー・ル・セック

ボワシー・ル・セック村はパリとシャルトルの間にあり、三六〇度広がるトウモロコシ畑に埋もれた何もない村だった。村の女たちは娘と二人がかりで、井戸から水を汲み上げねばならなかったが、その井戸はたいそう深く、一日中小石を投げ入れても、水を打つ音が聞こえないほどだった。

レオン・アリスティド・ドラングルとその妻には、三人の子供がいた。しかし、細長く青白い頬をして、気管支炎のような咳に苦しんでいた真ん中のリュシアンを残して、一八九七年に三歳だった長男モーリスと、同じ年の夏に末っ子のガブリエルを立て続けに亡くしていた。夫妻はその二人の死は、ボワシーの氷のように冷たい水のせいだと思っていた。そして、村から離れるきっかけとなるありがたい辞令を受けたとき、妻のアレクサンドリーネ・ドラングルは再び身ごもっていた。

レオン・ドラングルは郵便局長という、いわば官職についており、その年収は一〇〇〇フラン、住むところも保証されていた。そのために、同じボワシー村で鍛冶屋をしているいとこを見下していた。レオンといとこは二人とも、アレクサンドリーネという名の妻がいたが、その名前が夫婦らの唯一の共通点だった。

アレクサンドリーネ・エステル・ブイリは、この三〇歳の郵便局長と結婚したとき、やせぎすの一九歳だったが、身分の低い出身の自分が結婚後に手にした地位の高さをよく心得ていた。自分たちが大きな天蓋つきベッドで寝ている一方で、いとこの鍛冶屋と妻が質素な天蓋の下に寝ているということが、彼女には嬉しかった。村で唯一の電話を持っているという事実にも満足していた。[註1] また、郵便配達人兼収入役として、夫のレオン・ドラングルは村の銀行の役割も果たしている。貨幣の詰まった袋は彼が管理していたのだ。レオンは教養があり、読み書きもすらすらとできた。いとこ一家とは一緒にテーブルについたこともないボワシーの学校長も、自分たちとは、赴任してきた最初の年に二回も食事をともにしていた。アレクサンドリーネは、そのことによりいっそうの満足感を得ていた。

郵便局のドラングル一家は、一年に一度、海辺の町へと旅行へ出かける。行き先は、一年毎にドーヴィルかディエップだ。パリには二回も行ったことがあったし、ホテルに滞在したこともあった。一方、鍛冶屋のドラングル一家は、ランブイエよりも遠くに行ったことがないということを誇りに思っていた。ランブイエはボース平原の北の端に位置していて、かつては王たちの森であった。そこでは数々の野鳥、ズアオアトリ、ナイチンゲールやキジバト、ヒバリたちが飛び交い、緑の木々がざわざわと音をたてていた。森で使う銃には困らない鍛冶屋にとって、大西洋岸の海岸なんて風邪をひきに行くようなものだ。そのために倍も遠くに旅行するなんて意味がなく思えた。ボワシーは十分よいところだ。おのれの身の丈を知るということは悪いことじゃない。彼から見たら、郵便局長さんは概して野望が過ぎた。

決して相容れることのないふたつの家族は、一八九八年六月、レオンがボワシー近くのオネ・ス・オノー村への異動依頼を受けて、水と油のようにあっさりと離れていくことになる。アレクサンドリーネは、今では死のイメージと切り離せない村や、夫のいとこたちから逃れられるというチャンスは嬉しかったが、その一方で、生まれたばかりの娘がどんどんやせ細っていくなかでの引っ越しが心配でならなかった。しかし非情にも、シャルトルにある立派なゴシック調の郵便事業本部は、異動の遅延は認められないと言ってきた。今、このチャンスをとるか、そうでなければそのまま居残りだ。そして、ボワシーの家から、あまり多くもない家具が運び出された。台所用品、椅子、リネン類、木製のチェストに三枚の羽根布団が運送屋の荷車にロープでくくりつけられ、白いリボンのように細く長い道をプレシ、ガランシエール、そしてオネへと進んでいった。彼らは振り返りもせず、いとこたちも鍛冶場から見送りに出てくることはなかった。

オネ・ス・オノーの村は、川のほとりに立っていた、今では影も形もないハンノキにちなんで、その名がつけられた。ボワシーよりも大きな村で、夏には二回の大きな祭りが開かれ、少しは活気づくものの、ここも目抜き通りが一本あるだけの村で、まわりを黄金色の絨毯のようなトウモロコシ畑に囲まれていた。そしてその生活はトウモロコシ畑を中心に回っている。まるでその広大さがボース平原のたった一つの特徴だといわんばかりに、この村の景色も茫漠として単調そのものだった。馬車が村の北側の道に止まると、アレクサンドリーネは荷車から這い降り、古いサン・テロワ教会には目もくれず、太い黄色の弧を描く水平線に目をこらした。視界の彼方にシャルトルの灰色の尖塔がぼんやりと見える。頭のうえには雲ひとつない穏やかな空が、その下にある畑同様うつろに広がっていた。

彼女たちの新居は、スレート葺きのずんぐりした建物で、洗練された建物の新しい町役場と学校の向かいに建っていた。町役場と学校が並んでいるため小さく見える。その向こうには、先頃改装された大きな屋敷が、オネの村に威厳ある雰囲気を醸しだしていた。その屋敷はシャルトルへ向かう道に建っており、バラのつたう高い塀に囲まれて、栗の並木を見下ろしている。屋敷の主である医者のプポンは、屋敷よりも幌つき自動車を持っているということで尊敬を集めていた。その車は、中が見えないようになっている輿と二輪馬車に挟まれて、屋敷のうまやに眠っていた。村人の話によると、その輿は、不運な恋人たちがみな利用していて、村人たちはそんな恋人たちのことを噂したものだった。その輿の横に並べられた幌つき自動車は、まだ村では王族の乗り物と同じ扱いを受けていた。毎年春になると、うやうやしくほこり除けが外され、土地一番の地主であるシャルル・フォワレの所有するがっしりした荷馬車馬が、その自動車を白日の下に引いてくるのだ。おのれの役割を真剣に受け止めているプポンは、雨と、平原に広がる未舗装の道から立ち上る土ぼこりをよけるため、黄色のコートに長手袋、帽子、ゴーグルを身に着けている。館の馬丁は、軍隊での経歴をほのめかすような、さっそうとした帽子をかぶって、自動車整備工兼運転手への格上げを喜んでいるふうだ。

プポンはオネ市長に当選したばかりで、農民を中心とした約千人もの生活が彼の肩にかかっていた。その彼が儀式ばった様子で、平屋建ての小さな郵便局――看板は塗り直したばかりだ――の外で待っていると、ドラングル一家の乗った馬車が到着した。プポン本人が鍵を開け、湿気っぽい小さな事務所を早々に通り抜け、彼が言うところの大変快適で、気持ちのよい寝室へとドラングル一家を案内した（ここでは熱心さがカギだった。最初の候補者には、家が気に入らないと断られたのだ）。市長は、いばらの茂みに面した窓を仰々しい身振りで示しながら、家の裏からの眺めはプライバシーが守られていますよと言った。そして床を踏み鳴らし、丈夫なことを示してみせた。台所には、彼らのためにティエリー社のコンロが新たに取り付けられている。

市長は、ドラングル夫婦が待遇のよさに感謝するのを待ってから、彼らを確実に落胆させる話を切り出した。実は新任者への自転車の支給は承認されておらず、代理の郵便配達人を確保するのも不成功に終わっていたのだ。それにもかかわらず、半径八キロメートル以内の家々に手紙を配達しなければならなかった。ドラングル夫婦の沈黙に居心地が悪くなったプポンは、そこで歓迎の儀式を終えることにした。彼はドアに向かいつつ、オネでの生活を楽しんで下さい、と言った。校長のショピトーは愛嬌のあるやつだし、ここらで一番の農家のフォワレは気のいいおやじです。シャルトルに行く用事のあるときは、いつでも荷馬車を貸してくれますよ。ドラングル夫人は、彼の肩書きから、この気取った歩きかたの小柄な男は医者だろうと思ったが、彼女がその腕にぐったりと抱かれている娘についてたずねる前に、プポンは出て行ってしまった。

二ヶ月後、生後四ヶ月で娘のリュシエンヌ・ドラングルは死んでしまった。八月の終わりに再度身ごもったアレクサンドリーネは、感謝の念と不安を同時に感じていた。

だが彼女の運も風向きが変わったようで、ドラングル家からはこれ以上、墓地の裏の小さな墓標に加わる者はなかった。一家がオネに越してから約一年後、一八九九年の春の終わりにソランジュ・アンドレが生まれた。そして、翌一九〇〇年一二月一五日、アレクサンドリーネは、家のベッドで再び陣痛をむかえていた。

生まれた赤ん坊はマリエット・エレーヌと名付けられた。パン屋のジュリアンと市長の推薦をうけた年長の農夫シャルル・フォワレが役場での出生登録の証人となった。ドラングル夫婦が、オネに越してきた直後に幼い娘を亡くしたことに心を痛めていたプポンは、赤ん坊の後見人となることを申し出た。彼は、母親から譲り受けた小さな象牙の十字架を、洗礼の贈り物だとくれさえした。今までの不幸な出来事で、迷信深くなっていた夫婦には、残った子供たちに注目を集めることが分別のないように思え、お祭り騒ぎはないに越したことはないと洗礼式にはつきものの食事もダンスもなく、ごく控えめに済まされた。

成長する子供たちを気にかけるばかりで、ドラングル夫婦は自分たちのことにはほとんどかまわなかった。村の人々は、郵便局長がいつも腹の減っているように見えることについて、あれこれ詮索した。彼はきらきらとした瞳で、白い歯がのぞく大きな笑顔のハンサムな男だった。ボワシーにいたころは、郵便局長が女たちからの好意的なまなざしにつけこんで腹を満たしていると、鍛冶屋のいとこがからかったものだ。オネでも、彼が配達から戻ってくると、焼きたてのパンやチーズがポケットいっぱいに、時によっては、ずっしりと下がった配達かばんに野うさぎや一対の野鳥が入っている。アレクサンドリーネはそれを見るたび、農家の女たちは、彼が家で食事をしているのを知らないのか、と腹を立てた。

だが、郵便局長の体重は減りつづけ、ハンサムだった顔つきは飢えたキリストのようになってしまった。ゴホゴホという咳のため、彼が近づいてくるのが道の向こうからも聞こえたし、歩くさまは痛々しいほどに足をひきずっていた。しかし医者のプポンも、シャルトルから二回にわたってしぶしぶやってきた医者も、湿布薬と、ゼニアオイの根と一緒に煎じたタンポポのハーブティーを処方するくらいしか手立てがなく、その湿布薬も煎じ薬も何の役にも立たなかった。一九〇一年、レオン・ドラングルはまだ三九歳だったが、その倍も年をとっているかのように腰は曲がり、ぶるぶると身震いしていた。彼が働き続けられるのかどうかをこっそりと問われた妻は、後任者を提案されることを恐れ、彼の代理を務めることを申し出た。

ニースのエドゥアール・スコフィエ通りの屋根裏部屋で寒さに震えながら、年老いたマリエット・エレーヌ・ドラングルは、母親についての最初の記憶を思い返していた。薄暗いランプの明かりのもと、母は屈んで木靴の中とぴったりしたウールのボンネット帽の下に紙を詰め込んでいる。そして、重い配達かばんを手にとり、カンテラに灯を点し、じめじめとした凍てつく冬の朝、夜明け前に出かけて行くのだ。木靴の足音が、静かな通りに響きながら、遠ざかって行く。時計が時を刻む。ソランジュとエレーヌはそれぞれ布団にくるまれ、ゆりかごに寝かされている。その上から、ガラス瓶に入った小石のようなくぐもった音の息づかいが、親のベッドから聞こえてくるのを憶えていた。時をつくるニワトリの声のようになじみ深く、不吉な影などなにもない。それは、ただの朝の物音だった。

註1　当時のフランス全土にあった、わずか二万台のうちの一台。

2. 一九〇三年　死のレース

Q. 自動車レースについてはどう思われますか？
A. あんなものは長くは続かんよ。もう終わっている。車というものの可能性がよくわからなかった頃は、テストという意味でも必要だったがね。

C・S・ロールス卿へのインタビュー
一九〇七年二月二六日付マンチェスター・ガーディアン紙

エレーヌは三歳になっていた。パリでは、いまでは二〇〇〇人以上が車を所有していた。それに対してオネの村では、家畜と家畜番を保護するために、田舎道に時速三〇キロメートルという制限速度があることを誰かが知っているとは考えにくかった。村での生活は平穏なペースで進んでいたのだ。それは、言ってみればフォワレ夫人が年に一度シャルトルまで、黒マリア像を祭った大聖堂へお参りに行くときに使う、馬車のペースだった。

一方で、自転車は生活の一部になっていた。エレーヌよりも二つ三つ年上の女の子たちは、自転車で村の通りを行ったり来たり競走していたし、ドラングル夫人は背の高いラ・グランデ・スターで朝の郵便配達に行っていた。その間、癒されることのない咳に苦しむ夫は、使い古されたゆりかごの新しく主となったアンリ・ルイの面倒を見ていた。八歳になるリュシアンは細身でしっかりとした体つきになり、町役場の隣に建つ新しい村の学校に通っている。妹たちも、ボタンで留めるブーツが履けるような年になったら、そこで洋裁や絵、フランスの地理や植物について学ぶのだ。ここでは、時折見かける外国の切手だけがオネの先に存在する世界だった。そしてそれは、オネの息の詰まるような静けさから逃げ出した者の存在を物語ってもいた。

一九〇三年、エレーヌはダンスと初めて遭遇した。母親に連れられて通りの向こうへ渡り、学校で午後の体育の授業に参加したのだ。少女たちは、サージのスモックに黒いエプロンといった出で立ちで、まるで郵便物を詰めたくすんだ茶色の袋のように見える。教師の合図に従って手を挙げて、春の新緑を表現しようと指をひらひらと動かしている。彼女たちは頭をつんと反らせ、肩を張って校庭のまわりをスキップした。教師のほうに笑顔を見せながらジャンプし、手を振るエレーヌは、その熱心さを褒められた。『姉のソランジュはその当時ですら私に焼きもちをやいていた』それから七〇年経った後も、エレーヌはまだ得意げに書き記している。『彼女は私より一八ヶ月年上だったけれど、何をやらせても私のほうが上手だった。学校での第一日目から[1]』

一九〇三年五月の最終日曜日に、パリからマドリッドまでを競う大規模な自動車レースが始まろうとしていた。ボースの地方新聞は、もう何週間もそのことでもちきりになっている。レースは、シャルトルへ向かって西に進み、その後ボルドーに南下するという。最初の行程がすぐ近くを通ると、熱くなっているオネの人々の話題もレースのことばかりになった。レース前日である土曜日の夜には、三〇〇台からなる夜明けのスタートを見物するために、五万人がヴェルサイユに駆けつけると見込まれていた。それ以外の人々は、車が全速力で走り抜ける様を目撃するスリルを味わおうと、地図を確認し、道路わきで一日を過ごすつもりになっている。[註1]一〇年以上もこの辺りを横切っている自転車レースを見に行くときと同じように。

レース参加者のリストは新聞に公表されていて、出場車はその重量によって四つの階級に分けられていた。最も重く、かつ最速の車は、出場資格を得るために必要最低限まで装備が削ぎ落とされている。運転席は板切れ一枚で、揺れや青あざをふせぐためのクッションすら取り払われた。車はピストルの音で一斉にスタートし、追いつ追われつしていく。事前にどれほど丁寧に水を撒いても、道には厚い雲のような土ぼこりが立ち上る。道路わきの観衆は、道路から距離を保つように促された。運転手たちからは、手遅れになるまで見物人の姿が見えないかもしれないから、と。

コース上にある町も懸念されていた。板張りの迂回路が作られるケースもあったが、あまりにも経費がかかるため、ほんの一握りの町で採用されただけで、その他の町では、通りは無邪気な見物人ですし詰めになると予想されていた。そして彼らは走る車に近寄ったり、その前に飛び出したりすると、自分にも運転手にとっても危険だということをわかっていないのだった。新聞は、重苦しくも多少興奮気味に、今日までのところ歩行者と犬が死亡事故の主な原因となっている、と書き立てた。

出場ドライバーのリストは、銀行家、伯爵、宝石商、そしてすでに一九〇一年のパリ―ベルリン間のレースに勇ましく出場した女性など、名士から、戯れにエントリーしただけの変わり者までとさまざまだった。後者は自分たちの車が六時間走ってトゥールに着いた先までもつとは思っておらず、行けてポワティエまでだろうと考えていた。そんななかにアルザスから参加した、二人の若い自動車設計者がいた。エミール・マティスとミラノ出身の同僚、エットーレ・ブガッティである。より真剣な出場者には、次のような人物がいた。トッド・スローン（一八九〇年代にイギリスと合衆国で名を馳せた騎手と思われる）に、分速一マイルが可能という強力なメルセデスのウィリアム・K・ヴァンダービルト・ジュニアといったアメリカ人、車のセールスマンであるイギリス人チャールズ・ロールスにその同胞ロレイン・バロウとチャールズ・ジャロット、いつもパナールで出場するルネ・ド・クニフ、マルセル、フェルナンにルイのルノー兄弟、そして謎のドクター・パスカル。これは大富豪であり劇作家、自動車愛好家であるアンリ・ド・ロートシルト男爵が素性を隠すため使った偽名だった。

カミーユ・デュ・ガストは、一四〇〇キロメートルもの慣れない道を走るレースに参加する勇気のあった、唯一の女性ドライバーだ。彼女は、戦いに臨む出で立ちでヴェルサイユに現れ、集った観衆をがっかりさせた。人々はポスターで見るような、パリの流行をいくドレスで車に乗る女を思い描いていたのだ。しかし、デュ・ガスト夫人は顔にはゴーグルとマスク、手には金属製のハンドルやシフトレバーから保護するための長手袋をして、言ってみれば性別不詳のかたまりにしか見えなかった。彼女のメカニックが、彼女の強靭なド・ディートリッシュのボンネットを女らしく飾り付けるというアイデアを思いつくまで、彼女に辛辣なコメントが相次いだ（カミーユ・デュ・ガストは高価な車が好きだったが、金銭面は彼女を溺愛する夫がまかなっていた）。ロープ状に編んだピンクのバラと矢車草で、彼女のステータスは瞬時に回復した。

熱心な人々は、幸運を祈りに彼女のところへ集まって来た。

　エレーヌが、自動車レースの黎明期に開催された最大のイベントのひとつを目撃するというチャンスは、ややもするとかなわないところだった。アレクサンドリーネは病気のアンリを家に置いていくことはできなかったし、郵便局長の体調もすぐれなかった。学校長のショピトーが子供たちを連れて行くことを申し出てくれたが、緊張したのかソランジュは腹痛を起こしていた。結局、自動車レース遠征隊はショピトー、リュシアン、レースでできた日よけ用ボンネットでほとんど顔の見えないエレーヌのみとなった。二〇マイルほど西のブルディニエールへ向けてガタガタと進む荷馬車に座り、リュシアンはその細い腕をエレーヌの胴にしっかりと回す。リュシアンにとっては、妹はかわいい生きた人形のようなものだった。白いレースの下からは、干し草のような温かくて甘いエレーヌの匂いが伝わってきた。

　朝の八時には、ブルディニエールの丘の長い斜面のふもとに広がる野原はすでに混雑していた。オネ以外の村の人々も、レースを見物するならどこがいいのか見当を付けてあったのだ。いつ、最初の車がやってくるのかは誰にもわからなかったが、なにか音がするたび、風が舞い上がるたびに、待ちかねた叫びが起こって人々は道路に押し寄せ、お祭りのような雰囲気になっていた。犬たちは荷馬車の車輪のまわりをせわしなく、落ちたパンくずを探していた。プラタナスの木陰のところどころには、色とりどりのキルトが敷かれ、びっくりしたように目を見開いた赤ん坊たちが寝かされていた。どっしりと腹のふくれたペルシュロン産の馬がほこりっぽい道端で草を食んでいる。その一方では、観衆の間をぬって、サーカスから抜け出したような派手な服を着た行商人が、リボンやレースを売り歩いている。

ほんの三歳の少女はそのすべてを理解し、将来思い出すときのために記憶のどこかにしまい込んでいたのだろうか。おそらくそれはないだろう。しかし、写真を見ると、母親たちがかがみ込んで笑わせようと丸い頬をなでてくすぐる様子が思い浮かぶほど、ぱっちりした青い瞳の彼女はかわいらしい。何年もあとに、友人たちは口を揃えて言ったものだ。何があろうとも、その心に残るすばらしい笑顔だけは忘れてはいけない、と。ボンネット帽のかげの笑顔には、すでにその片鱗が見える。太陽のように明るく自信に満ちた笑顔が顔じゅうに広がり、女たちが微笑みかえす。膝をついてエレーヌの白いボンネットについたサテンのリボンを結びなおす学校長は、自分で思っていた以上に父親役を楽しんでいた。

一〇時。一陣の風がプラタナスの木々をかすめ、白い道路には手のひらの形をした葉の影がちらちらと動いた。男たちは猛烈な勢いでタバコを吸いながら、折りたたんだ新聞紙に計算を走り書きしている。女たちは黒いショールを顔にかけて横になり、スカートを引き上げ、太ももに触れる草のひんやりとした感触を楽しみながら、ドライバーたちが近づいてきたことにわくわくした。学校長はポケットに手を入れてパイプを探った。そしてパイプに火をつけようとしたそのとき、男が叫んだ。

女たちはショールをはねのけて立ち上がり、空に向かって人影が立つ丘の上をじっと見つめた。その人影は、旗を挙げて車が近づいてきたことを知らせている。はるか彼方からささやくような音が伝わってくる。そのささやきはブーンという音となり、ウィーンという甲高い音となり、そして突然激しさを増して、まるでブリキの樽に釘を入れてあちこちに投げつけているかのようなガチャガチャという音に変わった。そして、突然車が丘の向こうから飛び出してきて、丘の上の旗持ち係がもうもうとした白い土煙に見えなくなったかと思うと、車が猛烈な勢いで突進してきた。

一瞬、車の騒音は人々の叫び声にかき消された。混み合った野原に立つ人々の多くにとって、これが初めて目の当たりにする実際に動いている「自動車」だった。一部の人々は、背後にいた者たちが悪魔の機械から悲鳴をあげて逃げ出したのにも気づかず、驚きで凍ったように立ち尽くしていた。

ショピトー校長の感覚を失った指からパイプが落ちた。雲のようにほこりが舞い上がり、彼は顔を覆う。道路近くに立っていた彼がその直前に見たものは、白いマスクの奥の鷹のように鋭い目だった。「僕も連れてって！」幼いリュシアン・ドラングルが叫んでいた。「僕も行く！」

そして、すりむけた手でぶれるハンドルをしっかりと握りしめた若きルイ・ルノーの車が観衆の前を通り過ぎ、ガタガタと音をたててリボンのように細く長い道を遠くへ進んでいった。低いざわめきが人混みから起こった。感情のこもらないため息のような音。エンジンのうなる音の延長線にある音。その音にはどこかにプライドが感じられた。これこそが未来であり、彼らはその一部となったのだった。体が軽くなるような熱中する感覚は、レースのボンネットをかぶった幼い少女までも包み込んだのかもしれなかった。彼女にとってスピードとの出会いの儀式は、突然の騒音やほこり、小石から飛び散る火花、突如白茶けた芝であり、おびえた馬の汗の匂いや鼻につんとくる空気、砂とオイルの匂いといった経験であった。ようやく彼らが顔や服からほこりを払い出した時、学校長は考えていた。これが、古代ギリシャ人が「神聖なる恐怖」という言葉で表したものなのか。そして、彼はそれを五〇年かけて発見したというわけである。彼があたりを見下ろすと、リュシアンがまだ手を伸ばして道路わきに立っている。ショピトーは、彼がわずか数センチのところで命拾いしたのだと気がついたのだった。

日の暮れる頃には深刻な報道が流れ始めたが、それでも、ブルディニエールの丘を時速一四〇キロという記録に残る速度で走るルイ・ルノーを目にした人々の感嘆の念を打ち消すことはできなかった。ルノーの功績をともに分かち合った彼らにとって、痛ましい状況を思って忘れるには、それはあまりにも現実的な体験だった。日曜の夜、オネに戻ったあと、リュシアンは自分が目撃したことを説明しようとしていた。しかし、どんな言葉をもってしても、突進していく車の不思議、騒音、ほこり、そしてその匂いを両親にわかってはもらえず、リュシアンは涙ぐんだ。

しかし、月曜日の新聞に書かれていたのは恐ろしい話ばかりだった。燃えている死体や人間の手足が散らばった様子が描かれた暴力的な挿絵の上に見出しが躍っていた。『死のレース！』『何百人もが犠牲に!!』実際に何百人もの死者が出たわけではなかったが、現実の数字も十分にひどいものだった。マルセル・ルノーはレースで亡くなったうちの一人だった（弟のルイ・ルノーが耳あてを持ち上げ、悲報を知らされている瞬間をカメラは捉えていた）[註2]。アマチュアのイギリス人ドライバーは曲がり角で横転、出火し焼死した。サイクリングのチャンピオンであるレスナの怪我はひどく、二度とレースに復帰できないだろうといわれた。ロレイン・バロウは犬を避けようとして木に衝突し、メカニックは死亡、幸いにも本人は痛みをこらえつつ生き長らえた。あるドライバーは、道路に立っていた子供をなんとか避けながらもコントロールを失って人混みに突っ込み、三人が死亡、地元の病院では対応しきれないほどの怪我人が多数出た。カミーユ・デュ・ガストは他のド・ディートリッシュに乗ったドライバーを介抱するために、彼女自身の勝利を勇敢にも途中で断念し、しばらく停車した。その後レースに戻り、彼女は四五位を記録した。

シャテルローからボルドーの道路には、車の残骸があちらこちらにあると報じられた。ヴェルサイユを出発した二二四人のドライバーとバイクライダーのうち六人が即死、一〇人は回復の見込みがないほどの怪我を負った。第一区間の優勝者フェルナン・ガブリエルは平均時速一〇五キロという速さで走ったが、国中が嘆く悲劇の前では何の意味もなかった。あまりの惨事に、ボルドーから先レースを続けるなど論外となった。マドリッドでは優勝者を迎えるために通りの柱ごとに花輪が飾られていたが、それらは音もなく取り外された。レースの代償は高くつきすぎた。

二ヶ月後、自転車による第一回ツール・ド・フランスが開催され、前例のない成功を収めた。今となっては自動車の進歩向上をさえぎるものはないが、上下に動く脚と回る車輪が織りなす路上のスペクタクルのほうが、スピードを堪能するのには車より安全だと歓迎されたのだった。

註1　パリ―ボルドー間を走る自転車レースは一八九〇年代初めの開始当時から地元の町や村で大変人気があった。一九四〇年にシャルトルがドイツ軍の手に落ちた時、本能的に住民たちは行き慣れた道を追って南方、ボルドーへと避難したのである。

註2　ルイ・ルノーは兄弟の死後、車の開発にまわるためにレースを離れた。ドイツ占領軍が使用するために工場を提供したかどで、一九四四年に逮捕、投獄された。

3. 喪失と学習

君が君の村をまた想うとき
君が君の鐘をまた見たとき
君の家、君の両親、君の幼なじみたち……

シャルル・トレネ

『トン・ヴィラージュ』(君の村)が好きな歌の一つだとニースに住む老女は書き記しているが、オネの村や、幼い頃にピンク色のアーチ型をした天井の下で、ひざまずいて父の病気の回復を祈った教会には、一度も帰ることはなかったようだ。

父レオン・ドラングルは一九〇四年の秋に息を引き取った。葬式はボース平原中央に位置するレオンの父親の村、ルヴスヴィル・ラ・シュナールで営まれた。黄泉の国の匂いがするような、ひんやりと湿った空気を感じさせる石板にひざをつき、レオンのために祈りを捧げる彼らの姿は想像に難くない。埋葬後の昼食で、生まれて初めてりんご酒を口にしつつ、エレーヌは不機嫌そうな顔でテーブルを眺める年寄りに気がついた。それは、彼女の祖父だった。葬式のために、四半世紀も口をきいていない義理の息子の家に来なければならず、彼は腹を立てていたのだ。テーブルについているあいだは威厳を保つために何も話さずにいた祖父、フレデリック・ドラングルは、未亡人と子供たちに家の外で別れを告げた。別れ際にエレーヌを見て、レオンも少なくとも一人はまともそうなのを残したな、と言った。そして、子供たちを育てるのに政府から年金がもらえるとはアレクサンドリーネはついている、とも。それは、義理の娘に金銭的な援助をするつもりはないということを彼なりにはっきりと伝えていた。[1]

　たった一枚だけ残っているこの頃のドラングル家の子供たちの写真には、寂しい雰囲気が漂っている。リュシアンはまっすぐ立ち、大きな手をだらりと両わきにたらしている。ハンサムな少年ではない。ボクシングのスクエアスタンスで立っているところを見ると、その拳で身を守る術を学んだのかもしれない。しわくちゃの半ズボンを履いた、巻き毛の小さなアンリはカメラの方を心配そうに見ており、今にも泣き出しそうだ。ソランジュとエレーヌはまるで双子のように装って、こぎれいなヘア・クリップでたっぷりとした茶色の巻き毛を後ろに留めている。ソランジュはスツールに腰掛けて、床に届かない足を足首のところで交差している。エレーヌはソランジュにしがみついている。このかしこまったポーズからは、未来の写真にあるような、人の目を引きつける、輝くような笑顔は微塵も感じられない。それでも、彼女の表情から性格の強さは伝わってくる。この写真は、年老いたエレーヌが子供の頃から手元においていた唯一の家族写真である。何か特別な行事の記念に撮影されたものかもしれない。例えば、毎年夏に三日間に渡って開催される聖ジャンの祭りでオノーに出かけたときなどだ。この写真は、祭りのときに母親にもらった小遣いの思い出を呼び起こすものだっただろうか。メリーゴーラ

1906 年、ドラングル家の子供たち。左から、リュシアン、アンリ、ソランジュ、エレーヌ。

ウンドで鼻の穴が膨らんだ木馬に乗ったり、子供たちが猫のように上手になめた小さな箱入りのジャムを買ったり。彼女は屋台の親父からもらった記念品を持ち帰ったかもしれない。可愛い子供だけがもらえるそれは、棒の先にパタパタと動く色鮮やかな蝶がついている。月明かりに照らされた広大なトウモロコシ畑を過ぎて、馬車がオネに向かってゴトゴトと進むなか、蝶の棒をしっかりと握りしめて眠る彼女の指を開かせることはできなかっただろう。

それとも、これは学校で撮った写真かもしれない。この時代のオネの学校出席者の記録は残っていないが、エレーヌはここで学校教育を受け始めた。この当時、三〇年もの激しい論争を経て、学校制度は教会ではなく国家の指導するところとなった。オネの学校は近代的で、ここでは女子生徒でもやる気と希望があれば、指導を受けられることを誇りにしていた。読み書きができなければ人生の選択は限られたものとなる。日雇い農夫や羊飼いとなって、毎年、雇用を求めて農業地帯のボース平原の農家に押し寄せるブルターニュ人らと職を争わなければならない。だがオネでは本人の志望次第で、さらに先へ進むことができた。日雇いの農夫や羊飼いだったドラングル一族から身を起こした、エレーヌの父親がそうだったように。エレーヌには見倣うべき前例があったのである。

年を取ったエレーヌは、彼女が何でもよくできて、まあまあの出来の姉を簡単にしのいでいたということを嬉しそうに語っていた。これがもし真実ならば、後年二人のあいだで修復のしようがない亀裂となった激しい対抗意識にも説明がつく。確かにソランジュが電信事務員を続ける以上のことは決してしなかったという事実は、エレーヌのいうことを実証しているようにも見える。エレーヌは斜めに傾いた力強い筆跡の持ち主で、生涯読み書きが達者だった。レース出場前に丁寧に用意したルートマップは、細部への見事な注意力と情報を凝縮する能力を示している。父親の職業の影響を受けたに違いない、切手収集に向けられた情熱は、地理と歴史に関する興味につながっていった。[註1]のちに彼女は英語とイタリア語を簡単にマスターしている。歌も上手だったし、読書が好きだった。一九三六年に好きな作家のリストを挙げているが、そこに含まれていたのはスタンダール、モーパッサン、コクトー、アナトール・フランス、マリー・バシュキルツェフの日記、そしてコレットによる小説などだった。詩もたしなみ、絵の才能は平均以上のものだった。彼女が間違った職業についたと、コレットの肖像画を描いたこともあるプロの画家の恋人は、エレーヌをからかったものだった。[註2]

体育は新しい普通教育システムにおいて大きな役割を持っていた。午後の運動クラスで校庭を跳ね回るところからエレーヌの学校は始まったが、一〇歳になるころには筋力の強化が中心となり、体力を効率的に使う方法を学んでいた。やたらと中性的な一九二〇年代の少女たちの体型は、この学校から始まる鍛錬と戦時の栄養不足のたまものだった。例えば一九二〇年代、女子テニスで伝説的な偉業を成し遂げたスザンヌ・ランランは、長い手足をゆうゆうとのばして、対戦相手から得点をもぎとった。また、優れたボクサーであり、重量挙げと槍投げの選手でもあったヴィヨレット・モリスは、フランス製のレーシングカー、ドネのハンドルを操るのに大きな胸が邪魔だと、一九二九年二月に乳房の切除手術を受けさえしたのだった。コレットですら、肉体が張りを失っていくのを防ごうと家のジムで鍛えていた。こういった女たちがおのれの肉体を超越しようとするその執念は、学校時代から培われたものといえるだろう。

戦前の世代の少女たちにとって手本となったのは、型を打ち破る人物、何かを成し遂げた人物だった。エレーヌの教師たちが読んでいても不思議はない品行方正な雑誌『ラ・ヴィ・エーレー（幸せな生活）』は、一九〇四年には登山家ヴァロ夫人や画家であるデュフォー嬢の成功を賞賛している。一九〇五年に起きたスピードボート・レースの事故では、デュ・ガスト夫人は自身のボートであるカミーユ号の残骸から軍艦の乗組員によって救出されたのだが、この惨事を報じる新聞は恐れを知らぬデュ・ガスト夫人の勇気に熱いエールを送った。[註3]

海外からは、一九〇九年にアメリカで開催された自動車による女性のみの大陸横断レースや、アメリカ東海岸から西海岸までのでこぼこ道を横断したアリス・ラムゼーの話が聞こえてきた。イギリスでは、ブライトンの海岸沿いで行われたスピード・トライアルで、馬力のある重量級のネイピアを運転するドロシー・レヴィットが、時速八〇マイル（時速一二八キロ）を出して念願のトロフィーを手にしていた。もっともスポーツ欄レポーターたちの原稿には、アリス・ラムゼーが容姿を気にしているとか、レヴィットの主婦としてのスキルといったことばかり書かれていたが。とにかくこうした時代、怖いもの知らずで独立心旺盛、そして知名度の価値というものも抜け目なく理解できた女たちが、エレーヌ世代の女子学生にとっての憧れだった。

戦前のオネでの生活には他の側面もあった。口頭伝承による記録をまとめた本の中でマリー・ジョセフィー・ゲイルは述べている。干し草用の畑でのピクニック、矢車菊やケシの花で花輪を編んで麦わら帽子を飾り付ける楽しみ。母親を手伝って週に一度川の洗い場にリネン類を入れたバスケットを運ぶ手伝い。肉屋では、子牛の尻にポンプを入れてふくらませて毛皮を桃の皮のようにするりとはぎ、革なめし工に送った。エレーヌも、他の少女に交じってそれを見つめていたかもしれない。お告げの祈りを教わったり、祭りで仮装して通りをパレードするのを楽しみにしたことだろう。そして、シャトー・グランモンに続く栗の並木道では、友達と一緒に落ち葉の間に転がっている栗を拾い集めたのであろう。

太鼓が鳴った。

一九一四年夏、オネの畑で収穫に勤しむ人々に、手を休めて町役場に集まるように知らせる太鼓が鳴った。彼らに軍務が伝えられたのだった。あるいはリュシアンは、家族の一番年長の男として義務を負う生活から逃れる言い訳を与えられて、それほど悲しんではいなかったかもしれない。彼は母親に別れの口づけをし、心配しないようにと言った。誰もが今度の戦争はすぐに終わるだろうと言っていた。リュシアンもクリスマスまでには戻ってくると思っていた。しかし、その一年後、彼はまだ戦地にいた。

一九一五年、アレクサンドリーネ・ドラングルは、オネとそこにまつわる悲しい思い出を後にすることにした。後年、フランス人がいうところの「内縁の妻」としてともに暮らすことになるジャン・ベルナールのそばにいたかったのかもしれない(アレクサンドリーネは彼の姓を名乗っていたが、二人は結婚していなかった。隣人たちは彼女の墓標を見て事実を知った)。果てしなく続くトウモロコシ畑やカラスの甲高い鳴き声、秋に撒かれる堆肥の息が詰まるような臭いにうんざりしたのかもしれない。彼女は自分で家を借り、その後ジャン・ベルナールの住む村の人目につかない場所に小さな家を買った。そこは、パリの南西に位置するサント・メムという村だった。彼女はその後、村の目抜き通りに建つもう少し大きな家を買った。この二件目の家は、もともとはカフェで、半エーカーの土地に建っていた。倹約家のアレクサンドリーネは、その肥えた土地を野菜畑にして、町の市場で売るインゲンやカボチャを育てた。

サント・メムの風景は、今もそれほど変わっていない。一番の特徴は西側にあるボース平原と村を隔てるうっそうとした森と、障害物のようにそびえる紡績工場跡の白っぽい建物だ。かつて村に繁栄をもたらした工場は、ドラングル一家がサント・メムに越したころには、若い宣教師のためのサマースクールとして使われていた。村の中心を通る小道のわきには井戸があり、信心深い修道女の頭の上に中世の侵略者が木の斧をかかげた姿の小さな彫像が、井戸の上を守っている（この修道女が犠牲となり、村に水をもたらし、やがては紡績のための工場をも運んできたといわれている）。そして他の多くのフランスの村と同様、人気のない通りにさす影が短くなって、鎧戸が建物の正面を覆う午後になると、無気力に近い倦怠感が辺りを漂う。

ほっそりとひきしまった体にぼさぼさの茶色い巻き毛、大きな瞳とドキッとするような笑顔のエレーヌ・ドラングルにとって、一九一六年には、まだここが帰るべきところだった。

一九一六年一月、エットーレ・ブガッティの弟、レンブラントは教会からさほど大きくもない彼のアトリエに戻ってきた。そのアトリエはリュクサンブール公園からほど近いジョセフ・バラ通りにあった。レンブラントは三一歳にして、すでに名声を得ていた。動物たちをかたどった、目を釘付にする優美なブロンズ像の習作でレジオン・ドヌール勲章を授与したのは、わずか二五歳のときのことだった。レンブラントが植物園内のヒョウの檻に座り込んだり、アントワープ動物園で象のひな型をとっているのを見た友人たちは、人間よりも野生の仲間のほうが好きらしいとからかっていた。しかし、戦争が始まった年に、アントワープで象たちや植物園のヒョウ、トラたちが経費削減のために処分され、それによってレンブラントが感じた心の痛みを理解するものはいなかった。この心優しい若者にとって、それは何よりも辛いことだったのだ。ずっと彼の代理人を務めていたエブラール・ギャラリーの突然の閉鎖でコミッションを失うことなどレンブラントには何でもなかった。もう何年も赤貧すれすれのところで暮らしてきたのだから。

一九一五年にアントワープからパリに戻ったレンブラントは、兄のエットーレがスクリブ通りのグランドホテルに贅沢にも落ち着いていたことを知った。エットーレは、戦争中にドイツ領域で過ごすことに耐えられなかったのだ。しかも、自分の仕事場がドイツ軍の勝利の手助けをすることになるのだから。[註4]古くからの友人、ツェッペリン伯爵がエットーレの脱出に力を貸してくれた。そして今、彼はふるさととして思い焦がれた国フランスへ戻ってきたのだ。軍から航空機のエンジンを設計するという任務を委託され、エットーレは希望に満ちていた。あと必要なのは仕事場だけだ。それについては、弟の親友であり、第一のパトロンでもあるギシュ公爵に口をきいてもらえないかと頼まれたレンブラントが助けとなった。気前のよい貴族のアルマン・ド・ギシュは、科学に興味を持っており、プルーストの描いたロベール・ド・サン・ルーを気取りたいのだった。彼は、工業地帯であるルヴァロワに設備の整った実験室と作業場を所有しており、これをそのままエットーレが自由に使用できることになった。

新しい強力なエンジンの設計に熱中していたエットーレには、物静かで孤独を好む弟のために割く時間がほとんどなかった。なかったと言うより、やましい気持ちがあったのかもしれない。一度はレンブラントと婚約していたミラノ出身の若く美しいオペラ歌手バルバラ・ボルツォーニが、兄エットーレと結婚することを選んだからである。一九一五年には、二人のあいだ

レンブラント・ブガッティ。手前に写っている小さな象は、彼がアントワープ動物園で実際の動物から型を起こしたものである。

には、娘二人と六歳になる息子ジャノベルト（ジャン）がいた。レンブラントは彼女を愛して止まなかったが、兄に対して恨みがましい気持ちを抱くには、彼は優しすぎた。

レンブラントを親友だと思っていたアーティストたち、モジリアーニやドローネ、ユトリロにピカソらは、彼が幸せでないとわかっていた。そして、一九一五年の終わりには、彼が自分たちに会おうとしなくなったことに気がついた。恋に破れたのだという噂も流れた。レンブラントは人生最後の数ヶ月間、ド・ギシュのためにキリストの十字架像の制作にあたっていたが、ナポリ人のモデルを実際に十字架に打ち付けようとしたという。あれほど心優しい青年からは想像もつかない行動だった。

年明けて一月八日、レンブラント・ブガッティはアトリエのドアを閉め、その隙間を埋めた。そして窓を閉めて、テーブルの上に二通の手紙をきちんと並べて置く。一通は「エットリーノ」宛で、差出人は「ペンパ」となっていた。エットーレは幼い頃からレンブラントをペンパと呼んでいたのだった。そして、ガス栓を開いてレジオン・ドヌール勲章のメダルをボタンホールに差し、すみれの花束を握りしめてレンブラントはベッドに横たわった。隣人が救急車を呼んだが、すでに手遅れだった。病院にたどり着く前に、レンブラントは息絶えた。

レンブラント・ブガッティはとても信心深いことで知られており、その死が自殺だったにもかかわらず、ラ・マドレーヌ教会での葬式が手配された。そして、後日ミラノのブガッティ家の墓に移されるまで、彼の遺体はペール・ラシェーズ墓地に暫定的に埋葬されることとなった。

父親のカルロは、ピエールフォンで戦時中の市長という任務に没頭していた。エットーレは、イタリアのディアット社と契約を交わしたばかりで、そのうえアメリカ軍のために航空機エン

エットーレ・ブガッティ。

ジンを開発するという、いっそう大掛かりで重要な依頼を受けようとしていた矢先だった。エットーレは、レンブラントからアルマン・ド・ギシュを紹介してもらったことをありがたく利用しつつも、弟が明らかに絶望の縁に立っているのを心配する時間もなかったのだ。だが、弟の死に幾ばくかの責任を感じていたに違いない。親しい友人ガブリエル・エスパネに宛てた手紙で、エットーレは絶望的な喪失感について書いている。レンブラントが最後に手掛けた作品である「ライオンと蛇」の台座には、『弟による最終作品』という言葉とともに、エットーレの署名とレンブラントの命日が刻まれている。新聞は、レンブラントに敬意を表してその死にはあまり触れなかった。そして四月には空中戦で撃墜された自動車界のヒーロー、ジョルジュ・ボワイヨの追悼にあわただしく、才能ある若いイタリア人の死はあっという間に忘れられてしまった。エットーレはそんな世間に代わって、十分でなかった追悼を埋め合わせようとした。戦争が終わったあとモルスハイムに戻り、アルザスの屋敷にレンブラントの作品のために美術館の設立に着手したとき、ようやく彼自身の心と折り合いをつけたのかもしれない。エットーレ自身がデザインした車のなかでもお気に入りの一台、ブガッティ・ロワイヤルの鈍く光った二メートルものボンネットの上には、銀の象のシンボルがついている。それはレンブラントが、もっとも心安まる時間を過ごしたアントワープ動物園で処分された動物たちへのオマージュとして、型を起こしたものだった。[2]

パリでは一九一六年に戦没者の死亡通知の郵送を取りやめることを政府が決定した。理由は、家族に与えるショックが強すぎるためだ。残されたものにとっては、安否のわからないままの状態にされる苦痛が大きすぎ、やがて郵便物が配達されるということ自体が恐れの対象となってしまった。郵便配達人が黒く縁取られた封筒をかばんから取り出して、どこかの家へ持っていくのを見ると、不安な家族は玄関口でお互いを支え合うようにしがみつくといった状況になっていたのである。政府は郵送通知に代えて、もう少し思いやりのある方法で悪い知らせを伝えることにした。地味な身なりの婦人が二人一組となり、直接知らせを伝えるのである。状況によって、彼女たちは遺族を慰めたり助言を与えたりすることもできた。

だが現実的には、政府のそんな思いやりは小さな町の家々までは届いてはいなかった。もちろん何千とある村や、より小さな村落はいわずもがなである。

一九一六年、ヴェルダンの町を攻略してパリへ南下しようとするドイツ軍への防衛戦で一六万九〇〇〇人の徴収兵が死亡した。『ヴェルダンの英雄』ペタン元帥の命によってヴェルダンへ送られた一団のなかには、リュシアン・ドラングルがいた。死人の丘という縁起の悪い名のついた地点の防衛が任命され、防御は成功した。しかし、二一歳のリュシアン・ドラングルは五月二八日に殺された。撃たれたのか、爆死したのか、遺体は見つからなかった。

その年の夏のある日、サント・メムのドラングル一家に郵便配達人からその知らせが届けられた。

註1　エレーヌが一番の宝物と言っていた切手のコレクションは、彼女の死後どこかへ行ってしまった。おそらく、バラバラにされてしまったのであろう。

註2　ルネ・カレールによるコレットの肖像画は、イヴォンヌ・ミッチェルによる『Colette: A Taste for Life』（Weidenfield & Nicholson　一九七五年刊行）の表紙に使われている。

註3　デュ・ガストはこの惨事の後、スポーツに関する野望を断念し、リサイタルを開くことに専念した。彼女は音楽会などで演奏するほどの腕前のピアニストだったのである。そして、野良犬や怪我を負った犬の面倒を見るための団体をとりしきるようになった。ある意味、賢明だったかもしれない。

註4　普仏戦争でドイツが勝利したことにより、アルザスは一八七〇年にドイツに併合されていた。

ダンサー

4. パリ

ドレスも短くしたし、スリップも髪も短くしたわ。お次はなに？
『ル・ジュルナル』掲載の一コマ漫画の科白　一九一九年

リュシアンが死んだのは、エレーヌが一六歳のときだった。このあとエレーヌは兄のことをほとんど話さなくなり、話したとしてもごく親しい友人だけとなった。

そして二〇歳にはまだだいぶ間があったそのころ、エレーヌはパリで新しい人生を歩むべく家を出た。後に、当時どうやって生計を立てていたのかをインタビュアーが訊ねると、彼女はいつも笑ってお約束の答えを返した。「内緒よ」「そのうち話してあげるかもね」

「そのうち」が来ることはなかった。

一九一八年から一九二八年にかけて、エレーヌはテルヌ通り辺りの部屋を転々と暮らしていた。同じころ若きジーン・リースが同じようにお金のない状況で暮らしていたように。

寝心地のよい大きなベッドには、サテン風の薄れたピンクのカバーがかかっていた。姿見の付いていないタンス、赤いビロードのソファ、そしてベッドの反対側には縁が金色に塗られたしみだらけの鏡があってベッドが映り込んでいる。鏡の下の棚には（ジュリアの）化粧道具が散らばっている。口紅やおしろい、アイメイクの道具の小さな箱が雑然と入り交じっている。棚の反対側のはしには油絵が額もなしに立てかけられていた。半分残った赤ワインのボトルとナイフ、ひとかたまりのグリュイエールチーズが描かれた静物画で、「J・グリコ、一九二三」とサインがある。多分、借金のかたにおいていかれたものに違いない[1]。

このような下宿は簡単に見つかった。戦争で夫を失った未亡人たちは家賃が入ってくる限り、おおむね下宿人たちのプライベートについてとやかく言わなかった。暖房もなく、水道も通っていない屋根裏部屋の家賃は安く、そこには昼食がしばしば含まれていた。エレーヌの大家たちは、彼女が飼っていた二匹の気の短いシーズーを大目に見てくれさえした。その小さな犬たちは、サント・メムを離れてすぐに飼い始めた二匹で、いつも彼女のベッドで寝ていた。知り合いのいない都会での独立生活を始めたばかりの数年は、その犬たちがありがたい仲間だった。

思い出の品が詰められた収納箱にあったそのころの写真に、肘掛け椅子に座ったエレーヌが写っているものがある。背もたれに寄りかかった彼女は、カメラに向かって微笑みかけ、生き生きとした美しい瞳を輝かせた表情を見せている。手はきちんと組まれ、これ以上ないほどしとやかだ。足りないものといえば、猫の毛でできた手袋だけか。猫の毛のミトンは薬局で売っていて、かわいいやせっぽちの若い娘たちがよく買い求めたものだった。冬になって例年のごとくセーヌ川の水位が上がり、氷のように冷たい水が川岸にはねあがる頃、娘たちは湿っぽくわびしい屋根裏部屋で寒い冬のあいだを震えて過ごした。

この写真を撮った時、エレーヌはほんの一九歳か二〇歳かもしれない。お金に余裕はなかった。写真をよく見てみよう。椅子の背にかかっているカバー、ぼろぼろの壁紙、壁に並んだ額縁なしの写真によれよれのカーテン。五階下の地下の台所で煮込むキャベツスープの臭いがしてきそうだ。

エレーヌがエロチックな写真のモデルをして生活費を稼いでいたのはこの頃だ。そういった写真は六枚組や一〇枚組で熱心な観光客に売られたもので、何も書かれていない封筒に入れてカウンターの下でこっそりやりとりされた。そんな写真の一枚が残っている。エレーヌは長い薄絹をまとい、片方の腕を頭の後ろにやって、むき出しになった乳房の丸みを強調している。おなかにあてた手は、まといついた布を色っぽく引き上げ、隠された部分をちらりと見せている。初めてそういうポーズをとる風ではまったくない。

エレーヌの初めての恋人とおぼしき男は、ルネ・カレールという画家だ。彼女もおふざけで彼が風呂に入っている写真を撮ったりしている。カレールはまじめな仕事をする一方、ミュージックホールの広告や絵はがきに使うセクシーなイラストで収入を補っていた。今も残存するカードは、少々悪人風のドン・ファンが、かわいらしい裸の娘をマントで覆うようにしている。

初めてのフラットにて。椅子にもたれてくつろぐエレーヌ。

ドン・ファンは非常にルネ・カレールに似ているし、娘の体つきはエレーヌ・ドラングルのそれだ。

演劇界につながりのあるルネ・カレールが、モデル兼愛人であったエレーヌに本格的なダンスのレッスンを受けるように勧めたのかもしれない。それは、平衡感覚がよくてスタミナも十分、そしてかわいらしい顔立ちの元気旺盛な娘にしてみれば、戦後の生計を立てていくうえでもっとも簡単な仕事のひとつに思えた。しかも、ある程度恥ずかしくない仕事でもある。パリではダンスはいつも人気を集めた。踊り子のラ・グーリュがムーラン・ルージュで初めて下着姿で足を蹴りあげるよりも、ロイ・フラーがきらめくシフォンのベールを、ひらひらとたなびかせたりするよりも前からだ。一九二〇年にはラ・グーリュは人気に陰りが出て、サーカスで働いていたが、ロイはゴーモン・パレスで新しい演目『人生の百合』を演じていた。一方、イサドラ・ダンカンは一世を風靡した、ショパンやブラームス、ベートーベンなどの音楽を独自に解釈した印象的な激しい裸足のパフォーマンスから一息つき、その代わりにモンマルトルのナイトクラブで、新しい恋人とタンゴをこれ見よがしに踊ったりしていた。ダンスのおかげでパリジャンたちは戦争中も気を落とさずにいられたのだ。一九二〇年、人々がショーに対して盛大なスペクタクルを求める気持ちはとどまるところを知らなかった。新参のミュージックホールは、あわてて改装された古株のミュージックホールと動員数を競い合い、毎回どのショーも、前回よりもきれいな娘たち、よりいっそうのヌード、より多くの制作費がうたい文句となっていた。

エレーヌは家賃や生まれて初めての車——彼女がメイジーと名付けたシトロエン——の購入

資金を、コンセール・マイヨールやバ・タ・クランのコーラス隊として、馬の毛の飾りがついた帽子をかぶって稼いだのかもしれない。また、いつのまにか彼女は正式なバレエのレッスンも受けていた。それは、この二、三年後に広告用に撮られた写真での彼女のポーズから容易に分析できる。彼女のダンス用の姿勢の取り方、腰の曲げ具合、彼女が爪先で立って踊る様、頭のかしげ方など、彼女のポーズを観察したバレエ批評家の目には明らかだそうだ。トゥシューズも、爪先を保護するボックスなどは入っておらず、土踏まずは弓のように力強く曲がっている。専門家から見れば、明らかに正式にバレエのレッスンを受けた証拠らしい。また、このようなポーズは経験のないダンサーがカメラの前で容易にとれるものではなかった。[2]

おそらくエレーヌはルネ・カレールの示唆を聞き入れて、改装された質素な客間でのダンスレッスンの一つにでも行ったのだろう。戦後、人々は二階の客間の敷物をはがしてロココ調の鏡も取り外したのち、ダンス・スタジオとして貸し出したのだった。ドライフラワーのバラの香りのようにかすかに残る社交的な雰囲気は、おしろいとゲランのルール・ブルーの混じり合った、鼻につくような匂いにかき消されてしまっていた。誰がエレーヌにバレエを教えたのかは判明しない。可能性の一つとして考えられるのは、当時結成されたばかりのスウェーデンバレエ団のメンバーである。その頃エレーヌはジャズが好きな太ったスイス人作曲家、アルテュール・オネゲルと親しくしており、アルテュールにいくつか作品の依頼をしていたのがスウェーデンバレエ団だったのである。エレーヌがオランピア劇場の上のスタジオで、かの有名なエゴロワ夫人の厳しいレッスンを受けていたとも考えられる。弟子の一人であるゼルダ・フィッツジェラルドにあれほど厳しかったエゴロワ夫人のこと、彼女の弟子たちはみな白鳥へと変身

ルネ・カレールのサインが入った、ドン・ファンとその犠牲者が描かれた劇場用のポストカード。

を遂げたようにも思われるが、そうではなかったのか。オランピア上階のダンス教室にはタレントスカウトが毎週のようにやってきて、レッスンを受けにきた才能あるボードビルダンサーたちを見出していった。第一次大戦後のパリでは、現代ではおよそ想像もつかないかたちで古典芸能と一般の演芸とが一緒くたに扱われていた。アラベスクで見出されてたどり着く先は、オペラ座のコール・ド・バレエかもしれない。もしくは、カジノ・ド・パリでゆるやかな音楽に合わせて裸身で踊るパフォーマンスかもしれなかった。そして、それが後者であっても、決して恥ずかしいことではなかったのだ。

想像してみてほしい。一九二三年の夏の午前中[3]。レッスンも終わり、エレーヌが教室の仲間とタバコを吸ってコーヒーを楽しむ。そして、モデルの仕事までの一時間をつぶすためにあたりをぶらつくことにする。新しくオープンした大きなブラッセリーを横目で見ながら歩くエレーヌ。そこは、でっぷりしたアメリカ人たちとほっそりしたおしゃれな若い娘たちでいっぱいだ。当時は独身の若い娘には銀行口座などなく、彼女は肌着に縫い付けた綿の財布に現金を持ち歩いている。人々の一団をかすめて通る時、誰かがウェストのあたりを軽く押してくる。エレーヌは振り上げたハイヒールのかかとをしたたかに蹴りおろし、男を押さえつける。こそ泥はののしりながらなんとか逃げ出し、色鮮やかなドレスの海に消えて行く。ハリー・ピルサーの新しいクラブ、ザ・フロリダのくすんだ黒いドアを通り過ぎるとき、南米のバンドのヒューッという口笛と甲高い掛け声、ミスタンゲットの最新ヒット『ザ・ジャワ』を歌う真っ赤な口紅を塗ったハスキーヴォイスの女の子のことを思い出す。歌詞を口ずさみながら振り返り、ちらっと笑顔を見せる。そして、流行の先端をいくストライプのジョッキー帽や、スパニエル犬の耳のようにフラップがたれたパイロット風の帽子をショーウィンドウに見つけて目を輝かせる。ガラスにぼんやり映り込んだ自分の姿を見たとき、その奥にある顔が見つめているのに気づいてハッとする。一瞬、母親の姿に見えたその暗い影が、自分自身だということに気づく。うろたえたエレーヌはあわてて十字を切る。教会になど五年も足を踏み入れていないのだが。

まだ完成していない巨大なホテルの前を通り過ぎながら、彼女はマルブフ通りをちらりと見る。そこにあるのはアルファ・ロメオの並ぶ堂々たる販売店だ。ブガッティのツーリングカーを含むさっそうとしたスポーツカーが並んだ上に、矢印のイルミネーションが点滅していた（当時、エットーレのパリでの代理店はマルブフ・ガレージだった）。赤いハイヒールで石畳をコツコツと鳴らしながら、エレーヌはそこに立ちつくしてうっとりと車を眺める。モダンな趣味のエレーヌは、マレ・シュテファンの設計によるガレージの洗練された曲線が気に入っていた――一九二七年のアールヴィヴァン誌の二月号では、とあるファンが『このガレージは純粋にデザインの表現のために存在する』と熱心に語っている。しかし、彼女が本当に欲しいのはガレージのデザインなどではなく、そこにある車だ。シトロエンなら、毎年二万台がジャヴェル河岸の工場で生産され、七〇〇〇フランちょっとという値段で誰もが購入できた。戦前には自動車を持つことなど、夢のまた夢と思っていたような人々でも買えるようになったのだ。でも現実に持てる車はシトロエンだとしても、アルファ・ロメオやブガッティの一台を欲しくない人間がいるだろうか。

一九二〇年に車の免許を取ってしばらくすると、エレーヌ・ドラングルはモデルとしての稼ぎで旅行に出ることにした。シトロエンでパリを出てフランス国内をまわる一六〇〇キロの旅だ。そして、これが生涯続くことになる彼女と車とのロマンスの始まりだった。

ほぼ同じ頃、彼女はシャンゼリゼをさらに西へ進んだ端、サン・フェルディナン通りに新しいしゃれた自動車店を見つけた。オーナーである元戦闘機のパイロット、アンリ・ド・クルセルはカレールの親しい友人だった。

国民にとって、戦争で空中戦をこなした人間にかなう英雄はいなかった。人々は彼らに対してある種の畏敬の念を感じており、それは、ジャン・ルノワール監督の映画『ゲームの規則』によく表れている。映画のなかで航空兵は人気者の英雄であると同時に、戦争に身を捧げた犠牲者でもある。孤独な空を離れて汚れた世間に戻ってはきたが、そこにいるには気高すぎる彼はまるで子供のようにうろたえているのだった。パイロットたちのなかには、格別な反射神経の良さから、すばらしいレーサーとなるものもいた。そして、そういう男たちが出入りしていたのが、サン・フェルディナン通りの店だったのだ。車に夢中な一五歳のフィリップ・ド・ロートシルトは、パイロットである兄のジェームスのかげで肩で風を切って店にやってきた。ベルモット富豪の跡継ぎ、アンドレ・デュボネしかり、化粧品の一大帝国のフレデリック・コティしかりである。元パイロットのロベール・ブノワは、父親がかつてサント・メム近くにあるロートシルト家の屋敷で狩猟管理人を務めていた。そうした常連のなかで、誰もが憧れていたのはアルベール・ギュイヨだ。四〇歳と他のものより年上のギュイヨは、レースで名を馳せていたサンビーム、ドラージュ、アメリカ車のデューセンバーグに乗って、インディアナポリスのレンガ敷のサーキットでレースした経験があり、無邪気な第一次大戦前の時代にはロシア上空で、ブレリオ複葉機でのアクロバット飛行の公開演技をしたこともあった。いまはその彼が新たに夢中になっているのは、車を作ることだった。

店のオーナーであるアンリ・ド・クルセルは三〇代後半、つぶれたような鼻のひょろりとした男である。はにかむようでいながら、時折思いがけない大きな笑顔をのぞかせる。その魅力的な瞳には、他人にはわからない何かを楽しんでいるような表情がよく浮かんでいた。彼を知らないものは、この「クーク」がソッピース機のパイロットとして五本のシュロの葉がついた戦功十字章を授与されていることに驚くかもしれない。彼の見かけからは、そのような武勇伝は想像できなかった。休日のお気に入りの服装は、チェックのシャツにだぶだぶの半ズボン、スコットランド風の手編みソックスを膝の下で折り返すというひどい趣味だったが、彼の家柄は一〇六六年の「ノルマン人の征服」まで遡る立派なものであった（現在でも彼の親族はイギリス中に散らばっている）。しかし、その財産はとっくの昔になくなっていた。その店は、高価なスポーツカーに目がない彼が、資金を融通するための手段として開店したのだが、彼自身は運転するのを楽しむ以外、車のことは何も知らないと言って笑うのだった。機械的なことに関しては、アンリはビジネスパートナーに頼っていた。そのパートナーとは、アジア人を思わせる顔つきにがっしりした体つきの沈着冷静な男、マルセル・モンジャンで、多くの人間が彼のことをトップクラスのスポーツカーレーサーと見なしていた。[註1] マルセルにはひょうきんな面もあった。ルネ・カレールが描いたスケッチの中で、モンジャンはバンジョーをつま弾きながら笑っている。

カレール、モンジャン、クルセルという三人の男たちは、二〇代のエレーヌの親友であり、盟友となった。エレーヌが裸でベッドに寝そべっているところをモンジャンがこれみよがしに撮った好奇心をそそる写真や、エレーヌが撮ったルネ・カレールが風呂から目だけをのぞかせている写真からは、彼らの付き合いの親密さが伝わってくる。エレーヌが収納箱にしまい込んでいた写真の束の中で、クルセルの写真の数が他の二人と比べて圧倒的に多い。初めて本気で恋した相手はクルセルだというのは妥当な線だろう。しかし、その恋が報われたのかどうかを物語る証拠は見当たらない。

目に見えないクモの巣のようにまとわりつく家族の義務から逃れようとするよりも、物理的に家を出てしまうことのほうが簡単である。エレーヌにとって、サント・メムの実家を出るのはたやすいことだった。息子リュシアンの死を嘆く母親の慰め役には、彼女の新しいパートナーであるジャン・ベルナールがいた（彼と特にうまくいっていたわけではない娘たちは、ベルナールのことをいつも「お義父様」と持って回った呼び方をしていた）。その一方で、いつも「デイディ」と呼んでいた弟アンリのことはエレーヌも恋しく思ったかもしれない。しかし、アンリには彼女のような野心や意欲はなかった。彼はパリで椅子張り職人の助手という職についたが、心のよりどころを求めて、住み慣れた村へ毎週のように帰ってきた。周囲の話を聞くと、アンリは心優しい若者だったようだ。

姉のソランジュには誰もいなかった。彼女は夢について聞かれると、冬の枯れ葉のように縮こまり、郵便局での安定した仕事——それは家族のつてで斡旋されたものだった——以外には特にないと答えた。名声をつかむという夢にかきたてられたエレーヌにとって、そんな生き方は悲劇としかいいようがなかった。それに対してソランジュは堅実なだけだとやり返す。しかし、危険を承知でやってみたこともないのに、どうして保証を求めて落ち着きたい人間がいるのかと妹はいぶかしんだ。滅多にない帰省の際に、エレーヌはソランジュが顔をしかめて家の裏にある水車を引いているのを見かけた。くしゃくしゃにまとめてピンで留めただけの黒髪、毎週洗濯物を抱えて川岸を上り下りしている細い足は擦り傷だらけだ。その姿はみじめに映った。姉をどうにかしなければとエレーヌは衝動的に決心したのだった。

　年老いたエレーヌが保管して思いつくままにコメントをつけていた写真からは、ソランジュが妹の努力をありがたく思っていたようには見えない。それどころか、保護者としてまるで受難を受け入れるかのごとくエレーヌの誘いを受けていたように見受けられる。ル・トゥケのビーチで撮られたある写真では、巻き毛のエレーヌが笑っているその片隅にソランジュがまるで一筋の暗闇のように写っている。また、ぶどう棚が日かげをつくるテラスで人々がくつろぐ様子を撮った別の写真では、みんな椅子を傾けて帽子を斜めにかぶり、眠たそうな笑顔をカメラに向けている。しかし、ソランジュはテラスの奥を向いて、影のなかにたたずんでいるのだ。その姿は退屈そうであり、不機嫌そうであり、孤独だ。

　自分よりも明るくて頭もよい妹の恩義をこうむるというのは快いものとは思えない。ソランジュにしてみれば、エレーヌの軽薄な友人の輪になど引き込まれたくなかったかもしれないのだ。しかし、妹の親切心というべきか、要求から逃れることはできなかった。一方で、生活が一つ所にとどまらず、よりいっそう不安定なものになるにつれ、エレーヌは信用できる誰か、頼れる誰かを必要としていった。ここに驚くべき事実が一つある。「トートーテ」（ソランジュの愛称）とエレーヌの手紙のやりとりから浮かび上がってきたことだが、彼女は妹が気軽に身を許していた一連の恋人たちと、意外にも親交が深かったのである。ソランジュは彼らについては、ゴシップ、職業、財政状態の詳細まで、何でも知っていた。エレーヌ不在の折には彼らと食事をともにしたりもしている。エレーヌが交際を真剣に受け止めないこと、彼女の怒ったときの凄まじさ、子供のように褒め言葉や元気づける言葉を欲しがることなど、恋人たちが妹のことで不満を漏らすと、ソランジュは彼らに同情したものだった。姉妹は手紙のやりとりよりも電話で話すことのほうが多かった。しかし、現存する書簡からはっきりしているのは、エレーヌがソランジュの意見を聞かずに何かを決めたことはないということだ。[4]

一九二一年の秋、モンジャンとクークはエレーヌを初の海外旅行に連れて行った。目的はイギリスのブルックランズで行われる二〇〇マイルレースだ。二人の男たちは、現地到着時に代理店が用意しているはずのグレゴワールで出場する予定だったのだ。[5] 旅はまず、港町ブライトンを訪れることから始まった。ブライトンでは、オールド・シップ・ホテルの新しいガレージの前でエレーヌとモンジャンが並んでいるというお約束の写真をクークが撮った。明らかにダブルルームとわかる部屋で、エレーヌが裸でぐっすり眠り込んでいるのを撮ったのがクークなのか、モンジャンなのかはわからない。また、はりのある筋肉質の体の後ろに見える、真鍮のベッドを使っていたのがどちらの男なのかも不明だ。いくつかの写真を見るかぎりでは、どちらでもよい気軽な三人のつきあいだったのかもしれない。

左からマルセル・モンジャン、洗いざらしの髪のエレーヌ、普段着のアンリ・ド・クルセル（クーク）。撮影場所は不明。

二人のフランス人は、乗るはずだった車が届かなかった――グレゴワールは問題が多いことで有名で、一九二三年に会社は閉じた――ために出場辞退となった。しかし、クルセルの友人がレースに参加していたし、モンジャンも戦後再オープンしたサーキットがどんなものか見たがっていた。そこで、彼らはエレーヌを連れて、モンジャンのヴォワザンでイングランド南部の丘陵地帯を横断して行った。

イングランドで施行された路上レースの禁止をうけて、一九〇六年に建設されたレース専用コースのブルックランズは、一九二一年当時でもヨーロッパで最も進んだ刺激的なサーキットだった。小石で覆われたコンクリートの二・五マイルのコースで、五〇度にもなるバンクの傾斜は目もくらむほどだ。この時点では、エレーヌがそれまでに体験した唯一のレースといえば、幼少時のぼんやりとした記憶しかなかった。うなりをあげて丘を下り、ボース平原を横切って行くほこりに包まれた巨大な自動車。そして今、彼女はツィードジャケットに布製の帽子といった出で立ちのビール臭い男たちや、丈夫そうなニッカーボッカーにパッとしないゴムのブーツを履き、うるさくしゃべるほっぺたの赤い娘たちと押し合いへし合いしながら、現代の円形劇場のような建物の中心にある、広大なパドックにいた。

離れたところにあるクラブルームの外では、ブラスバンドが陽気なマーチをメドレーでにぎやかに演奏している。パドックの上空では、ソッピース機が旋回して急降下し、ひっくり返ってコースの傾斜を越えて舞い上がって行く。遠くに見えるレースの進行係がくっきりと見える黄色い旗を掲げた。そして、エンジンの回転が上昇し、貪欲な叫びに変わるのを待って振り下ろされる。エンジンの回転数があがるとともに車が火を吹き出してコースに広がると、目がチカチカするような黒い煙が雲のように広がって、黄色い旗は一瞬にして見えなくなった。二台の車が黒く塗られたラインを越え、コンクリートのへりに向かってスピードをあげていく。サーキットと空の間にあるのは、そのへりにまばらに生える茂みだけだ。エレーヌは三台目の車――モンジャンが言うには出場車のうちでも軽量の一台であるサルムソン――がぐるりとスピンしてガタガタと揺れ動き、そして横滑りしながらボウル状のサーキットの内側にピストルのような音をたててぶつかっていくのを見つめた。クルセルは、くわえていたパイプをいっとき口から外し、エレーヌをクラブハウスに連れて行ったほうがよいのではないかと考えたが、彼女をちらりと見てそんな必要はないと気づく。口をわずかに開き、目を細めて、エレーヌは二台の青い車がサーキットの傾斜のてっぺんを激しい音をたてながら走り回るのを見ていた。ブガッティだよ、とクルセルは言う。いい趣味だね。僕もあれに乗ってこのサーキットを走りたいものだ。

「私もやりたいわ」彼女はまだ車を熱心に見つめていた。クークは彼女が持っていたレースのプログラムの後ろにあるルールを指差した。『女性不可』ブルックランズでは女性の参加は禁じられていた。これは男のレースなのだ。彼はエレーヌのしかめ面を見てため息をついた。今夜のブライトンへの帰り道はやっかいなことになりそうだ。

男たちの思い上がりにエレーヌは驚き、そして腹を立てた。ドライバーたちは何を根拠に女性が彼らより劣っていると思うのか。女たちが一日何時間働いていると思っているのか。どれほど重いものを家事のために運んでいると。殿方の風呂のために何リットルもの水を運んで、狭い階段を何階も昇ったり、洗濯のために一週間分のシーツや衣類をかかえて、急な川岸を下ったりしているのに。ダンスにいたっては、女性のほうがしなやかで素早く、軽やかだというのに。

彼女の友人たちは笑顔で応えながら話題を変える。ルールはルール。議論したって意味がない。もし、彼女がレースに出てみたいならラリーやヒルクライムやジムカーナ（障害競走）がある。だが、グランプリへの出走？　メカニックを雇ったり、搬送の手配をしたり、どれだけ金が掛かるか考えたことあるかい？

エレーヌは気が短く、かっとなるのを長い時間我慢することはできなかった。彼らの言うことを聞いて、怒りを抑えられなくなった。思ってもないことを言うのはやめて。女に負けるのがいやなだけなんでしょうと怒鳴る。エレーヌは興奮しすぎていた。その声は金切り声となり、彼らはこの会話にうんざりしてきた。そして、いつもの今にも笑い出すかのような屈託のない声で、クークがそっと提案した。秋が終わる前に三人でニース遠征なんてどうかな。この論争にあっさりと勝てるわけでもないし、リヴィエラはいつ行っても楽しいところだし、とエレーヌは屈んでクークの首筋に口づけした。

エレーヌの人生で、初のイギリス訪問に続く六年間だけを垣間見た人は、この怖いもの知らずのチャーミングな娘は、ただスリルを味わったり、楽しいことをするのが好きなだけだと思うかもしれない。ルネ・カレールが撮ったと思われる写真では、彼女はいつもモンジャンとクルセルと一緒で、いつも笑っている。彼らは夏をリヴィエラやノルマンディのコート・フルーリの優雅な避暑地で過ごしたが、その優雅さをもってしても、エレーヌの元気のよさが変わることはなかった。例えば、ミラノの郊外にできたモンツァ・サーキットへの視察旅行で仲間と合流する前に、パスポート用の写真を撮りに行かされた彼女は、ジョセフィン・ベイカー（バナナを連ねただけのスカートを身に着けてパリのステージに立っていたアメリカ出身の黒人スター）の物真似をしだして、周囲をあきれさせた。また、一九二四年の冬にシュペルバニエールで生まれて初めてスキーをして、それなりのスポーツマンだった友達と競走して打ち負かしたとき、諸手を挙げて喜びの叫びをあげたという。近道しようと松の植林を通り抜けたときに、死にそうな目にあったことなどどうでもよいのであった。

彼女の怖いもの知らずっぷりは見事である一方、空恐ろしいものでもあった。振り返ってみると、モンジャンが見たものは、勝つことしか考えないすさまじいまでの集中力だった。それはクルセルにとっても同様だった。一九二三年、クルセルはル・マンで開催された初の二四時間耐久レースに、巨大なロレーヌ・ディートリッシュで出場して八位の成績を収めた。翌年は三位。そして一九二五年にはアンドレ・ロシニョールと組んで優勝した。一九二六年はモンジャンと組んで二位。三〇代後半のアマチュアドライバーとしては立派なものである。クルセルがこの遅咲きのキャリアを楽しみ、パリ―ドーヴィル間の自分自身の記録を塗り替えているあいだ、エレーヌはエレーヌで、アルプスでの彼女自身にとっての一連の勝利を計画中だった。冬のあいだボブスレーやスキーを楽しんだエレーヌは、フランスのトップスキーヤーの一人、クレベール・バルマールと夏ごとにレギューヴェルトやグレッポンブラン、モンブランに登っていた。一九二五年、再度モンブランに登った、しかも最も難易度の高いルートで登ったとエレーヌは満足げに書き記している。山頂で撮った写真には、ゴールに到達し、喜びに満ち足り

上からエレーヌ、アンリ・ド・クルセル、マルセル・モンジャン。1925 年イタリア北部湖水地方を旅行したときのもの。

登山隊と山頂にて、1925 年。

た様子でカメラに向かって微笑むエレーヌが写っている。その年の終わりにはモンジャンとクルセルがブレーキテストのために凍りついた湖上で車を運転したと聞き、エレーヌは自分もテストをすると言い張った。不承不承ながらも、モンジャンは彼女のハンドルさばきは立派なものだと認めた。彼には、なぜエレーヌがテストをしたがったのかどうしてもわからないままだった。エレーヌに訊ねたとしても、ただ笑って勝つのが好きなだけだというだけだろう。それでは答えになっていないのだが。そんなときにモンジャンとクークの頭に浮かんだのは、エレーヌが無意識のうちにヴェルダンで戦死した兄の役割を引き受けようとしているのではないか、ということだった。しかし、ふたりとも女の精神構造の謎について、他の男たち同様深く考え込んだりはしなかった。考えてみても最後には笑って肩をすくめて終わりだった。彼女は何か肉体的な力量を試されるとなると鉄の意志を発揮する、それがわかっていることのすべてだった。

アスリートとしては、彼女はすでにピークに達していた。一九二六年にレーサーの夢はあきらめて、これからはダンス一本に絞ると公言した。友人たちは驚くと同時にほっとして、祝杯をあげに食事に連れ出し、彼女の未来に乾杯した。エレーヌとつきあいのあるものはみな、彼女ならばステージで成功するだろうと思っていた。技術的にも優れていて、存在感に溢れ、カリスマ的な魅力があった。踊りの優美さはダンスを知らない者が見ても伝わり、彼女が腕を持ち上げて首をかしげ、こちらを見つめる仕草はとりわけ魅力を放った。モンジャンもクークもそんなことを言って彼女の怒りを買うつもりはなかったが、それでもやはり、この元気なかわいい生き物にはサーキットよりもダンスのほうがいい、より安全な職業選択だと思っていた。

一九二七年、アンリ・ド・クルセルは友人であるアルベール・ギュイヨとの永年の約束を果たすこととなった。パリ郊外モンレリーの新しいサーキットで、無制限のフォーミュラ・リブレ規定で開催されるレースにギュイヨの車で出場するのだ。[註2] 七月だというのに天気は悪かった。ほんの少数の観客に雨が激しく降り注ぐ。観客のなかにはモンジャンにギュイヨ、そしてほっそりしたブロンドのエレーヌがいた。彼女はダンスのリハーサルから抜け出してきたのだ。モンジャンは機嫌が悪かった。彼はギュイヨの車を運転してみて、改良すべく夜通し作業したが、すっきりとしない不満感を抱えたままだったのだ。前回ギュイヨ・スペシャルが出場したときは一番近い車から三周遅れに終わっていた。ステアリングに問題があるとモンジャンは手厳しく意見を述べた。ギュイヨはそれには何も言わずに、無言で笑ってみせただけだった。クルセルはいつものように礼儀正しく車の作り手であるギュイヨと抱擁を交わし、渡されたヘルメットを振ってピットのほうへ歩いていった。

クルセルは意気揚々としていた。ギュイヨの車はレーシングカーとして高く評価されてはいなかったが、彼は負けるとは思っていないようだった。対戦相手はタルボを運転するアルベール・ディーヴォ、スーパーチャージャー搭載の2・3ℓブガッティにはプロのレーサー、ルイ・シロン（車のオーナーは、フレディ・ホフマンが所有するナーカ・スパーク・プラグ。そしてシロンはホフマンの妻アリスと大胆にも情事を重ねていた）、そしてルイ・ワグネルと、レース出走時にはウィリアムを名乗るチャールズ・グローヴァーという、非常に度胸のある二人が乗る大きなサンビームなどであった。しかし、ギュイヨとクークは勝利を確信していた。その日の夜にはマキシムで勝利を祝う夕食を予約していたのだ。クークはピットを出てゆったりとした足取りで車へ向かい、低い運転席にすべり込んだ。足を伸ばして体重を移動する。そして、スタンドを見上げて敬礼した。朝一〇時をまわったばかりだったが、雨は排水溝に音をたてて流れ込み、レーシングカーのボンネットにあたってパラパラとピストルの銃声に似た音をさせていた。エレーヌは突然身震いしてコートの襟をあわせた。そして、寒さに握りしめた拳を見られないよう、ポケットの奥に手を差し込んだ。

結局のところ、車が動きだしたときに感じた妙な不安感というのは、なんの根拠もないものだったのかもしれない。サンビームは二周目を完走する前に、マシーンに問題があって棄権を余儀なくされた。三周目もピットインせずに、うなりをあげて走りすぎていったところを見ると、ギュイヨの車は持ちこたえているようだった。メイロウィッツのゴーグルをつけたクルセルは、まるで勝利を予感したかのようにさっと手を挙げた。モンジャンがなにか言おうとしてエレーヌのほうに身をかがめたその時だった。彼女は、ギュイヨの車の尖った後部がガタガタと揺れてコントロールを失い、コースを横切ってそれていくのを見た。車が遠くに並んだ木に向かって横滑りしていったとき、彼女はモンジャンの腕をぎゅっとつかんでいた。そして、カノン砲を発射したかのような音がした。真っ青な顔でギュイヨが上を見上げながら腕を上げて指し示す。彼女は、その指の示す方向を目で追った。シャトー・サンテウロップは、激しい雨に煙って見えない。赤十字のマークがついたバンがスピードをあげてコースを走り出した。はるか向こうで白と黄色の旗が振られ、他の運転手たちに警告を促すのを彼女は見た。モンジャンは人混みを押しのけてコースへ向かった。ハイヒールでもたつきながらエレーヌがあとを追う。歩きながら首に巻いたスカーフを引き抜き、包帯代わりに使えるようにとその手に絡ませた。

彼は、何か体よりも小さなところにねじこまれたようになって、うつぶせに倒れていた。ねじ曲がった金属片やゴムの破片が、車が木に衝突した場所からコース上まで散らばっていた。茂みから突き出たタイヤは、横向きにぶら下がったままくすぶっている。もう一つのタイヤは鉄でできたベッドのフレームのようなものの角に、デリケートかつ不思議なバランスでぶら下がっている。ほんの数分前まで、これらのすべてが一つのものとしてボルトで留められ、溶接されていたとは到底信じられなかった。彼女はスカーフを両手に巻きつけてロープのように引っ張りながら、救急隊員がアンリ・ド・クルセルを担架に乗せて救急車の後部へ運ぶのを見ていた。遠くに猛スピードで走る車の音が聞こえる。モンジャンは彼女の腕をとり、救急車のほうへ引き立てた。鼻を刺激するガソリンと焼ける革の臭いのかげに、さびついたような血の臭いがしていた。

あとで聞いたところによると、救急車の運転手はひどくうろたえていたためにコースを逆方向に、猛スピードで走る車に向かって走り出したという。モナコ出身の若いドライバー、ルイ・シロンの運転するブガッティが身をひねるように救急車の進行方向から抜け出し、事故の残骸を通り過ぎて、その日の勝者であるアルベール・ディーヴォを追って突進していったとき、観衆は興奮に叫びをあげた。エレーヌの耳には何も届かなかった。モンジャンとともに救急車の後部に座り、アンリ・ド・クルセルの手をじっと見ていた。その手は、信心深い医者が胸のところで組ませていた。それは彼女が知っていた手だった。細くて、指が長くて、教会で見る聖人たちの木像を思い出させるような。その手がどんなに優しく彼女に触れたかを思い出していた。もう一度顔を見ることはできなかった。最初のショッキングな一瞥のあとは。クークにとってはあっという間のことだったのだ。それが、慰めとでも言うべきものだった。

車の設計者たちは、彼らが作った壊れやすい機械の運転手が死んでも、滅多に、いや決して責任を取ることはない。悲劇から二年後の一九二九年、ギュイヨは車の製造をあきらめてシトロエンの顧問エンジニアとなった。そして一九四七年、理由は明らかでないが、大勢の友人たちとレストランにいたギュイヨは、そこで青酸カリによる自殺を図った。アルベール・ギュイヨの親友であり、もっとも誠実な支持者だったアンリ・ド・クルセル、尊敬に値する心優しい彼のことを思うと、なぜこんなに時間がかかったのかエレーヌにはわからなかった。

註1　もう一つの収入は、モンジャンが中古スポーツカーを販売していたヌイイ・ガレージだった。

註2　フォーミュラ・リブレのレースでは、出場する車に対する制限がない。

5. 踊り子

あの踊り子が気に入った。彼女をもっと見たいものだ。
フェルナンド・ディヴォル　　ル・ジュルナル・ペプル紙　一九二九年

一九二六年の春、エレーヌはこぢんまりとした上品な一七区のサン・スノック通りの新しいアパートに引っ越した。五月一〇日に彼女がサインしたある男との契約書では、その住所になっている。契約の内容は、エレーヌが相手に毎月一〇〇〇フランを支払い、彼が二人で演ずる一連のダンスを振り付けるというものだ。おそらく劇場関係に顔の広いルネ・カレールが仲を取り持ったのではないかと思われる。契約を交わしたセレスタン・ウージェーヌ・バンデベルトは、芸名のロベール・リゼという名で署名している。もう一人の署名者、エレーヌはこのとき初めて芸名を使った。やがてスターとして知られる予定の名前を。

エレ・ニース。ベル・エ・ニース（美人でナイス）、エル・エ・ニース（ニースの彼女）もしくはアメリカのファンいわく、ヘリッシュ・ニース（悪魔のニース）。Hellé（2つめのeにアクサンテギュをつけ「レ」にアクセントをおいて発音する）というのは、家族や恋人たちが使った呼び名だ。韻を踏んで、氷上の地獄《ヘルオンアイス》とは彼女の怒りを買ったものにとって。フランス人の耳には「ニース」という言葉には、彼女はいいよ、彼女は楽しいと暗示させる、期待の詰まった響きがあった。

実際にその言葉通りだった。ここしばらくの間、納得のいくパートナーを探していたリゼは、彼女の元気のよさを気に入ったし、彼女の自信のありようを面白いと思い、また、そのやる気に感心した。彼女は適当ということを知らなかった。スパンコールのついたチューブトップ型のブラジャーをつけていたエレーヌに、リゼがギリシャのニンフ役には、ブラはないほうがいっそうそれらしいのではないかと提案した。するとと、彼女はブラジャーだけでなくスカートも脱ぎ捨て、残りのリハーサルをショーツ一枚で通したのだった。女に興味がなくてよかったとリゼは思ったに違いない。恋愛沙汰はことを複雑にするものだ。

今でこそリゼの名は忘れられているが、一九二〇年代半ばには、彼は有名人といってもいい存在であった。端役ではあったが、いくつかの無声映画にも出演している。その当時ミュージックホールの定例の公演であった、連続もののロマンティックなダンスに彼が出演すると、その見事な肉体に観客はみな感嘆し、息を飲んだ。筋肉隆々とした太ももと、人を惑わせるような陰りのある表情が彼の売りである。しかしそれもパートナーあってこそ、だ。組んでいたパートナーが何の前触れもなくハンガリーに帰ってしまい、三つも重要な公演日があるのに、相手役がいない状況だったのだ。そこにやってきたのがエレーヌだった。すばらしい笑顔に、パリのバレエスクールでトレーニング済み、しかも月一〇〇〇フランというオファーはまさに天の恵みと言えた。リゼは時間を無駄にしなかった。彼は契約が終わる頃には、一二週間で彼女が払った以上の金額を一晩で稼ぐようになっていると、エレーヌに請け合った。

広告用の写真は七月までには発送の準備がととのっていた。この短期間にどれほどのことをやってのけたか考えると驚きである。田舎をモンジャンやクークと走り回っていたやんちゃなおてんば娘は、どこか野性的な雰囲気を残しつつも落ち着きのある女性に変貌を遂げていた。黒髪はルイーズ・ブルックス風にきっちりと短く切りそろえてある。そして、フォックストロットを踏みながら舞台へ踊りでたり、チュチュを着てアラベスクのポーズをとったり、ラ・グーリュの名だたるカンカンを思わせるキックでスカートをふわりと舞い上げたり。もしくはリゼが彼女を抱くように支え、彼女は大胆に背を反らし、計算しつくされた角度で首をかしげて観客に視線を投げかける。リゼはハンサムな男だった。そして彼女には、それ以上の何かがあった。自然さ、きらめき、そして持って生まれたパフォーマーとしての気品といったものが備わってい[1]た。

リゼは演目を選ぶときに、芸術的な部分と刺激的な部分を取りあわせるように気を使っていた。彼の選曲する音楽は、ショパンのノクターン、ブラームスのワルツ、マスネーの物寂しい雰囲気の作品に、軽いノリのオペレッタの曲が続いたりする。それらは、何の曲が使われているのか気づいた人間が嬉しくなるような、微妙なさじ加減のオリジナルだった。振り付けも、クラシックがテーマで、よく知られているバレエをもとに考えられていた。コスチュームはといえば、ほとんどないようなものだったが、質感の面では豪華に作り込まれており、ビロードや薄絹のはぎれには、色鮮やかなガラスのビーズが縫い付けられてきらきらと輝いている。リゼは新しいパートナーに説明した。ヌードというのは、すべてが丸出しになっていると下品になってしまう。バナナの房だけがぶら下がったスカートで跳ね回るジョセフィン・ベイカーのように。彼らが狙う上流のマーケットにおいては、裸身というものはどぎついものではなく、つねに趣味のよいものなのだ。[2]

リゼの言うことは正しかった。二人は上流社会の人々のあいだで大人気を博すことになる。パリの流行を左右する上流階級を通じてパフォーマンスの評判が広まり、やがて大晦日にホテル・リッツで開催されるチャリティ舞踏会への出演推薦まで受けることになったのである。ディナーの後で行われるショーへの出演を勧められたこの舞踏会は、戦争中に毒ガスの犠牲となった人々の慰霊碑建立の資金を集めるために開かれる。出演依頼について、舞踏会の会長である年若いベルギー王女との面接を受けたとき、自分が適任なのか王女が懸念していると感じ取ったエレーヌは、ワニ皮のバッグからガーゼのハンカチを取り出して目頭を押さえた。そして、こんなことをつぶやいただろう。兄を戦争で亡くした私にとって出演の名誉はこのうえない幸せであり、誇りに思います。がっかりするくらいそこそこの出演料にはこの際目をつぶることにした。出演料は相場よりも少ない金額ではあったが、リッツへの出演、しかもこのような立派な機会となれば、彼女のキャリアに箔がつくというものだ。[3]

真夜中になる少し前、パリの大司教と、プルーストがもう一冊本が書けるくらい大勢の貴族たちが見ているなか、エレーヌ・ドラングルはリッツでのラヴァイヨン・ボールのステージに現れた。リゼの解釈によるラヴェルのバレエ曲『ダフニスとクロエ』における輝かんばかりの

エレーヌとパートナーのロベール・リゼ。リゼによる解釈のラベル作曲「ダフニスとクロエ」。1926 ～ 1927 年。

ニンフ役である。[註1] リゼがむき出しの肩に彼女を抱えて登場した。彼女がそっとステージに下ろされ、愛を演じる。そのとき、彼女の白い肢体はクモの巣のような薄絹をまとって鈍く光り輝く。彼女の表情は魅惑的で、その動きは優雅で感動的ですらあった。観客は彼女に魅了されてしまった。ル・ジュルナル紙の若いレポーターは興奮気味に、このような完璧なものを目撃するような名誉は滅多にないと書き立てた。一九一二年にタマラ・カルサーヴィナが初めてクロエを演じた時のことを思い出したのは自分だけだろうか。この麗しい新人ダンサーをまた見られる幸運はいつやってくるのだろう。彼女が次の大スターでないと誰が言い切れるであろうか。[4]

ル・ジュルナル紙の記者は例外ではなかった。この奇跡のような一年においては、どこでエレ・ニースが出演しようとマスコミは大絶賛だった。ダンス批評家たちはなにかと比較するのが好きだったが、彼女は、古美術品のコレクターに評価の高いギリシャのタナグラの小さな立像のように優美だと評された。彼女の体の線、首をかしげて見上げる仕草には物悲しい繊細な美しさがあった。そのため、ほとんどなにも身にまとっていないことも、運動する少女を象ったギリシャ彫刻のようにふさわしく感じられた。

マスコミのレビューで、彼女のダンスパートナー兼振付師について言及するものはほとんどなかった。一九二七年一月、二人はもうすぐ巨大な映画館となる古風なミュージックホール、オランピアへの出演契約のオファーを受けた。彼らのショーは、コメディアンとサーカスの幕間の、ロマンティックな演目となるのだが、それは劇場のオーナーであるポール・フランクが演出していた。エレーヌの初出演の際に、パリで最も影響力のある劇場批評家の目に留まったのは全くの幸運だった。著名な作家兼ダンサー、コレットの前夫であるゴーティエ・ウィラールが、ほとんど何も身につけずにパ・ド・ドゥでニンフ役を演じるエレーヌを見たとき、彼はその鑑賞力のある目を丸くした。仲間内では「レ・ボン・ウィリー」と呼ばれるウィラールには、妻コレットがポール・フランク演出で同じ劇場の舞台に立ったころの懐かしい思い出があった。そして、この大きな目をしたかわいらしい娘が微笑みながら観客を乗せていく様を見たとき、彼の記憶にコレットが演じた舞台を跳ね回る半裸の牧神がよみがえった。彼の年老いて潤んだ目には、わずかな照明のもとで披露されるダンスの細かいステップを追うことはほとんどできなかった。そこで彼はダンスの記述で無駄にスペースを埋めることは避け、その賛辞を彼女の容姿に捧げることにした。そして、彼女がショーツを履く代わりに付けた造花についても次のようにほのめかした。『このチャーミングなエレ・ニースは私たちには触れることのできない、なんとかわいらしい小さな庭を持っていることか』『たいへん満悦した』[5]

ウィリーの意見はいつも注目されていた。もう一人のダンス批評家であるポール・ヴァレンヌは、自身のレビューで「ニンフはほとんどすべてをさらけ出した姿で、悠然と回ってみせる」と、美しいニンフへの彼自身の褒め言葉を付け加えはしたものの、ウィリーの茶目っ気のある褒め言葉を繰り返した。

もちろん、ボルドーで地元の批評家が、彼女の完璧なテクニックや言葉を失うような優雅さを、コラム全体を使って賞賛してくれるのは気持ちのよいものだ（『ひと癖ある優美さ、完璧なテクニック』）。しかし、パリの著名なジャーナリストのちょっとしたコメントは、それとは比べ物にならぬほど役に立った。今こそ、出演料を上げるときだ。一九二七年の春までには、リゼとエレーヌは一晩で四〇〇〇フランを要求できる地位に上っていた。五月には小柄で精力的なカジノ・ド・パリのオーナー兼マネージャー、レオン・ヴォルテラがエレーヌに近づき、単独での出演依頼を持ちかけてきた。給料は週二五〇フラン。いやなら断ってくれて結構、と彼は言った。彼女はその申し出を躊躇せずに受けたようで、やがてリゼは人々の記憶の彼方に消えていった。

一九一七年に荒れ果てたカジノ・ド・パリを引き継いだレオン・ヴォルテラは、大金をつぎ込んで、パリでもっともグラマラスな劇場に仕立て上げていった。彼にとっての最初のショー「そのとき落とせ」では、サックスの奏でる甲高い音とリボルバーの銃声が、パリの名所旧跡に向けられたベルタ砲の音として演出された。一九一九年には、初めて裸の踊り子が舞台に登場した。舞台でのヌードは人気を博し、一九二七年までには、セシル・ソレルのような名のある女優ですら、カジノ・ド・パリでは喜んで乳房を披露するようになっていた。[註2] 劇場内に設置された、目を見張るような高さ一〇メートルもある階段に、水中バレエを演じることもできる大きな水槽。一九二二年にかよわいパール・ホワイトが単葉飛行機でエッフェル塔のまわりを旋回するのを、観客が目を丸くして見た特大の映画スクリーン。これらは客を惹きつけるための目玉となった舞台装置だ。一九二七年には、カジノ・ド・パリにかなう劇場はなくなっていた。人目を引くほど美しい女装のバーベットが空中ブランコを演じるのを楽しみに、作曲家ストラビンスキー、作家のレイモンド・ラディゲやコクトーら文化人たちがここへと足を運んだ。シュールレアリズムの詩人ポール・エリュアールは、檻いっぱいの野生動物を真似るかのごとく、元気いっぱいに舞台後方のはしごに群がる統制のとれたホフマンガールズに魅了され、彼女たちのアクロバットのスキルへの賛辞を詩に綴った。『お前たちはすばらしい創造物。天使のように天空にて舞うことができる』

カジノ・ド・パリでエレ・ニースが初めて出演したのは、一九二七年のレビュー「パリ―ニューヨーク」だった（ヴォルテラのつけるタイトルは、想像力豊かとは言い難い。一九二七年と一九二八年のショーには「パリよこんにちは」、「花咲くパリ」、「パリは歌う」、「パリのすべて」がある）。しかし初出演時に彼女に注目するものはほとんどいなかった。ショーを見に来る客は、かわいらしいソロダンサーやロシア人の小人の一団よりも、ウールのボンネットをかぶったパリの人気者、ピエロのレミュや、法外なギャラでヘッドラインを務めるドリー姉妹に興味を持っていた。ドリー姉妹は、時代の流れを無視したような汚れひとつない衣装に濃いメイクで、愛嬌はあるが多少時代遅れの歌とダンスを披露する。それでもすべてが受け入れられた。ドリー姉妹は先日、ミスタンゲットとムーラン・ルージュを訴えて五五万フランを勝ちとったあと、収益のすべてをチャリティに寄付して、パリの人気者となっていたのだった。

一九二七年の「パリ―ニューヨーク」に続くヴォルテラのレビューにエレ・ニースの名がないのは、特に驚くべきことでもない。アンリ・ド・クルセルが死んだのはその七月のことで、エレーヌは打ちひしがれていた。そんな彼女にも奔放で気楽なミュージックホールの世界に友達ができ始めていた。残りの夏をモンジャンやカレールと過ごす代わりに、彼女はカジノの常連パフォーマーたちと、宣伝がてら長い休暇を満喫しに出かけることにした。

彼女のスクラップブックによると、北部海沿いのリゾートであるレ・トゥケから、リヴィエラへ南下したようだ。そしてその途中では、同僚と自転車で競争したり、その頃人気が出てきた自動車のショーに出場したりした。ショーはジムカーナのような障害物走で、有名人や社交界の名士が、格好のよい新しい車を乗り回すのだ。注目を浴びることと車の運転が大好きで、元気活発な二八歳にとって、自分の運転技術を披露して午後を過ごすことは、ちっとも難しくはない。技術といっても、この場合は車に乗った状態でどれだけ優雅に足を見せびらかすことができるか、並んだ柱の間をどれほどすばやく運転できるかといったことだった。報酬はよかったし、宣伝効果も高かった。打ちひしがれていたエレーヌにとっては、いい気晴らしとなった。

エレーヌはすでに相当な金額を稼いでいたが、彼女をスターダムにのし上げたのはヴォルテラの手掛けた最後のショー、「パリの翼」だ（これを最後に、ヴォルテラは劇場を売って競走馬を扱い始めることになる）。このショーは恐ろしいほどに多作なコンビであるサン・グラニエとアルベール・ウィルメッツの筆からなり、モーリス・シュバリエの才能を披露するべく四八もの曲から構成されていた。やがてハリウッドでも成功を収めるシュバリエは、カジノでも特に人気のあるスターの一人だった。彼も海沿いの夏を楽しんだ仲間の一人で、もしかしたら、女好きで有名な彼のこと、自分の出演するショーで役のついた金髪のかわいい新人ダンサーとのちょっとしたお遊びを楽しんだかもしれない。「パリの翼」のポスターにあるエレーヌの名前は、以前カジノで出演したときに比べてずっと大きくなっていた。

人々がこのショーを見に行くのには二つの目的があった。一つはシュバリエ。彼の歌う「ふるさとを想う」は、たちまちヒット曲となっていた。もう一つは、ロッキー・ツインズを名乗る見とれるほどハンサムなノルウェイ人の青年たちが演ずる、ドリー姉妹のきついパロディだった。ドリー姉妹は激怒していたといわれるが、エレーヌは彼らと徒党を組み、ロッキー・ツインズの新たな親友となった。自分がドリー姉妹の影に隠されてしまっているのがおもしろくなかったのかもしれない。しばらくは、エレーヌにツインズ、そしてスポーツが好きなかわいい歌手、ディアナが結束の固い四人組となり、何をするにも一緒となった。そして、四人がそろいもそろってとても魅力的だったため、マスコミからも注目された。

　エレーヌは晩年、自分も当時のミュージックホールに出演していた偉大なダンサーだと振る舞っていた。[7] 一九二〇年代に活躍した他のパフォーマーの名前が挙がると、友人のような口ぶりで話し、ジョセフィン・ベイカーとミスタンゲットは別として、他は誰も自分とは同レベルではなかったように語った。実際は、どちらかといえば彼女が彼らと同じレベルではなかった。当時、「パリの翼」で一番人気があったのは、すばらしいホフマンガールズ舞踏団の元リーダーで黒髪の俊足、ミス・フロレンスである。エレ・ニースは、セヴィニエ嬢、夜の女王、そして友達ロッキー・ツインズとともにグリーク・マーチとして出演していたが、二流どころのトップというのが正しいだろう。とはいっても、プレッセ誌の批評家が、彼女の持つうっとりするような肢体や、すばらしい技術と優美さを考えると、もっと大きな役をもらってもいいのではないかと述べていたことは事実である。

　「パリの翼」は空前のヒットとなった。出演した多くの若いスターが有名になり、財を成した。ヴォルテラは三〇〇万フランを儲けた。オランピア劇場の通路でプログラム売りからスタートした男としては大成功である。しかし、もっとも重要なのは、国からパフォーマーたちへの扶助が存在しなかった時代に、ショーの成功がもたらしたものだ。それはパフォーマーたちがより高い出演料でパリ以外の場所に出演できるようになり、映画へのオーディションを受けられるようになったということだ。モーリス・シュバリエがハリウッドへ渡ったことを、エレーヌが知らなかったとは考えにくい。短い間とはいえ、彼と関係を持ったことを考えるとなおさらである。一九二〇年代後半には、劇場にかかわった誰もが映画の仕事に手を広げようともくろんでいた。ロッキー・ツインズはすでに映画への出演経験があり、ディアナも同様だった。パリのスタジオで、多いときには一日三本もの映画を制作していたゴーモン・フィルム・カンパニーも、つねに新しい才能を探していた。

後年、彼女の名前になんの意味もなくなり、かつて手に入れた毛皮のコートやヨット、ふと思い立って購入したイスパノ・スイザの贅沢なツーリングカーなど、金持ちの象徴といったものはどこかに消えてしまった。しかし老女は哀れなほど、若かりし日々の輝かしい思い出が詰まったショーのプログラムや写真に執着していた。俳優の慈善団体から宛がわれた貸間の壁には、ダンサー時代の写真が飾られていた。誰かが写真に興味を示すと、彼女は二冊の有名な名前が並んだ厚いパンフレットを見せた。客が何のことかわかっていない表情を見せると、説明するのだった。「〝ガラ〟よ。名もないような人は、ガラに出演を依頼されたりしないのよ」

それは本当だった。そして、ガラへの出演、すなわちダンサーや歌手、俳優のケアに邁進するチャリティに対して協力したことがあるという事実ほど、彼女がすべてを失った直後の数年間に役立ったことはなかったのだ。

「劇場関係者組合ガラ公演」は、戦後すぐに結成された。結成当初の目的は、年を取って演じられなくなったり、体が弱ったパフォーマーへの援助が存在しなかった時代、彼らを保護するための資金を調達することであった。当時、居合わせた客を歌手が楽しませるカフェコンサートから、スウェーデンバレエ団による野心的な作品まで、あらゆる形態の劇場パフォーマンスに喜び夢中になっていたパリでは、ガラに熱心なファンがついていた。一九二八年までに、ガラはパリの大切な年中行事となり、ガラへ招待されるのは、ほんの一握りのパフォーマーだけが受ける栄誉となっていた。

比較できるものが存在しなくなった一九六〇年代に、思い返して、彼女はシルク・ディヴェール・サーカス場での二週間にわたる公演準備について、もの足りなさそうな感じで話すのだった。ガラの夕べは円形劇場にて開催され、サーカスという形で上演された。このガラの洒落と楽しさは、一年に一度、この夜だけはパリで最も大物のパフォーマーたちですら、いつもとは全く違う面を見せるというところにあった。空中ブランコに乗ったり、トランポリンの上でダンスをしたり、象に乗ったり犬に輪くぐりをさせたり。時計が夜中の一二時をまわった頃、ピンクのアーク灯の下、宝石をキラキラさせながら観客が席に着く。彼らはガラの演出にあわせて「サーカス」を楽しむのだ。ドリー・デイヴィスがゆらゆらとはしごに登って逆立ちを一通り披露すれば、子供のように拍手して喜んだ。そして、一時間前にはオペラ座で白鳥の湖を踊っていたコール・ド・バレエが、一四台のピアノが完璧なユニゾンで奏でるポーターやガーシュウィンの曲に合わせ、シミーを踊りながら登場し、リング場でタップダンスをする姿を見て、大笑いした。

この遠い昔の日々を思い出して元気を取り戻し、老女は大事にとっておいたプログラムを見せたがる。そして「レザリ」の一人として、その夜の目玉となる役者二人と組んで、トランポリン上でフォックストロットを踊り、観客を圧倒させたと自分の名を指で示すのだ。再び出演した一九三〇年のガラでは、地上高くに張られたワイヤの上に立った。二週間足らずのトレーニングにもかかわらず、セイフティネットなしで綱渡りを演じていることに気づいてほしがった。

エレーヌと一緒にトランポリンの上で踊った二人の「レザリ」は、一九二八年当時、有名人だった。フランス映画界随一の美男子と評されることもあったアンドレ・ロアンヌは、すでにG・W・パブストによるルイーズ・ブルックス主演の新作『淪落の女の日記』への出演と、スポーツものコメディ『ヴィーナス』でのコンスタンス・タルマッジとの共演が決まっていた。もう一人のハリー・ピルサーは、誰もが真似をした「ガビー・グライド」の発明者であるガビー・デスリの永年のパートナーとして知られていた。一九二八年までには、彼は地中海のリゾート地のリヴィエラに家、ヨットに、すばらしいツーリングカー、そして二軒目のナイトクラブであるレ・ザカシアを手に入れていた。レ・ザカシアはパリで一番のナイトクラブとの呼び声も高かった。一九三〇年のガラで、「レ・ステファノ」としてエレーヌと組んだジョゼ・ノゲロは、ハンサムでスタイリッシュな若いスペイン人で、春にヒットした舞台「ザ・ウィーカー・セックス」で賞賛に値する魅力的なジゴロ役を演じていた。彼は、その後一〇年にわたって映画界でのキャリアを築き上げたのだった。[註3] 訪問客に思いやりがなかったらば、エレ・ニースがいつもハンサムな男と一緒にいることに、何か一言言いたくなったかもしれない。

エレーヌが参加した二回のガラについてのレビューを読むと、彼女は新たに挑戦したサーカス役をうまくこなしていたようだ。小説家のコレットやノアイユ公爵夫人アンナといった熱心な常連客をはじめ、ガラの観客たちは、劇場にいるときと比べてずっと気ままに感想を表した。それぞれの演技が準備不足だとか、作りが弱いと思ったときには、それを率直に伝えることが許されていて、実際に不満をあらわにするのだった。一九三〇年のガラでは、かわいらしいミス・スピネリ率いるヒヒの一団が、竹馬に乗ってダンスするのを頑なに拒否したときには、人々は盛大に野次を飛ばした。しかし、エレーヌが金色のブラに、本物のサーカスでは見たこともないような小さなショーツを身に着けて、地上高くに張られたワイヤの上で大胆にも彼女自身をさらけ出した演技に、人々は温かい拍手を送ってくれた。それは、恐れを知らない彼女に対して送られた拍手だった。ガラのほんの二、三週間前にプロの綱渡りが落下して命を落としていたのだ。そしてその拍手は、ほぼ一年、ステージから遠ざかっていた彼女への温かい歓迎のしるしでもあった。

一九二九年の初めに、お気に入りのスキーリゾートであるメジェーヴを訪れたときに、エレーヌは人生を変えることとなる事故に遭遇していた。彼女が滑降コースを滑っていると、背後から石がガラガラという不穏な音を立てているのが聞こえた。迫り来る雪崩から逃れようと、スピードをあげて斜め方向へ滑りつつ、普通ならけっしてしない無茶なジャンプで必死に飛びのいた。結果、命は助かったものの、ダンサーの命ともいうべき膝の軟骨を痛めるという、最悪の事態が起きてしまったのである。この事故でその年のガラには参加することはできなかった。そのうえ夏には、プロのダンサーとして再活動できるほどの膝のしなやかさを、ついに取り戻すことは出来ないという事実を認めざるを得なくなった。そうした状況にもかかわらず、翌一九三〇年三月、彼女がサーカスのシルク・ディヴェールに再登場し、温かい拍手を受けたのは、観客たちが彼女の不幸を知っていたからであった。そして、彼女が固定されたバーの上でバランスをとりながら、足をゆっくりと伸ばして開脚を演ずるあいだも痛みをこらえていることを、彼らは知っていたのである。

エレーヌ本人はけっして認めはしなかったが、この事故のタイミングが悪いものではなかったのは事実である。彼女はもうすぐ三〇歳で、もし、いまだに彼女のことをプリマドンナのカルサーヴィナと比べているような批評家がいたとしても、それは彼らの頭の中だけでのことだった。一九二九年ともなると彼女が受けた賛辞は、セクシーな魅力、観客との絆、そして美しい体についてのみだった。一九二〇年代後半に撮影された一枚の写真では、彼女は裸で白い鳩とともに踊っていて、キャバレーでの舞台と思われる。写真の彼女は魅力的ではあるけれども、特に舞台での輝かしい未来が目前に開けているようには見えない。

だがそこには、もう一つの道が開けていた。エレーヌは二〇歳の頃から車が好きだった。そして、負けず嫌いのドライバーであり、まれに見る運転技術を身につけていた。そして幸運なことに、劇場を取り囲む世界は、自動車業界と密接につながっていた。自動車会社は商品の宣伝媒体となるグラマラスな魅力を必要としていたのだ。一方、スターたちにとって自動車は彼らの容姿を引き立てる完璧なアクセサリーとして存在していた。エレ・ニースにはそのすばらしい笑顔に憶えやすい名前、そして宣伝の才能と、スポンサーを引きつける要素があった。しかしそれには、まず彼女自身を証明してみせなければならない。そして、彼女は驚くべき舞台でそれを見事にやってのけることになる。それはアクターズ選手権として知られているイベントでのことであった。

註1　この演目は、一九〇九年にロシアバレエ団のために、セルジュ・ディアギレフによって振り付けられた。初演は一九一二年。

註2　彼女の友人であるポール・ポワレが常に衣装デザインを担当していたにもかかわらず、コレットはカジノ・ド・パリでのヌードという伝統の最も熱心な支持者の一人だった。一九二八年一一月に発刊されたグレゴワール誌の創刊号で、読者にこう訴えた。『カジノ・ド・パリに行ってご覧なさい。きれいな女の子たちを、マーチのリズムに合わせて登場する女の子たちのゆれる美しい乳房を見に行きなさいよ』

註3　三人目のレ・ステファノは、サムソン・ファンシベーだった。面白いことにエレーヌは、一九六二年に、同じ慈善団体から援助を受けていた彼に再会している。二人の間に親交があったかどうかは不明。

レーサー

6. マウンテン・プリンセス、スピード・クイーン[註1]

そして今、そこには何もなかった。彼女と勝利のあいだにあるのは、路上の障害だけだった。
ギルバート・フランコー著
『クリストファー・ストロング』（一九三二年）一二〇頁より[註2]

一九二八年六月一〇日、賭けの好きな気球愛好家たち一〇人が自動車と競走するというイベントが行われた。サン・クルーから出発し、ヴォワザン、プジョー、バローの各車に乗った一〇人の女優が気球を追って、一日かけて田舎を走るというものだ（ちなみに結果は気球組が勝った）。その一ヶ月前には、モンパルナスの新しいおしゃれなブラッセリーのウェイターたちが、山積みのトレイを肩の高さにかかげて大通りの端から端へ競走する姿に、群衆は歓声を上げていた。

フランスという国はいつでも「競走」というスポーツが好きなのだ。一九二八年春、当時は障害物競馬に飽きたなら、新聞配達の少年少女のレース、パン屋のレースに賭けることだってできた。ミュージックホールでは、ショーの合間にローラースケート大会や、もの好きなカップルが倒れるまでチャールストンを踊るという耐久チャレンジまであった（その手のイベントのなかで最も奇妙なのは、着飾った選手たちが完璧な静寂のなかで一二時間フォックストロットを踊るというものだ。選手はトーキー映画の無線システムでプラスチックの黒いヘッドフォンから聞こえてくるリズムに合わせて踊った）。

そんな真のパリジャンを体験するために、ヘミングウェイに連れられて、シルヴィア・ビーチはシェイクスピア・アンド・カンパニー書店から冬期競輪場へとやってきたが、ほぼ一週間、昼も夜も傾斜のついた木製のコースを自転車でぐるぐると回っている選手たちと、それを見ている観客のどちらがよりいかれているか決めかねた。彼女はこう書いている。『観客はレースのあいだそこに住み込むのだ。そして昼も夜も煙とほこりにまみれ、不自然な星のきらめきのもとで過ごす。大音量で流れるスピーカーのまっただ中、小柄な男たちが猿のように背を丸めて自転車に乗り、トラックをゆっくり走ったり突然ダッシュしたりするのを見ているのだが、日に日に物憂げになっていく』[1] オートゥイユのパルク・デ・プランスやモンルージュのスタッド・ブュファローのすり鉢状の木製ボウルで行われた同様のイベントも盛況だった。ヘミングウェイがパリのスポーツイベントに取り憑かれていたころ、彼はここでバイクのレーサーが衝突事故を起こして死亡するのを目撃し、ぞっとするような正確さで書き記している。『ピクニックに持っていった固茹で玉子を石に打ちつけたような音がした』[2]

他の多くのアメリカ人同様、ヘミングウェイは一ドルがおよそ一三フラン（一九二一年）という魅力的な為替レートによってパリに引きつけられていた。ヘミングウェイには、自転車競技場は戦場に見えたようだ。その自転車競技場は一九二三年以降、パリでもっともばかばかしく楽しい競技会、「アクターズ選手権」の舞台にもなっていた。

　アクターズ選手権は、もともと一八九〇年代に年一回行われていた、上流社会や舞台の美男美女が花を飾りつけた馬車をパレードする「花合戦」が発展したものだ。そのパレードが一九一八年以降二つに分かれ、自動車の美しさを競うショーと、競技会とになったのである。前者コンクール・デレガンスのおかげで、ダンサーだったエレーヌ・ドラングルはたくさんのおいしい仕事にありついた。彼女の宝物だった写真の切り抜きには、この頃に撮影された美しい写真が多く残っている。年を取ってからの彼女はそんな写真を何かにつけ見せたがり、自分が横に立ったり、中に座ったりしてポーズをとった車のすばらしさを語るとき、その指はゆっくりとぼやけたプリントをたどって動くのだった。コンクールに出場したロザンガール、バロー、ヴォワザンといった高級車は、自動車ショーの後、ショールームへと返却された。その一方、モデルが身に着けていた宝石や毛皮、ドレスといったものに関しては、取引しているデザイナー次第だった。ポール・ポワレは気前がよすぎるほど気持ちのよい人だった。特に、レビューで彼の衣装を使ったことのある娘に対しては。対して、マダム・スキャパレリはボタン一つに至るまで返却されたものをチェックした。それでも、ボーナスの一つや二つはもらえたものだ。エレーヌが一〇年経ってもまだ身に着けていた、しみのついてしまったシルクのドレスや、見事な毛皮の付け襟に高価な帽子の二つや三つはそうして手に入れたものだった。しかし、コンクール・デレガンスの一番の恩恵は、彼女が嬉々として説明したように、その知名度にあった。[3]このショーに出れば出るほどカジノ・ド・パリに歓迎されたし、知名度が高ければ高いほど高額な出演料を要求できた。それは道理にかなっている。加えて、このショーは楽しい小旅行のようなものだった。いくつの自動車ショーに彼女は出演したのだろう。ル・トゥケやトルヴィル、リヨン、リモージュ、ドーヴィル、カンヌ、そしてニースで開催された行楽客向けの夏のショーまで勘定に入れると、その数は数えきれないほどだ。三〇、あるいは四〇か。自分にも覚えきれなくなっていた。[4]

なかでも、いつもパルク・デ・プランスでの自動車ショーと同じ、六月の週末に開催されていたアクターズ選手権は、よりいっそう楽しいもので、一般客もお気に入りのスターに会って声援を直に送ることができると心待ちにしていた。俳優、ダンサー、歌手の誰もが（そのほとんどが車好きだった）、アクターズ選手権に出場したがった。このレースを真剣にとらえているものも何人かいた。他はこの機会を上等のコメディとしてとらえており、ある意味それはその通りだった。エットーレ・ブガッティが息子ローランのためにデザインしたミニチュアサイズの子供用ブガッティに、コメディアンであり映画俳優でもあるジョルジュ・ビスコが乗って走り回り、金持ちの父親たちの間に流行を生んだりしていた。

エレーヌはスキー事故という思いがけない不幸に見舞われるまで、こういった機会を軽くあしらっていた。しかし進路の変更を余儀なくされたいま、彼女はアクターズ選手権が、女性ドライバーにとって唯一の真剣勝負のレース、「レディース自動車デー」と同じ月に開催されるということに注目していた。彼女が友人のマルセル・モンジャンにアドバイスを仰いだところ、それなりの車と良いコーチがつけば、彼女がコンクールだけでなくレースにも両方勝てる見込みがあると言う。モンジャンと話したのは四月で、事故のあと、痛まずに何歩か歩けるようになったころだが、しかし彼女には車もコーチもどちらもなかった。知名度以外に持っていたものといえば、猛烈なまでの競争心と、モンジャンが初めて彼女をスキー場で見たときに、驚かせ、感心させたその気性だった。

彼女とモンジャンの会話および、モンジャンが指南役だったというのは推測でしかなく、記録に残ってはいない。だが、ここでエレーヌが乗ることにした車が、当時活躍していたレーシングモデルではなく、オメガ・シックスという少し変わった車を選んだという事実に注目したい。オメガ・シックスの目立ったレースでの記録は、ル・マンでモンジャン自身が一九二四年に参加した程度である（一一周目にリタイア）。したがってモンジャンがオメガ・シックスの製造者、ジュール・ドベックに接近し、年若い美人ドライバーが美しいスポーツカーに乗って優勝すれば、落ち込み気味のセールスも持ち直すのではないかと提案したということは大いにあり得る。世界恐慌が起こった一九二九年には、ドゥベックはそんな申し出を受けるほど状況を憂えていた。果たして、彼女のために出走車が準備されることになった。おそらくメカニックについては、モンジャンが自らの整備工場から、経験を積んだ人間を提供したのだろう。

レースに出るための準備は徹底のうえにも徹底して行われた。重いハンドルを完全にコントロールできるように胴や腰、肩を強化し、ブレーキを踏み込むために太ももとふくらはぎを鍛え、そして握力を強くするためのトレーニングが課せられた。トレーニングは厳しいものであったが、彼女は日ごとに力が体についていく感覚を楽しんでいた。モンジャンがすばらしいドライバーだということを知っていたし、コーチとしての彼にも絶対の信頼を置いていた。彼はエレーヌを徹底的に指導した。全部のコーナーを記憶するんだ。コース上の平らでない部分も。

女優マリア・ダルバイサン。アクターズ選手権にて。

目隠ししても運転できるくらいコースを知りつくせ。左足はしっかり床に付けておけ。突っ張って体を支えるんだ。見なくても手の届くところにスペアのゴーグルを置いておくのを忘れないように。路面の状態を感じられるように薄い綿のグローブを二重にして使え。手のひらのやけどなど気にするな。水ぶくれなんかレースが終わるまで気がつかないよ。

一つ一つが細かく実践的に説明され、彼女はそれに忠実にしたがった。フランスで初めて自動車専用コースとして建設されたモンレリーのサーキットで一日二回、一〇周を毎日走り込み、モンジャンの教えたことのほとんどを吸収していった。

表向きは自信満々に振る舞っていても、一人になると恐怖で押しつぶされそうだった。もし優勝できなかったら？　静まり返った夜更け、彼女はキッチンの椅子に座り込んでいる。頬と首にコールドクリームを塗って、食いしばるように煙草をくわえている。そして、サーキットが目の前に浮かんでくるまで目を細めた。路面のでこぼこに備えて体を踏ん張らせる。こぶしをギュッと握って肩が痛くなるまでハンドルを切り、確実にカーブを曲がって直線コースに入るまでそのままの姿勢を保つ。そんな彼女の様子に、体に悪いから少し休んだほうがいいと友人たちは忠告した。それを聞くと、エレーヌは気持ちがぐらついて飲みに出かけ、ハンサムな青年と家に戻ってくる。夜明け前の暗闇のなか、男のいらいらさせるいびきや鼻をすする音も忘れて、目をぱっちり開いたまま横たわっていた。エンジンのうなりが聞こえやしまいかと耳を澄まし、顔に吹き付ける風を待ちながら。

ある時、彼女がモンジャンや車のメーカーが許可している以上のスピードに乗って、モンレリーのコンクリートでできた壁のようなボウル状の傾斜面をぐるぐると走行していたときのことだ（日頃テクニックを練習するサーキットにはすり鉢状のボウルは含まれていなかった）。どこからか真っ赤な布切れが落ちてきて、車のフロントガラスにぺたりとへばりついた。もう少しで防壁に衝突しそうになり、エレーヌは目の前を塞いだその布切れをさっとつかんだ。無分別なプレゼントを落とせるほど低く飛んでいたパイロットは、颯爽と手を振り、小さな飛行機の機首を上空に向けた。

生前、クークは戦闘機に乗るときはいつも赤いスカーフを首に巻いていたと話していた。クークの幽霊が自分に幸運を祈りに訪ねてきたのだと思いたかった。モンジャンはばかばかしいと取り合わなかったが、エレーヌはそのスカーフを捨てずに、首に巻いた。レース本番の前日、予選を一位で通過して帰宅したとき、彼女はお守りが役に立ったのだと嬉々として固く信じた。

第三回レディース自動車デーグランプリは、一九二九年六月二日の日曜日、正午直後に開始の予定となっていた。前の晩レ・ザカシアに踊りになんて行かなければよかったと思いつつ、ぎりぎりのところで彼女はサーキットにたどり着いた。昨晩は、緑色の瞳をした、カジノの衣装デザイナーを務める友人の男が部屋に泊まっていった。モルヒネとシャンパンとセックスという組み合わせのおかげで、目が覚めたときは、地下の石炭置き場にでも潜り込みたいような気分になっていた。そのうえ、準備完了時間まであと一〇分しかないというときになって、モンジャンはオメガのブレーキについて心配している。彼女は無意識にメカニックが再び作業に向かうのを見ていた。そして白いベレー帽で耳を覆い、タバコに火をつけて、またそれをもみ消した。気がつくと手が震えていた。

この精神状態を思えば、最後尾からのスタートだし、初めてのレースで一五位に終わってもそれほどはずかしいことではないと思った。しかし、モンジャンの顔つきは険しい。この日のスポンサーであるル・ジュルナル紙から送られてきた撮影チームのために、エレーヌを抱擁しながら、モンジャンは彼女をひどくつねった。「本気でやるつもりなら、もっとちゃんとしろよ。おネエさん」、彼はささやいた。「で、夕べは何人相手にしたんだ?」

膝が痛むのよとつぶやいた。それは、本当のことといえば本当だった。彼は情け深い表情を見せただけで何も言わず、メカニックのシャルルと話すために歩き去った。

レース本番まであと三〇分。胃がむかむかする。彼女の視線は忙しそうなメカニックの列から、はためく垂れ幕、そしてスタート地点の柱の横に満月のようにぶら下がっている時計へと移っていく。競争相手を見た。片手に包帯を巻いたルーシー・シェル。自分が本命だと知っているドミニク・フェランは、まるで新しいポニーをもらったかのように、真っ赤なアミルカーのボンネットをなでている。ムッとしているのは、彼女のロザンガールが安全基準を満たしていないとの警告を受けたデラーン男爵夫人だ。がっしりとしたヴィヨレット・モリスは口のはしに煙草をくわえて、自分の乗る巨大なドネの周りを警戒中の警察官のようにゆうゆうと歩きまわり、膝をついて作業するメカニックたちに指示を怒鳴っていた。そして、まるで見つめられた視線に気づいたかのように振り返り、タバコを投げ捨てて足でゆっくりともみ消した。そのあいだモリスの視線は、白いベレー帽を被るバラ色の頬をした娘にはりついたままだった。エレーヌはそのときのモリスの顔を生涯忘れられなかった。

スタート時刻の注意を促す声がした。モンジャンは彼女の肩に手をおいて微笑んだ。モンジャンも自分と同じように、ここにアンリ・ド・クルセルがいてレースを見守っていてくれたならどんなにいいかと思っているかしら。彼女はモンジャンに今まで手伝ってくれたすべてを思い、感謝して微笑みかえす。「シャルル」と声を掛け、浅黒い肌の若いメカニックに向かってうなずき、ピットを出て、意識的にゆっくりと歩き出した。そして正面スタンドに向かって横切り、観客に向かって軽くシミーを踊ってみせる。笑い声と拍手、そして彼女の芸名を叫ぶ男の声が聞こえた。モリスもフェランの小娘も、こんなことできるものならやってみなさいよ。彼女はさらに観客をあおろうと、真っ白な力強い歯を見せてサンドイッチにかぶりついた。また、カメラのほうへ向き直って首を反らせて水筒から水を飲み、運転中にほこりで乾ききった口に届くようにストローを差したまま、水筒をオーバーオールの胸元に突っ込んだ。ゴム底の運動靴をはいた足を曲げたり伸ばしたりしてストレッチをする。そして、汗を吸収するための薄い綿の手袋の上に、もう一枚手袋を重ねた。爪先で跳ねながら並んだ車に向かって歩くと、膝にいつもの刺すような痛みが走る。しかめた顔を周りに見られないように、彼女はすばやくかがみ込んだ。

　モンジャンの甥っ子、アルベール（友人であるアルベール・ギュイヨの名をとって付けられた）とメカニックのシャルルが、オメガの最終チェックをしている。コース上の車がガタガタと唸りだして黒煙を吐き出し始めると、彼女は頭を低くして対戦相手と目をあわせないようにした。そしてブルーの重いドアを開き、運転席に収まる。ゴーグルをつけて、右の爪先をブレーキペダルへ伸ばし、右足のかかとで中央のアクセルペダルをいつでも踏めるようにした。左足はクラッチペダルのすぐ脇へ置く。遠くで楽隊がフランス国歌ラ・マルセイエーズを大きな音で演奏している。近くでは警告のサインについて説明する進行係の声がメガフォンから聞こえてくる。青い旗が振られているときは後方のドライバーに道を譲ること。止まっている黄色い旗は、前方に危険あり。黄色と赤の旗、これには気をつけなければいけない。路上にオイルあり、だ。自分のナンバーのついた黒い旗は、ピットに戻れ、などなど。彼女はゆっくりと深呼吸して、手を広げて指をうんと伸ばす。指定された位置につくと、前方でモリスのドネがライオンのような雄叫びをあげるのが聞こえた。

モンジャンの予想ではアミルカーが最大の敵だ。アミルカーを探すと、その赤と白のボンネットがブルンと揺れるのが見えた。武者震いしたかのようだ。

ダッシュボード上の大きな時計はスタートまであと二分を指している。さっと旗が掲げられた。エンジンのイグニッション・スイッチを押し、少し待ってから足をそっとアクセルペダルに載せる。踏み込む。耳を澄まして、レブカウンターの針が動くのを見守る。針がピクピクとふれて上昇していき、彼女はまた耳を澄ます。油圧、油温、スーパーチャージャーの過給圧、水温、大きくなるノイズ、すべていい具合だ。旗を見つめて雑念を振り払う。振り下ろされる直前、何もないコースを見つめる。とどろきとともに一斉にスタートした車たちは、ギアを三速に入れたときにはくっつきすぎるくらいに固まっていた。そして突如、ドネの姿がバックミラーから消えたことに気がついた。

最初のコーナーが近づいてくる。いつも通りのラインを目指してアクセルを踏み込む。コーナーを曲がりきると、フェランのアミルカーが前方に見えた。オメガの突き出た細い前輪がまっすぐに戻ってきたとき、ほこりが舞い上がり、車輪が見えなくなった。ゴーグルに砂塵を浴びてまばたきし、呼吸が整うのを待つ。

次のコーナーが近づいてくるのを見て目を細めた。横すべりしながらコーナーを曲がったとき、自分の手の小さく巧みな動きに反応してオメガの前輪がグッとまっすぐになるのを感じた。この車が気に入っていた。右足を踏み込んでハンドルを握り直し、ブルーの車の先端をまっすぐに直すと、アミルカーを探して前方をじっと見つめた。

カジノ・ド・パリのチャーミングな踊り子、エレ・ニース嬢が、モンレリーでのレディース自動車デーグランプリで優勝した。レースは前日行われた予選を通過した上位五台で競われた。そのうちの二台は故障して棄権となり、残る三台の戦いとなった。彼女たちの運転技術はすばらしいものだった。レースを見た者は、女性は男性よりも運転が下手だなどと言う気にならないだろう。優勝したエレ・ニースのレース中の平均時速は一〇〇キロを超えている。何人の男たちが同じことをできるだろうか。

勝者には大きな拍手が送られた。車のボンネットに花輪を飾ってコースを一周すると、彼女は車から飛び降りて防風キャップを脱いだ。ほっそりした体に白いオーバーオール、首には赤いスカーフといった出で立ちだ。彼女は医療班に走り、記者が見たところ、焼いた針で指にできた水ぶくれをつぶしていた（彼女がどれだけ強くハンドルを握りしめていたかがわかろうというものだ）。

記者は彼女にお祝いの言葉を述べた。「すごい気合いでしたね！　青い車のあなたか、赤い車のフェラン嬢か、どちらが勝つか最後の最後まで分かりませんでした。そうしたら、ゴールぎりぎりでニースさんの車がうなりをあげてフェラン嬢を追い抜くのを見たというわけです。観客たちの興奮といったら大変なものでした」

「ずっと彼女の車を追っていたのよ」エレ・ニース嬢が説明してくれた。「でも、見えなかったの。ようやく彼女の車が見えたとき、何周を走ったか忘れてしまって。でも、そこで気がついたのよ、これが最後の一周だって。そこからは見ての通りよ。彼女を追い抜くのに、本当に車に無理させなくてはならなかった。でも、ええ、うれしいわ」

「正面スタンドの前を過ぎたとき、時速一三〇キロは出ていたかと思いますが……」

「もっとよ。それよりも、ずっともっと」

新チャンピオンは、彼女の趣味のスポーツについて多少教えてくれた。

「車はもちろんね。それにスキー。ただこの冬ひどい事故にあってしまったけれど。あと毎年山にも登るわ。モンブランやグレポン、エギュイユ・ヴェールあたりにね」

エレ・ニース嬢の冷静さにも納得がいくというものだ。今日彼女が見せた強さは、山という厳しい環境で培われたのだ。

今日の勝者はあわててオーバーオールを脱ぎ捨て、コンクール・デレガンスの結果発表のため美しいドレスに着替えた。ちょうど支度が整ったとき、彼女が紹介した車がコンクールで一位になったとのアナウンスが聞こえてきた。

つまりダブル優勝というわけだ。スポーツとエレガンス、現代女性だけが両立する術を心得ているのだ。

一九二九年六月二日　ラントランシジャン　オデット・マルジョリー

1929 年、第 3 回レディース自動車デー・グランプリに優勝したエレーヌが化粧直ししているところをカメラがとらえた。

新聞に載った記事のすべてが信用できるわけではなく、オデット・マルジョリーはここにあるようなスクープをものにしたのかは疑わしい。それどころか、当日のスポンサーであるル・ジュルナル紙のカメラマンがオメガを取り囲むなか、気の毒なラントランシジャン紙のインタビュアーは、一時間近くも待たされた。エレーヌの指には水ぶくれができていたかもしれないが、それでも、レース史上初の女性のためのグランプリ優勝者として勝利のポーズをとる前に顔のほこりをほとんど落とし、口紅を塗り直してベレー帽をかっこうよくかぶり直した。

アパートに戻り、電報と花束に囲まれて、彼女はインタビューに次ぐインタビューをこなした。そうね、スピードにはすごくスリルを感じるわ。あの最後のコーナーを時速一五〇キロで回ったときほど嬉しかったことはないわね、と色っぽく魅力的にインタビュアーに同意してみたりした。自分の知る中でも一番の喜びや、力強いエンジンがうなりをあげる感覚、自分がすべてをコントロールしている感覚（「叫び続けながら、ただひたすらに突き進もうとするレーシングカーを両手の間で押さえつけるのよ」）を語る彼女に圧倒された、初仕事の若い記者ジャン・ペドロンは、彼女がセックスをほのめかしているのにも気づくこともなく、生真面目にその言葉を書き留めた。[5]

これが、すばらしい夏の始まりだった。レースの翌日、彼女はパリのブガッティの代理店が、翌週のアクターズ選手権で乗る車を喜んで提供してくれると聞いた。ブガッティ。彼女は素直に認めたくなかったが、何度モンテーニュ通りの立派なショールームのウィンドウの前にたたずんだことか。彼女の目は、「車のサラブレッド」と色鮮やかに描かれた競走馬のすばらしいポスターや、流れるような曲線の偉大なるブガッティ・ロワイヤルを通り越し、お気に入りのかわいらしく気のきいたデザインのタイプ35へ吸い寄せられる。彼らが自分に乗ってほしいと依頼――そう、頼んできたのだ！――してきた車は、その車専用に設けられたショーウインドウにあった。彼女の知るなかでブガッティに乗っている唯一の人といえば、ツーリングタイプのタイプ43Aに乗っている、家へ連れて行く踊り子を物色しによく来ていた公爵夫人だった。イギリス人のウッズ姉妹がついて行ったことがある。その後、ヴァンセンヌに向かって夜の道を飛ばしていく立派な車の助手席に座るスリルを、彼女たちはいつまでも話していた。

乗せてもらうのもいいだろうけれど、運転できるなんて！　ショールームでタイプ43Aに乗り込んでハンドルに手をかけると、エレーヌの顔はうれしさで紅潮した。エットーレ・ブガッティの息子、ジャンがシャシーをデザインしたのだと店員が教えてくれる。このかわいい踊り子にブガッティを運転させようと言ってきたのはジャンだった。彼女は販売部長に、今までの人生でこれほどの名誉を受けたことはないとブガッティ氏に伝えてくれるようにお願いした。[註3]

もぞもぞと車から抜け出し、エットーレが造りあげたブガッティ・ロワイヤルのボンネットをなでながら、車の趣味でその男の性欲がどの程度かがどうしてわかるのか、彼女は語っていた。その姿を見ていたドライバー兼マネージャーのアルベール・ディーヴォとギィ・ブリアは眉をつり上げてお互いを見やった。自分たちだったら彼女を選ばないと思ったが、いわばブガッティ社の皇太子ともいえる二〇歳のジャンは、本人がレースに出走すること以外なら、何でも好きなようにできたのだ。そしてジャンはお気に入りの車のセールスをショーガールが助けてくれると思っているようだった。

大会までわずか一週間しか残されていないのに、タイプ43Aの運転をマスターしようという彼女の決意が、眉をひそめていたディーヴォらの偏見を懐柔し、彼女の勝利という喜びがそれを忘れさせた。アクターズ選手権のスポンサーであるスポーツ新聞ル・オート紙は、彼女がジムカーナであっさりと一位を獲得したことに感嘆した。重いタイプ43Aをまるでポニーのように操り、彼女は常識に反するような障害を淡々とこなした。障害は、車のエンジンを切らずにゲートを開閉したり、車から乗り出して地面に触れたり、スピードを出して杭のあいだを縫うように走るなどが設定されていた。かわいらしい笑顔で真剣になりすぎることもなく、すばらしい運転技術を無頓着に披露する。しかし、この日の本当のニュースは、六年間の選手権の歴史のなかで初めて、彼女が男性をさしおいてスピード記録を樹立したということであった。おかげで、例年ならば、一六作以上の映画に出演しているベテラン美人女優、ブランシュ・モンテルが女性部門のすべての賞をさらってカメラを独り占めするのだが、この日はたった一度だけ、勝者としてではなく「先日、母になったばかりのかわいい女優」として写真を撮られただけで終わった。ギィ・ブリアに車をショールームへ運転して戻してもらい、賞品を家に持ち帰ったエレーヌは、こうしてまた一人、敵を作った。

エレーヌが美しい一九二八年型ロザンガールに乗って、鳴り物入りで参加したル・トゥケでのイベントで勝利をしめくくった夏の終わりには、カメラマンや自動車メーカー、観客は彼女の度胸と魅力に夢中になっていた。一方、踊り子や歌手のかつての同僚たちは、突然、彼女の栄光の影に追いやられた自分たちの存在に気づき、彼女に軽蔑の念をつのらせた。恥も知らずに体を見せつけたり、目を引こうとあの笑顔を利用する。あの小娘があんなふうにまんまとやりおおせるなんて信じられない、と彼らは言う。水着一枚でロザンガールを運転するなんて前代未聞だ。エレーヌ・ドラングルが、公然とストリッパーとしてのスキルを見せるためにやっているのが、悲しいほど明らかだ、と。この新しいスタードライバーに対する人々の感情は二極化していた。

エレーヌはこの時期のニュース記事からお気に入りのページをずっと保管していた。上段にはロザンガールに乗った自分の写真。片腕が愛撫するかのようにハンドルにからみつき、長い足は運転席の開いたドアから投げ出されている。その髪は今ベッドルームから出てきたか、海からあがったかのように濡れてカールしている。同じページの下のほうには、他の出場車のまわりでぷよぷよした腕と太い足をさらけ出し、ぎこちなくポーズをとるがっちりした若い娘たちの写真があった。はりきり過ぎて不自然な硬い笑顔の娘たちは、とうてい目の保養にはならない。このグループの写真には「魅力的な出場選手たち」という皮肉ともとれるキャプションがついていた。これは何度見ても年をとったエレーヌの自尊心を満足させた。仕方ないわよねと、彼女はつぶやく。カメラマンがロザンガールに乗っているほうのルックスを気に入っても不思議でないでしょう。コンテストに出場した女たちがあんなに失礼だったのも無理はないかしらね、と。敵ばかりの彼女にとって、カジノ時代からの友人である踊り子のディアナだけが例外だった。かわいらしいディアナは、ドーヴィル海岸脇の道路で行われた自転車競走に破れた直後ですら「親友へ。運転の名人！」と自分の写真にサインしてくれるほど、心優しく接してくれていた。

そんなディアナにはご褒美が与えられた。チャンピオンとその親しい友人たちとともに、エレーヌが購入した二二メートル級のボート「ラ・ヴァーグ」でのスペイン海岸沿いの船の旅に招待されたのである。

ラ・ヴァーグは最近購入したイスパノ・スイザ同様、過ぎた贅沢品だった。イスパノ・スイザには、ドアと同じくらい大きなラジエターグリルのうえに、銀色の羽を広げたコウノトリがついていた。この黒い立派な車の維持費は年四万フランにも上った。そして、一方の美しい中古のボートを何ヶ所か修理したときには、その請求書は二五万フランに達した。エレーヌはそれだけの贅沢がまかなえるようになっていた。いまや成功した彼女には、広告としての価値があった。蠱惑的《こわくてき》な体に、ハッと息を飲むような、生意気そうな大きな笑顔は、車同様、商品の売り上げに貢献した。一九二九年アクターズ選手権での見事な二つの勝利の直後、エレーヌは「選手権優勝者のタバコ」ラッキー・ストライクの新しい顔となった。フィルターなしのゴロワーズへの忠誠を失ったというわけではないと、懸念したエレーヌは念を押したが、魅力的な報酬には勝てなかったのである。

エレーヌから得られた情報がまったくないため、彼女とブガッティとの関係がどのように進展していったかについては推測に頼るしかない。六月のアクターズ選手権に、彼女がタイプ43Aに乗って出場し、成功を収めたことからつきあいが始まったと見てもやぶさかではないだろう。その翌年、ル・マンで開催されたブガッティ・グランプリで、三位に入賞した彼女にジャンが賞品を進呈している写真では、お互いの瞳を見つめ合うエレーヌと若きジャン・ブガッテ

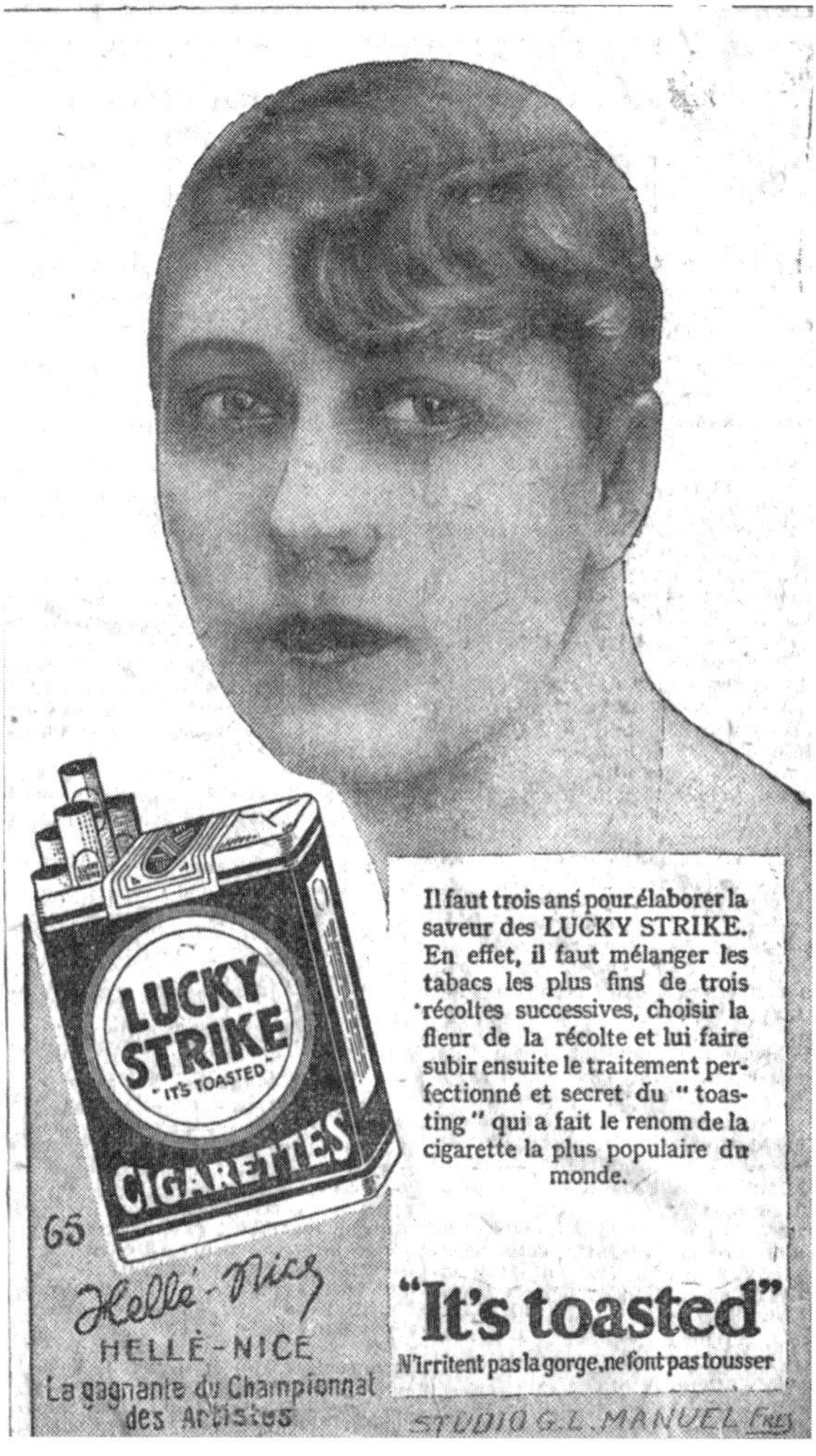

ラッキーストライクのポスター。

ィの輝くような笑顔が見られる。のちにジャンは別の踊り子と深く恋に落ちるのだが、エレーヌが先達となったのかもしれない。

最初に動いたのはジャンだったのだろうか。彼女にスピードの世界新記録を打ち立てさせようというのは、彼の父、エットーレのアイデアだった。一九二九年、エットーレは女性にアピールするために、ブランドイメージに華やかさを添えてくれる女性レーサーを探していたのである。ブガッティの女性ドライバーのなかで、最も非凡な才能を誇ったエリザベート・ユネックは、一九二八年七月にすでに引退していた。エリザベート・ユネックはシチリアで開催される過酷なレース、タルガ・フローリオで、五周の周回のうち、ほぼ二周のあいだ首位をキープしたという立派な戦績を残している。それは一九二八年の五月、彼女の夫が亡くなる二ヶ月前のことであった。ニュルブルクリングでレースに参加していた夫と、仲間のチェコ人の死を目撃した後、彼女は引退を決めた。他の二人の女性ドライバー、アルベルティーヌ・デランクールと、アルベール・ディーヴォの秘蔵っ子ジャニーヌ・ジェンキーも、翌年の夏に相次いでレースから退いてしまった。エルネスト・フリードリッシュの娘ルネは、腕前を披露する機会が欲しくてうずうずしていたが、若すぎて経験不足だった。そこにあった隙間を埋めるのに適任なのは、このショーガール、エレ・ニースをおいて他にはいないと思われた。

エレーヌが初めてエットーレとジャンに会った時と場所として最も可能性が高いのは、毎年レースシーズン終わりに開催されたパリの大きな自動車ショーだろう。スペインの海岸線沿いをクルーズしたあと、彼女はまたニュースになっていた。エットーレはヨットも好きだったし、親子そろって魅力的で大胆な女性が好みだった。もし彼女に時速二〇〇キロを出す自信があるのなら、あなたが見るなかでも最も美しい車であろうタイプ35Cをスピード記録のために提供すると、彼が申し出たのかもしれない。
スピードという感覚は、自分の知るなかで一番エキサイティングものだと、インタビューでいつも答えていた彼女にとって、これほどの依頼は逆らえるものではなかった。モルスハイムにあるブガッティ家の屋敷を訪れ、車の準備を待つあいだに運転を練習してはどうかという招待を受け、彼女は自分の幸運が信じられなかった。しかもこれらのすべては一年以内に起きた出来事なのだ。

註1　ル・ジュルナルのロシャ・セニスがエレ・ニースをこう呼んだ。一九二九年一二月一二日。

註2　フランコーの『クリストファー・ストロング』は、エレ・ニースが選んだように、女性ドライバーがグランプリに出るような車を駆って男たちにまみえる姿を、しっかりともっともらしく描いた当時の作品の一つである。フランコーのキャラクター、フェリシティー・ダリントン夫人は、「ストレート・エイト・コートランド」をモンレリーで運転している。彼女はエレ・ニースと同時期に活躍したグウェンダ・スチュアートという記録破りのイギリス人の興味深いミックスである。

註3　エレーヌのブガッティへの移籍は、理由はどうあれよいタイミングだった。すでに低下してい

たオメガ・シックスのセールスは、ドベックの強力なライバルであるイスパノ・スイザに押され、ほとんどゼロに落ち込もうとしていた。木こりから線路の枕木供給を経て、車のデザイナーへと上りつめたオメガ・シックスの製造者、ドベックは一九三〇年に自殺した。彼の人生はすでに破滅していた。彼の死後、貴重品入れを開けたところ、そこには古くなったパン切れが入っているだけだった。

7. モルスハイムでの出来事

ブガッティはエリートのために作られた、エリート・カーだ。したがって、ブガッティは維持費がかかるとか、修理や調整が高くつくなどという事実は、さして重要ではない。

エットーレ・ブガッティ

心底がっかりしたけれども、ジャン・ブガッティがいないことに驚きはしなかった。パリの自動車ショーで、自分の手が何気なくジャンの腕に触れたとき、父親が見せた険しい顔つきに気がついていたのだ。一日に何十回となくするその仕草を、自分では意識したことさえなかった。だがエットーレの一瞥は、その行為がよろしくないことだと無言のうちに伝えていた。王子様は手の届かないところにいるのだ。映画スターのような美女がシャトーの階段を駆け下りて、ジャンの腕に飛び込むさまが思い浮かんだ。王子様は王室の血を引くようなお姫様に取っておかれているのだろう。

だがモルスハイムへの歓迎を、エットーレばかりでなく奥様とお嬢様からも受けて、後悔の

ジャン・ブガッティ。彼自身のデザインによる壮観なブガッティ・ロワイヤルとともに。

かけらはどこかに行ってしまった。敷地内のホテル――名前はもちろん、サラブレッドを意味するル・ピュール・サンだ――へと、長女のレベ・ブガッティが案内してくれる。母屋にお泊めできなくて申し訳ありません、そう彼女は謝罪した。お食事はお部屋に届けさせることもできます。それとも、階下のバーで何か召し上がったほうがよろしいかしら。この若い令嬢が身につけている地味な色合いのきっちりとした仕立ての服を見て、エレーヌはパリ風の派手なドレスはトランクに仕舞ったままにしようと決めた。自分がまわりから浮いてしまわないか不安になっていた。

ドアのあたりで、レベはためらいがちに何か兄弟についてつぶやいた。エレーヌは赤くなって、彼のことはほとんど知らないのだと答えた。「どうか彼にかまわせないで下さい」、レベは言った。「ローランはホテルのほうへは来てはいけないことになっているのですが、あの子、新しいお客様に会うのが大好きなんです。うんざりしたら、追い払って下さい」

ジャンのことを言っていたのではなかった。もう一人の兄弟。何も言わなかったことにほっと安堵した。

このホテルは今まで見たことのあるホテルとは違っていた。レベが部屋から去っていくと、エレーヌは部屋中を子供のように走りまわり、このモダンな小さな宮殿のお楽しみを調べてまわった。水もお湯も出るバスルーム、電灯、よく日に干されたベッド。椅子の上にはトレーニング初日のために用意された、しみ一つないオーバーオール。皿に盛られた食べごろのプラムに、棚には何冊かの新刊の小説――イタリア語、ドイツ語、フランス語版がある――そして窓台には色鮮やかな花束が黄色い水差しに活けられている。

ベッドはくっつきあえば二人でも寝られるくらいの大きさだ。窓から身を乗り出すと松の木の匂いがした。階下のバーから笑い声が聞こえてくる。気がつくと、またジャンのことを考えていた。そして、モルスハイムにいるときは、どこに女の子を連れて行くのだろうと思った。でも女の子なんてここには連れてこられないのかもしれない。あの父親はいつも目を光らせているように見えるから。

マルセル・モンジャンが一緒について来てくれなかったのが残念だった。昔ブライトンで過ごしたみたいに、ここで楽しくやれただろうに。しかし、モンジャンは断固として譲らなかった。一人で行ったほうがいい。そこに招かれたのはプロのドライバーとしてであって、キャバレーのスターとしてではないということを自覚しているかぎりね、と言った。酒もダンスも、くだらない「あれ」もなしだ（モンジャンが言っているのはモルヒネのことだった。彼女は一九二九年に膝の痛み止めとして使用しはじめたが、多くの友人たち同様、その幸福感を味わうために使い続けていたのだった）。

朝の五時。着替えをすませ、何かしたくてうずうずしていたが、建物中で起きているものは自分以外にいるはずもない。彼女は窓台にひじをついて灰色の夜明けを見つめた。遠くの丘の輪郭がはっきりしてくるのを見て、自分の車がどこに仕舞われているのかちらりとでも見ることができたら、こっそりと試運転できたりしたら、と考えていた。

まるでローマの神殿に見える建物にさえぎられ、視界から隠されていた作業場を見つけるまで、しばらく時間がかかった。その神殿の裏を歩いていくと、鋳造場、馬車のための作業場、木工場、そして他の車がみな小さく見える壮観なブガッティ・ロワイヤルのために特別に設けられたガレージがあった。どのドアにも真鍮の大きな錠前がついていたが、すべて開いている。行動は読まれていたようだ。自分の車を探しながら、エレーヌは一五頭の馬が並ぶ厩舎、美しく磨き上げられたアンティークの馬車でいっぱいのさらに細長い部屋、そして動物の彫刻が並ぶギャラリーを通り過ぎた。エットーレが真紅のベストに、斜に被った茶色の山高帽という、堂々としているような、ばかばかしいような出で立ちで現れたとき、エレーヌは小さな像たちの息吹とその優美さに感極まって、ギャラリーに立ちつくしていた。

弟の作品だよ。残念ながら死んでしまったがね、エットーレが言った。もし、自転車に乗るのがいやでなければ、あとで屋敷のまわりを案内しよう。犬好きだと聞いているよ。ここにもすばらしいテリアのコレクションを飼っている。どれも賞を取った犬だ。それにヨット。君も気に入るかもしれないな。

エレーヌは答えた。ただ車が見たいだけです。できることなら乗ってみたいですわ。エットーレの穏やかで、如才なさそうな顔にかすかに笑みが浮かんだ。そしてふいに訊ねてきた。私がレオン・ヴォルテラとは古い友人だと知っていたかね？　君のことは思っている以上に何度も拝見したよ、カジノでダンスをしているときにね。大変かわいらしくて、チャーミングな娘さんだ。エットーレは手にした鞭の持ち手を手のなかで返しつつ、もう一度ステージに戻ろうとは思わないのかと訊ねた。結局のところ、女性にとってはレースよりも稼げるだろう。それに安定もしているしね。

面接を受けているのだと気がついた。彼が、車の運転のどこが好きなのかと聞く。これは簡単だった。孤独とゴールですと答えた。ご主人については、というのが次の質問だったが、落ち着くつもりはないと答える（実は一年前に彼女はモンジャンと結婚していた。独身女性にはない権利のいくつかが既婚女性には保障されていたからだ。しかし、エレーヌはそれをわざわざ言わなくてもいいだろうと考えた）。彼はその答えに満足しているようで、彼女がはじめに思ったように、大事な息子のことを心配していたというわけではないようだった。

「ユネック夫人……エリスカも気の毒に」エットーレの青い瞳がこちらをじっと見ていた。「彼女のご主人が、昨年二人でニュルブルクリングにいたときに事故で亡くなったのはご存知でしょう。非常に痛ましいことだ。そして……これはもちろんもっともだが、彼女は二度とレースはしないと言ってきた」

「偉大な女性ですわ」彼が何を言って欲しがっているのか考えつつ、エレーヌは用心深く言葉を選んだ。

エットーレがうなずく。「君にとってのよいお手本だろう。不要なリスクを冒すようなことをしない、優秀なドライバーだ。エリザベートが車をだめにしたことはない」

彼が、ユネックが事故に遭うことや、夫を失った苦悩について気遣っているのではなく、車を第一に考えているという事実に、エレーヌはちょっとした寒気をおぼえた。自分は今のところ事故に遭ったことはなく、この記録だけは破らないでいたいのだと笑って言った。彼もその軽い冗談に笑った。しかし、思っていたほどの反応ではなかった。「焦らなくてもいい」と彼は言った。車は待てるから。

エットーレは親しみやすいが、上品かつどこか一歩距離をおいたところがあった。この礼儀

エットーレ・ブガッティが情熱を掛ける二つのもの――サラブレッドと見事にデザインされた車――が一つになった広告は長女レベのアイデアによる。モルスハイムの敷地内にある私用のホテル「ル・ピュール・サン」も二つの趣味の関連性を感じさせる。

正しく、人生経験豊富な主人は、エレーヌが友人の輪に入る人間ではないと、すでに決めていた。彼女はそれほど重要ではなかったのだ。彼のおかげで、エレーヌは自分のがさつな話し方が気になった。自分に対して距離を置いた話し方は、不利な立場であることを感じさせた。小さなホテルのなかの彼女が滞在している一角は、元々は純血種《プールデラックス》のニワトリのための小屋だったと言われて、なんと言ったらよいのかわからなかった。純血種の雌鶏と売春婦《プールデラックス》をかけてのいやみな冗談だったのか。そのどちらでもないというのに。真意のほどを知ることは不可能だった。エレーヌは何も言わないという手でそれをかわし、三日目以降は、エットーレは彼女を放っておくことにしたようだった。エレーヌは、子供の頃の風景を思わせる黄色く色づいた秋の野原の近くをのんびりと散歩した。見上げると、ヴォージュの山々が穏やかな青い空になだらかに広がっている。見下ろせば、アルザスの小さな村の赤いタイルの屋根があちらこちらに散らばっていた。ときおり午後のあいだに聞こえてくるのは、カランカランというカウベルとガチョウ飼いの口笛、それを打ち破るようにテスト走行を終えてモルスハイムへ戻ってくる、ブガッティの強烈なエンジン音だけだ。

　そして彼女はついに車と対面し、乗り込むことを許された。二人のメカニックが、エレーヌに合わせて調整しなければならない箇所をいくつか確認する。それから始動用のクランクハンドルを勢いよく巻きあげ、彼女の顔にゴーグルをぴっちりと装着させると、路上の動物に気をつけるようにと耳元で叫んだ。小柄なほうのメカニック、チェッキが彼女の横の助手席に身をよじり込ませた。万一、彼女が取り扱いを誤ったときのためだ。エットーレと同じだと思った。大切なのは車だけだ。

今も現存しているタイプ35Cは、ほぼ確実に修復作業を受けているが、よく手入れされていれば、今日でも時速二〇〇キロを出すことができる。時速二〇〇キロがエレーヌにとってどんなものだったのかを考えるとき、つぎのことを忘れてはならない。金属の床部分の隙間から見える路面はでこぼこで、牛の糞で固まっているところもあり、今とはまったく環境が違っていた。また、ギアチェンジを行うたびに歯車はガリガリと音をたてた。だが車体から突き出した細い車輪は、彼女の手の動きのひとつひとつにあわせて、すばらしくよく反応するのだった。まるで、本物のサラブレッドの手綱をハンドルでコントロールしているかのようだ。それはぎりぎりのところでバランスがとれているといった感覚だ。

その音を思い浮かべてほしい。唐突な接続の鋭い音、古いミシンが終わりのない縫いしろをものすごい速さで縫っているような甲高い音に変わっていく。落とされまいと、助手席のメカニックはドライバーの背中越しに腕をまわりこませ、車の後部に突き出たガソリンタンクのキャップをつかもうと手を伸ばす。この二人の親密な距離感。長いシフトレバーがきしみとともに四速に入り、エンジン音は上昇していく。車は何の苦もなく、その性能の行けるところまで突き進む。羽根の生えたポニーのように、舞うように道を行く。飛び跳ねながら軽快に進んでいく。セクシーであると同時にたくましくもあり、優秀でありながら、肩の力が抜けている。

こんな車を運転するのは、知るかぎり純粋な喜びというものに一番近い。鹿のように速く屋敷の門を駆け抜けながら、そう実感した。ほこりだらけのマスクの奥で、彼女の瞳は喜びにきらめいていた。

「もう一回いい?」彼女は言った。「今すぐ?」彼女が戻ってくるのを見に出てきた他のドライバーたちは面白がって、またその無邪気な喜びように少々感動しつつ、うなずいた。笑いながら、彼女は皆を見上げてもつれた髪を手ですいた。まるで車と一体になった後のように。

モルスハイムは辺鄙なところだったが、ブガッティのフランス人ドライバーたちにとっては伝説の都、キャメロットのようなものだ。そこは、彼らすべてが属する王国であり、そのロマンあふれた騎士道精神を象徴していた。彼らはみな現役でいるかぎりはモルスハイムに戻ってきた。エットーレは抜け目のない支配者のようにドライバーたちを歓迎し、好成績を褒め、彼らがアイデアを提案すればそれに対応する(しないのであれば、少なくとも話を聞く)といったことに注意を払っていた。

一九二九年にエレーヌがモルスハイムを訪ねたとき、彼女はブガッティの伝説に貢献した男たちに出会った。故郷のヴェニスを思ってホームシックになっているメオ・コンスタンティーニは、背が高く、のんびりやで、エットーレにとっては、死んだ弟の代わりだった。コンスタンティーニはエットーレお気に入りのドライバーで、発言に耳をかたむける唯一の存在だ。ジャンについてとか、チーム監督を分担する自分の権利について、コンスタンティーニは率直に意見を述べたが、もの静かで控えめな性格だった。

エレーヌがより好奇心をそそられていたのは、フランス人を母に持つ、ぎこちない態度のイギリス人にだろう。彼は、その年初めてモンテカルロで開催されたモナコ・グランプリで、優勝カップを手にしたばかりだった。このチャールズ・グローヴァー[註1]から、威圧的なメルセデスに乗ったルディ・カラッチオラを退けて勝利をおさめた話を、彼女は聞いていたかもしれない。ピュール・サン・ホテルのバーで背の高いスツールに腰掛け、お気に入りのジン・フィズか、バーテンダーの特製カクテル、ジンとアプリコットブランディの「パラダイス」をすすりながら。彼は美しい妻、イヴのことを話したかもしれない。肖像画家ウィリアム・オーペンのモデル兼愛人だったイヴと恋に落ちたのは、彼が画家のお抱え運転手をしていた時のことだ。しかし行く先のない関係から解放されて内心ほっとした画家は、結婚祝いとして豪奢なメルセデスを二人に贈ったのだった。だが、明らかにその車も花嫁もモルスハイムには見当たらなかった。グローヴァーはこう説明しなければならなかったかもしれない。妻というのは、ここでは特に歓迎される存在というわけではないんだ。邪魔になるからね。いずれにしても、彼の妻はレースのきまりなどに興味はなかった。ほとんどの妻たちは、そんなことに興味を持っていなかった。

そして、彼女が初めてその男と対面したのもモルスハイムだった可能性がある。いつの日かエレーヌを破滅に追いやることになる、ルイ・シロンに。彼のことはすでに知っていた。モンレリーで、アンリ・ド・クルセルの遺体を抱きかかえた彼女の脇を、うなりをあげて疾走していった男だ。決して楽しい思い出ではなかった。一九二九年に再び彼に会って、エレーヌは彼のことを好きになっただろうか。その可能性は低そうだ。野心家で遊び人のシロンは女性の扱いも長けていたから、伊達男のルイとして知られていた。一方、その口説きに乗ってこない相手に対しての容赦ない攻撃から、別の呼び名も付けられていた。シロンが、美しく頭の切れるアリス・ホフマンと関係を持っていることは、一九二九年には公然の秘密となっていた。アリスはこともあろうに、シロンのスポンサーであるナーカ・スパーク・プラグ・エージェンシーのオーナー夫人であった。しかし、シロンは二シーズンのうちに八勝をブガッティ・チームにもたらしており、当然、ナーカ・プラグを使用していた。ブガッティとアルフレッド・ホフマンにとって、その事実こそもっとも大切なことだった。

初対面からシロンとエレーヌは反目しあっていた。理由はわからない。カメラが自分のほうを向いていないと、明らかに不機嫌になるシロンのことだから、新しいライバルとなったマスコミの注目を巧みに集める娘に対して、他の女たちにするように親切にしたとは思いがたい。

シロンよりも彼女の好みだったのは、この時期モルスハイムを定期的に訪れていた二人の裕福で魅力的なブガッティ・オーナーたちだ。エレーヌは、クルセルを通じてすでに顔を知っていた。そのひとり、元戦闘機のパイロットでハンサムな海賊といった風貌のアンドレ・デュボネは、リキュールのベルモットで財を成した家の跡継ぎで、フランスの主要サーキットのいたるところにその名の広告を出していた。また、彼のエンジニアとしての知識は、ドライバーとしての技術に匹敵するほどのものだった（彼が一九三〇年代後半に設計したすばらしい車は、今ではコレクターズ・アイテムとなっている）。

もう一人はエレーヌが後年関係を持つフィリップ・ド・ロートシルトで、一九二九年に彼女がモルスハイムを訪れたときには、彼はまだ二七歳の若さだった。しかし彼は、ロスチャイルド家が保有しながら、なかば放置されていたメドックの葡萄畑を再生しようと試みる大胆さを持っていた。彼はジョルジュ・フィリップという偽名を使って、一年前からレースに出場していた。一九〇三年のパリ―マドリッド・レースで、彼の父親がアンドレ・パスカルという偽名を使って出場したのと同じように。彼と自動車とのつきあいは、最も高級なツーリングカー、イスパノ・スイザから始まった。一九二九年には最初のブガッティを購入し、次々とレースに参加した。難しいコースのニュルブルクリング、ブルゴーニュ・グランプリ(ここでは優勝した)、モンテカルロ、そしてアンティーブでのひどい事故の後に、ル・マンに出走することになった。ブガッティ家はフィリップを気に入っていた。一九二九年の夏には、ブガッティのワークスチームの一員として、ル・マンのサルト・サーキットで運転するように彼を招待していた。

こういった出会いのときめきは、過酷なトレーニングからのありがたい気晴らしだった。エレーヌは公の場で決して悲しい顔を見せないことを誇りに思っていた。しかし、モルスハイムの鍵をかけたベッドルームで、音が漏れないように枕を顔に押し当てて泣いていたかもしれない。両肩にのしかかる重責をつねに自覚させられるというのはつらいものだ。もし、スピードテストで失敗したら？　エットーレいわく、失敗はあり得ないのだった。車はできることをするだけであり、彼女は単なるそのガイド役なのだ。それに準備も最終段階へと整いつつあった。この機会を記録するために、撮影隊が要請されていた。新聞社にも通達済みだった。車には彼女に合わせ、背中を支えるためのシートと、よりコントロールしやすいように柄を長く改良したハンドブレーキが取り付けられた。メカニックのチェッキが車をモンレリーまで運転していくとエットーレが言った。パリのマネージャーたち、ギィ・ブリアとアルベール・ディーヴォが彼女の上達を監督して見守ると。また、メカニカルな問題が生じたときのために、二台目の車がトラックに用意されることも告げられた。もう後戻りはできなかった。

賞品は何なのか、記録達成の暁には何がもらえるのか、大胆にも彼女は別れを告げる際に訊ねた。エットーレはこの上なく上品な笑顔で、「名誉だ」と答えた。車の歴史上、最も偉大な車を運転した、選ばれた人々の列に加わるという名誉。そして信じがたいことに、彼はそれ以上何も言うことはなかった。

註1　ウィリアム・チャールズ・グローヴァーはレース参加時の偽名である「ウィリアム」のほうが知られている。

8. 白日の下で

思うに、時速八〇キロ以上出ている車を完璧にコントロールできる女性はそうそういないだろう。普通以上に速い車を運転できるのは、ほんの一握りかもしれない。

ウィニフレッド・M・ピンク「ウーマン・エンジニア」一九二八年[1]

モンレリーは、一九二三年にフランスで初めて自動車レース用に六ヶ月をかけて建設されたサーキットで、ロードコースとすり鉢状の高速周回路を併せ持ち、パリの南二四キロに位置している。コースの一番の常連はイギリス人のドライバーたちで、バイクや車での速度記録を破るには、使い古されたイギリスのブルックランズ・サーキットの路面よりも、もっぱら新設のモンレリーが好まれた。夏のあいだは空きのないほどの盛況ぶりだ。しかし、一九二九年一二月の凍えるような午後とあっては、観覧席にはひと一人見当たらなかった。木々の枝には厳しい北風が容赦なく吹きつけ、カーブのきついサーキットがむきだしになっている。激しい勾配のついたコンクリートのバンクはうっすらと氷に覆われ、鉛色の空の下、いつも以上に凄みがある。ダンロップタイヤのより優れた性能をうたう立看板は、ダンロップの「D」と「チャンピオンの」という部分を除いて雨と風ではがれてしまっていた。その看板を風よけに、コートをしっかり着込んだ男たちが、ギャングが悪い相談でもしているかのように集まっている。吐き出された息とタバコの煙が、黒い帽子のつばのまわりに輪を描くようにたなびく。女性ドライバーによるスピード世界記録が更新される瞬間をとらえるために、映画会社のパテからは二人の青年が送られてきていた。二人はポケット深くに手を突っ込んだまま、飛び上がったり、追いかけ合ったりして寒さを紛らわせようとしている。

スポーツ紙ル・オート[2]から取材にきた男がマイクを借りにゆっくりと二人に歩み寄り、挑戦者の一団を誰が誰なのか教えた。あのやせた小柄な男がメカニックのジョセフ・チェッキ、背が高くてやる気のなさそうなのがブリア伯爵、葉巻をくわえたでかいのがアルベール・ディーヴォだ。この三人は、ここ一週間、例の娘のトレーニングを監督しにパリのショールームから来ているんだ。そして、今、集団から離れてガラスのブースに向かって歩いているのがタイムキーパーのカルペ。すべてブガッティ持ちだ。ル・オートの男はウィンクしてみせた。大変な特別待遇ってわけだ。

エンジンの甲高い音にみんなが振り返った。後部がふくらんだ短剣のようになっている小さな水色の車が、勢いよく彼らのわきを走りすぎ、キッと停止した。白いレース用キャップをかぶってバラ色の頬をした、元気そうなドライバーが車から飛び出し、ブリアとディーヴォに抱きついた。一方でチェッキはボンネットの片側を折り上げ、そこに並んだきらりと光るパイプを目を細めて見ている。娘が車のわきに立って腰に手をやり、頭を気どったふうにかたむけて、

1929年12月、エレーヌとジョセフ・チェッキ。記録を破ったドライブの直前。

ディーヴォのアドバイスを聞く様子を、ブガッティ・チームの一人が写真に収めている。ル・オートの男はすでにクラブハウスで昼食を済ませていたが、この日は、それもまた他のこと同様、ブガッティ持ちなのだった。あの娘はみんなと上手くやってると、彼が言う。まさに小さな人気者だね。ジンのサイダー割りを飲みながら、にこにこしてミュージックホールのゴシップを語ってた。マスコミの一人にどんなふうに健康を保っているのか聞かれて、立ち上がってバック宙をきめて猫みたいに身軽に着地したよ。いい笑顔だな。この世に心配ごとなんかなさそうだ。

　車を追うのに一番いいアングルを探してパテのカメラマンは脚立に登り、重い撮影道具をかついで上空へ向けた。彼の下で長く物悲しい音をたてて車のエンジンが掛かった。煙が火の粉とともに立ち上る。レンズの視界に入ってくるときにはもう、車は糸に結びつけたハエのようにバンクの頂上を走り回っていた。

　二周目に入ったところで、エレーヌは、はるか下に人々の逆さまになった顔を見た。ぎょっとした月が連なった輪っかのようだ。[3]エンジンの回転数は五五〇〇を指している。それでいい。これくらいに保たなくては。ゴムの靴底をアクセルペダルに固定し、しっかりと踏み込むと足首がブルブルと震えた。タイヤが路面の砂で左右へ動き、ゴムの擦れるスキール音がとどろく風のなかに消えていく。手袋をつけた小さな手がハンドルの上のほうを固く握りしめ、ボンネットが防壁に向かって上向きになっていくのに合わせてハンドルを切った。少し前屈みになる。ゴーグルの奥の目は見開き、集中する。

三周目、四周目。檻のなかのネズミみたいだ、と彼女は思った。スピードが落ちているのか？

下から警告の旗は出ていない。もう一度レブカウンターに目をやるという危険は冒したくなかった。いまできることはこのままを維持すること。一秒たりとも気を抜かないこと。何も考えるなとディーヴォが以前言っていた。車の一部になるんだと。車が何を伝えようとしているのか感じるんだ。耳を澄まして、限界だと思ったところからそのまま進み続けるんだ。バンクの頂上でエンジンの回転数が最高に達したら、アクセルを踏み続けろ。そうすれば、車は独楽みたいにぐるぐる回っていく。流れに身を任せるんだ。

果たしてそれは本当だった。背後からの推力がバンクの内側の目に見えない力と合わさって、彼女は引っ張られているかのようにバンクの縁をぐるぐると走っていた。すばやく下に目をやると、タイヤの足下から灰色の崖が崩れ落ちていくように思えた。バンクの中心に竜巻が起こる。コンクリートの傾斜をスピードを保って回っていると、繰り返される回転が起こすむせび泣くような音が響くなかに、ヒューッという風の音が聞こえる。

六周、七周。ハンドルが熱くなり、手袋がすれて焦げる。運転席のなかで、何か普段と違う臭いがしているのに気がついた。不安でまぶたがピクリと動き、腕の筋肉が緊張する。臭いの原因が何なのか気づいた彼女は安心して鼻を鳴らした。太ももがギアボックスに押しあてられて、オーバーオールの一部が焦げていたのだ。うれしくはないが、重大なことではない。

乾燥して真空状態となっているゴーグルの奥で、目がうずいた。焼けついたのどを唾液で冷やそうとつばを飲む。防壁のラインよりも低い位置で車体を維持できる角度でハンドルを保とうと懸命になっている肩は、鉄のように重い重力の柱で前方に押し曲げられていた。防壁の向こうにも、自分の上空にも夕闇が迫ってきていた。光がちらついて気が散る。ブガッティが描く見えない輪を見つめ、バンクを上手く利用するよう車を傾斜の上方に維持した。

一〇周目。何か変な音が聞こえた。車がガタガタと揺れだし、頭の後ろでアドレナリンがパチパチと音を立てるような気がする。小さな薄いゴムの破片が視界に飛び込んでくる。なんとかコントロールを保とうと奮闘したが、車はずるずると傾斜を滑り落ちていく。ブレーキを踏んでハンドルを切り、赤いラインを越えて平らな部分へたどりついた。ハンドブレーキに手をのばし、キルスイッチをカチッと切った。風のうなり以外何も聞こえなかった。彼女はがっくりとハンドルに頭を落とし、人々の失望のまなざしを受ける心の準備をした。こなしてきた様々なトレーニングがすべて無駄になってしまったのだ。

失敗に終わったと確信していた彼女は、結果を聞かされても聞き違いだと思って頭を振った。だが、タイムキーパーのカルペは数値を書き出していた。そう、聞き間違いではなかったのだ。もっとも速かったラップは時速一九七・七〇八キロメートル、一〇マイルの平均は時速一九四・二六六キロ。めったに人を褒めないディーヴォですら、彼女以上に運転のうまい女は見たことがないと称えた。彼の褒め言葉は冬時のイチゴよりも珍しい。平均時速はもっと上げられるわ。別の車を使わせてくれたら、時速二〇〇キロを超してみせると、エレーヌはしきりにささやいた。しかし、時間も遅いし、体にもきつすぎると、彼らは再度の挑戦を認めなかった。それよりなにより意味がない。すでにモンレリーでの新記録は達成したのだから。

誰もが、メカニックのチェッキまでもが、彼女と写真を撮りたがった。ル・オート紙の男は握手して言った。今後の活躍を興味深く見てますよ。もう、あなたを止められるものなんてないでしょうからね。遅れてやってきた二人の女は、運転しているのはどんな感じなのか、説明

N° 37

B.P.F. 2.100,—

Reçu de Madame Hellé Nice

la Somme de

Deux mille cent francs

pour une tentative de courte durée à effectuer le 18 Décembre 1929

Paris le 17 Décembre 1929

L'AUTODROME

PARC NATIONAL DES SPORTS

L'AUTODROME

50c

50c

エレーヌの1929年モンレリーでの記録の証明書。

できるかと聞いてきた。そこで気がついた。この喜びと興奮と恐怖が入り交じった強烈な感情を表現できるような言葉は多くはないのだ。足を組み、ミスタンゲットよろしく、頭を反らせてポーズをとることはできた。が、車の運転について聞かれると、あとの人生ずっとレースを続けたいと言うことしかできなかった。車とドライバーが一体となる瞬間の高揚した気持ちには、ダンスも登山も、なにもかなうものはない。

次の一週間、彼女はフランスで一番有名な女となっていた。誰もが彼女をひと目みたいと望み、その発言はすべてが大変な興味を持って書き留められた。好きな食べ物、一番楽しい休暇、もっとも好きな本、理想の車。ある女性ライターは、モンレリー・サーキットを体験したいと言い張った。そうすれば、エレーヌがそこまでうれしそうに語るスリルというものを自分も実感できると言うのだ。エレーヌはそのかわいそうなライターを思い出しては、笑わずにはいられなかった。レース用キャップを片手で押さえ、もう一方の手でセーフティハンドルをつかみ、顔色は乾く前のセメントのようになって、彼女は半周したところで気を失ってしまったのだ。

ジャン・ブガッティという若者のことを彼女がどう思っているのか、それを探っていた記者は何人かいたが、運のよいことに、彼女とブルーノ・ダルクールを結びつけるものはいなかった。スピードトライアルの行われた午後、ブルーノのブガッティがモンレリーのコースの外に停まっていたことを考えるとそれは幸運だった。ブルーノは彼女をお祝いのディナーに連れて行くために待っていたのだ。エレーヌはそのとき、彼にそんな危険を冒すべきではないと忠告した。ましてや、彼のような立場にある場合は。二人の関係が深刻だったということではない。深刻だったのは、四児の父であるブルーノ・ダルクール伯は、フランス王家の末裔、イザベル・

ド・オルレアン王女というフランスでもっとも位の高い女性の一人と結婚していたということだ。イザベルの母親はギーズ一族の出身であり、歴史上名高いあの冷酷な一族の血を引く彼女を怒らせたら、何をするかわからない。

ゆえにこの関係は目立ってはならなかった。時折、王女が郊外に母親を訪ねているときなど、彼らは一日を一緒に過ごしたりすることはあったが、たいていの場合、彼らのつきあいは午後に申し合わせる友人同士だった。ブルーノの生活における他のことと同じように、デートの予定もあらかじめ決められていたのである。ブルーノは毎週土曜日に乳母を訪ね、アーモンドビスケットを食べる。また、毎週水曜日には母親とリッツでお茶を飲む。それは二〇歳のときから決められていた。彼の生活をいまだに左右する行動についての綿密な規則にエレーヌは魅せられていた。

それは正反対の二人が魅かれあって生まれた関係だった。レース用のブガッティを購入するなどということは、ブルーノ・ダルクールがいまだかつてとったうちで、もっとも大胆な行動に違いない。対して無謀な雰囲気のなかでこそ、エレーヌは生き生きとしていた。エレーヌは登山が好きだった。ブルーノは芝生を散歩するほうを好んだ。エレーヌは一晩中遊び明かすこともあるが、ブルーノはパリのクラブすべてに一度は行ったことがあっても、一時間以上いたクラブはないという具合に、全く対照的な二人だった。背が高く、口ひげを生やしたブルーノは、少年のような頬の丸みがなくなると鷲のように鼻が目立った。その顔は騎兵隊の将校のようでもあり、目を見張った聖歌隊の少年のようでもあった。エレーヌは彼の容姿をとても魅力的だと思ったが、それを言うとブルーノは顔を真っ赤に染めた。

三一歳といっても、ブルーノ・ダルクールを驚かせるのは簡単なことだった。そして、それが彼女にとっての楽しみの大半でもあった。一九三〇年三月のガラに、ぎりぎりの小さな面積の金色のショーツで出演したときも、上品で内気な恋人が見ていると知って彼女はわくわくした。脚を開きながら体を落として開脚の体勢をとる。そして、好きであろうとなかろうと、想像以上のものを見せられている観客のなかに、ブルーノの狼狽した顔を探した。観客は彼女の勇気――これは彼女にとって初めてのバーと綱渡りだった――と、見せるべきではないものを見せてくれたことに拍手を送った。ショーのあとでエレーヌは彼に誓う。あれは全部あなたのためだったのよ。あなただけのため。すると彼はうれしさで赤くなった。憶えていた通り、ふしぎと無垢な男だった。

もし、あの春エットーレ・ブガッティが、エレーヌが誰とつきあっているのかを知っていたら、もっと敬意を表して接してくれたのだろうかと時々考えた。ダルクール伯爵はまさにエットーレが一番好きなタイプの顧客なのだ。金のある熱心なアマチュアで、万一レースに勝つようなことがあれば、それはすべて車のおかげと思ってくれる反面、そこにかかる費用は――ブガッティは維持費のかかる車として知られていた――オーナーの問題なのだ。もし、ガラの後すぐ、三月に彼女が車を受け取りにモルスハイムに戻ったとき、会話のなかでブルーノの名に言及したら、なにか対応は違ったのかもしれない。

最初はあれほど親切だったのに、そしてエレーヌがトレーニングにつぎ込んだ努力や、彼女の成功がもたらした宣伝効果にもかかわらず、エットーレはその中古車に正価の四分の三の金額を請求してきた。それを支払うとエットーレが思っていたことに対する驚きは、いつまでも

1930年、モロッコにて。ブルーノ・ダルクール。

心に残っていた[4]。確かにブガッティは高価な車だ――四万フランというのは大変な金額である。だが金を払うことなど思いも至らずにモルスハイムを再び訪れた彼女にとって、まさに寝耳に水だった。エットーレが何か耳にしたのか、何のために自分はこんな罰を受けるのかといぶかしみ、彼の顔を見つめ返したことを忘れられない。エットーレはそんな彼女の視線には答えず、ただ支払いについての取り決めを静かに繰り返しただけだった。彼はエレーヌではなく、少し横にずれた彼女の肩越しを見ていた。侮辱されていると感じたのは正しかった。

　たしかに、その車は彼女の必要に応じてあつらえてあるから、言ってみればオーダーメードに違いなく、翌月モロッコで開催される彼女にとって初めてのラリーにも出られる状態になっていた。しかし、友人として、チームの一員としてモルスハイムで歓迎されるだろうという予想は、最初の晩に落胆に変わった。ピュール・サン・ホテルの息の詰まるような小さな屋根裏部屋に案内され、食事については会社持ちになっていると告げられた。自分がおろかにも期待していたような、ブガッティ一家に参加するとか、屋敷のまわりを散歩するといった誘いはなかった。唯一のうれしい瞬間は最後になって――彼女が金を払い、晴れて車のオーナーとなった後――やってきた。息子の名前をひどく強調して、自分自身の意志ではないことを示しながらではあったが、エットーレがこう言ったのだ。この夏ル・マンで開催するブガッティ・グランプリに君を出させようとジャンが提案している、と。グランプリで男性ドライバーと競いたいとつねづねマスコミに言っていたそのチャンスが、ついに彼女に巡ってきたというわけである。

モロッコでの四月のラリーに参加するというのは、ブルーノと一緒に立てた計画だった。ブルーノいわく、一週間に一時間しか彼女に会えないなんてうんざりだというのだ。マルセイユから別々に出発してカサブランカで落ち合う。そして二、三日、太陽と快楽を堪能し、山に登りたければアトラス山脈へと車で南下するのだ。計画はエレーヌ次第だ。王女は子供たちを連れて祖母に会いに行っているため、束縛されることもなく、好きなようにできる。

一九三〇年代、エレーヌはしばしば北アフリカのフランス植民地でレースに参加していた。アルバムにはモスクや庭園、ヤシの木、手を振る子供たち、絨毯売りに市場などが写った写真が増えていった。そこではいつも手厚い歓迎を受けた。話す言葉は慣れ親しんだものでも、知識からは想像できないほどかけ離れた国々を発見するのは楽しかった。そして、暑い気候が好きな彼女にとって、乾いた空気と広がる青い空が楽しみをよりいっそう増していた。小さな写真が貼られたページには、ロマンあふれる空気が感じられる。そんな写真以外に存在するのは、黄色い押し花とラリーのルートマップ、そしてラリー参加者のリストだけだった。

カサブランカのラリーへの参加者リストは立派なものである。四一歳で最年長のマルセル・ルゥーはフランス生まれのアルジェリア人で、車の整備工場のオーナーだ。彼は一九二四年にレースを始め、ブガッティのドライバーたちのなかでも腕はトップクラス、とりわけ北アフリカのコースに強い。ルーアン出身のフィリップ・エタンセラン（愛称フィフィ）は寝具や椅子、クッションに詰める羊毛や羽毛を売って財を成し、一九二六年にレースを始めた。速くて怖いもの知らずの彼には、同様に勇気のある妻がおり、規則が許せば彼と肩を並べてレースに参加した。ラリーやヒルクライムで何年もの経験を積みグランプリに参戦したのはアンヌ・イティ

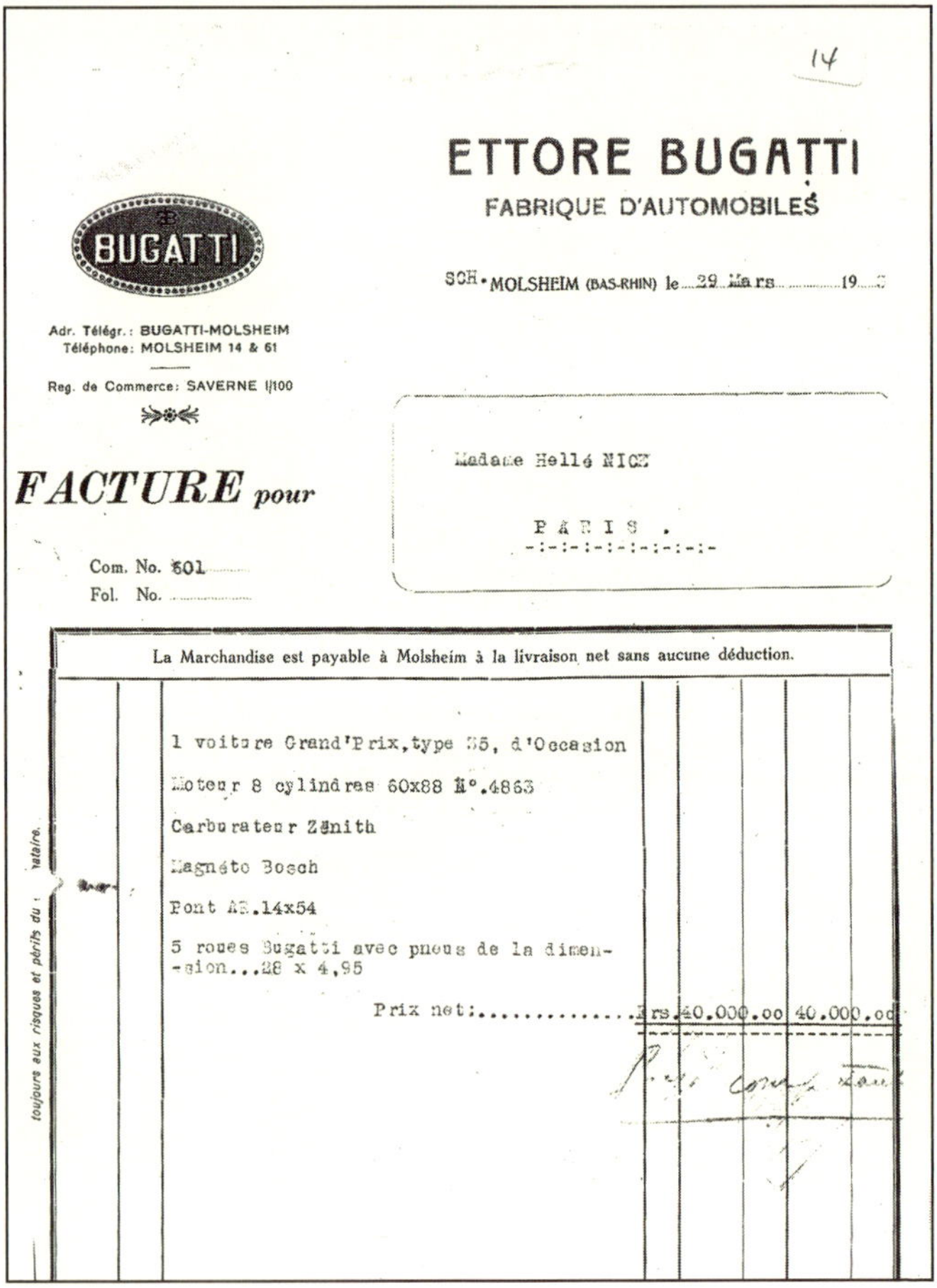

14

ETTORE BUGATTI
FABRIQUE D'AUTOMOBILES

BUGATTI

SCH. MOLSHEIM (BAS-RHIN) le 29 Mars 19

Adr. Télégr.: BUGATTI-MOLSHEIM
Téléphone: MOLSHEIM 14 & 61
Reg. de Commerce: SAVERNE I/100

FACTURE pour

Com. No. 601
Fol. No.

Madame Hellé NICE

PARIS.

La Marchandise est payable à Molsheim à la livraison net sans aucune déduction.

1 voiture Grand'Prix, type 35, d'Occasion
Moteur 8 cylindres 60x88 N°.4863
Carburateur Zénith
Magnéto Bosch
Pont AR.14x54
5 roues Bugatti avec pneus de la dimen-
-sion...28 x 4,95

Prix net:............Frs.40.000.00 40.000.00

toujours aux risques et périls du ataire.

1930年にエレーヌがブガッティ・タイプ35Cを購入した際の、モルスハイムからの領収書。

エ。小柄で赤毛の彼女は、ローズというスコットランド人との不幸な結婚生活で身につけたゲール語で悪態をつく。これらの経験を積んだドライバーの誰かが、初心者の彼女にどうやってコースを地図に起こすのかを教えたに違いない。ラリーのコースはカサブランカから南のモガドールに至り、東はマラケシュまで、そして北に戻ってセタットまでを回る。トライアル走行で七時間にわたって二三〇〇キロ走行というメモとともに、エレーヌは地図を作った。七万フランという優勝賞金を考えれば、周到な準備はいい意味での投資といえた。

悪名高いほこりの嵐のなかを運転するのにもっとも必要とされるのは、忍耐力であった。だが、彼女のそれは試されることなく終わった。レースの二日前、ブルーノは高速での練習走行にメドロナからカサブランカへ出た。そして、ゆるいカーブへ近づいたときに判断を誤り、車は道路から飛び出した。数時間後に発見されたとき、彼は背骨を折って車の下に閉じ込められてはいたが、意識はまだしっかりしていた。しかしその二日後、病院で息を引き取ったのである。

エレーヌが二人の関係について話したことはない。他のレーサーたちは、その不運なドライバーと元気いっぱいでタフな小柄のブロンド娘との関係にはまったく気づいていなかった。だからこそ、彼女がレース参加を取りやめてマルセイユへ戻ると公表したときは、多少の驚きがあった。四月半ばには彼女はパリに戻っていた。数年後、スクラップブックのアンリ・ド・クルセルの死をつづったのと同じページに、運転席に座るブルーノの写真を黄色い押し花と一緒に貼り付けた。そしてその下、彼の死亡記事の横に、その写真が事故当日に撮られたものだと書き添えた。

一九三〇年の夏、フランスはひどい天気に見舞われていた。セーヌ川は氾濫し、モンパルナスの通りは建物の玄関口まで浸水した。深さ一メートルもの水にパリとブリュッセルを結ぶ列車は、一週間どうすることもできないほどだった。洪水のおかげで、エレーヌが大々的に宣伝していた初の飛行レッスンもル・ブールジェから飛び立つことができなかった。

しかし、どんな悪天候もフランス人のレースに対する愛情には勝てない。雨にもかかわらず、六月一日にル・マンで行われたエットーレ・ブガッティ主催の第三回グランプリに人々はやってきた。レースはアマチュア向けのものであったが、ジャンの圧力か、エレーヌはモルスハイムで雇われているジョセフ・チェッキを使うことを許されていた。彼は、モンレリーでの記録樹立の際に彼女の車の整備を担当していた。チェッキは気むずかしい性格ではあったが、この日手伝うことに文句はなかったようだ。ブガッティ主催の第三回グランプリはエレーヌにとって初めてのグランプリレースだった。そしてこの名高い二四時間レースが開催されるコースで三二周五六六キロを走って、初挑戦の彼女は三位に食い込んだ。毎度のことながら、エレーヌは自分と二八キロ差で優勝した、ニースでチリ副領事を務める上品なホアン・ザネリのことだけを気にしていた。エレーヌはあとで述べている。「次回はもっと上手くやるわ」、「私に何ができるか見せるためにも、ハンデなしで男性ドライバーと勝負したいだけなの」そして、次のスウェーデン・グランプリが女性の参加を許していたら出場していたであろうことを強調するのを忘れなかった。

ジャンはモルスハイムでの練習走行中に起こした事故で松葉杖をついていて（公式には階段で滑ったということになっていた）、エットーレは落馬事故のあとと、エットーレ親子は二人揃って体調万全ではなかったが、レースの賞品であるブガッティ・タイプ43をザネリに進呈するために出席していた。疲れきって、真っ黒な顔をしたエレーヌに三位の賞品を手渡したのはジャンだった。あとで二人の写真を記念に送ったのはジャンかもしれない。彼女はその写真を特に気に入っていた。見れば理由が分かる。身なりもよく自信に満ちて、ややもすると傲慢な若きカーデザイナー、ジャンが前方にかがみこみ、松葉杖のことなどすっかり忘れて、彼の目をまっすぐに見つめる彼女の喜びに輝く瞳を見つめていた。写っていないがエットーレは、夏の終わりまでには彼女も外国に行って、運がよければ戻ってこないだろう、と考えて心をなだめていたに違いない。エレーヌは、立派な跡継ぎ息子のために考えているような相手ではないのだ。

初挑戦のグランプリで三位に入賞するというのは大変なことで、他の出場車五台が完走しなかったとはいえ、その結果が軽くなることはない。数日後に開催された第七回アクターズ選手権に、たいそうひどい天気ものともせず出場した俳優やキャバレーのパフォーマーたちにとっては、セミプロになった同僚と競わなくてはならないというのは非常に不公平だったようだ。前年度、勝利とパブリシティをエレーヌに奪われたことをいまだに苦々しく思っていたブランシュ・モンテルは、今後エレ・ニース嬢が出るイベントには参加しないと宣言した。

パリのパルク・デ・プランスの改装前に行われた最後のイベントの動員数が、がっかりするほど少なかったのは、土砂降りの雨とぼろぼろの観覧席のせいであろう。それでも、役者たちはすばらしいショーを演じてみせた。チャーリー・チャップリンの異父兄弟で非常に愉快な女装のパフォーマー、シドニー・チャップリンは、友人ジョルジュ・ビスコのミニ・ブガッティ

マティスの上に乗って、粋にコースをまわるリヌ・ジャック。1930 年のアクターズ選手権で。

を押してやるためにけばけばしい衣装で現れた。いつも通りに落ちついた、美しいディアナは緑色のドラージュで淡々とコースをこなして喝采を浴びた。そのドラージュはコンクール・デレガンスで一位となった車だった。多くのミュージックホールのスターたちは昼休みを利用して、ゴーモン・フィルム・カンパニーで短編映画を撮影していたのだが、そのゴーモンの新人スターであるナディーヌ・ピカールが参加していた。彼女の妹のジゼルもである。彼女は双子の姉と同じく、美しいカットのベージュのシルクを身にまとっていた。一九二八年のガラ「三人目のレザリ」としてエレーヌと共演したアンドレ・ロアンヌは、シャツの袖をまくり、観客の前で腕の筋肉をピクピクと動かしてやる気をアピールした。ハンサムな若い俳優レイモン・モレルは障害物競走で、ファンに手を振るために車から降りて失格となった。

この日の本当のスターは二人いた。一人目はリヌ・ジャックという若い女性アクロバット。彼女は体の動きの優美さを強調する白いボディスーツを着て、恋人である俳優ファーウェルが運転する真っ赤なマティスのボンネットのうえで、ボンネット・マスコットを自ら演じてみせた。車がゆっくりとコースを進むなか、フープのように体を折り曲げて、頭を両足首のあいだに持ってきた。そして、高さのあるラジエーターグリルの上にあごをのせ、カメラに向かってほほえむ。そして、ほっそりした脚の爪先を空に向けて、一組の矢のようにまっすぐ持ち上げるのだった。[註1]

この日はリヌ・ジャックが美しさを、エレ・ニースがドラマを演出した。心のうちでエレーヌは、スポーツ・ツーリングカーである大きなブガッティ・タイプ43Aを呪っていたに違いない。新任のメカニックは、この車を攻略しきれていなかった。マフラーから煙を吐き、ギアボックスが中に鎖でも入っているかのようにガチャガチャと音をたてると、スポーツ記者たちは叫んだ。なんと恐ろしい車でしょう！　対戦相手もどんなにこの車を恐れていることでしょうか！

車は満足に整備されていなかったが、エレーヌがジムカーナとスピードトライアルの女性部門を勝ちとる妨げにはならなかった。エレーヌの無頓着ぶりに、ブランシュ・モンテルは爪をなくなるまで噛んだに違いない。漫画家たちは、ル・ジュルナルやラントランシジャンのスポーツ欄で、この日のイベントをおどけたイラストで要約してみせた。ものすごいハイヒールを履いたお気に入りのヒロインが、勝利へ向かって木馬に乗っている。頭の上にはブガッティのペナントがなびいていた。カメラマンたちは、チャンピオンのプロ意識に敬意を表し、彼女をいつもらしからぬつつましいポーズで写真を撮った。それは、膝を見せず、白いブラウスはのど元までボタンをかけて、彼女の厄介な車についている巨大なグレベルのヘッドライトのあいだに座っているという一枚であった。

翌月にはパリの劇場にかかわる人々が、その夏最後の自動車ショーのためにモンルージュのビュファロー自転車競技場に集まった。エレーヌのタイプ43Aは相変わらずトラブルを抱えていたが、自分ひとりのワンマン宣伝イベントと化したこの日は、そんなことはどうでもよかったにちがいない。注目を独り占めしたことで、わずかに残っていた他のスターたちとの友情も終わりを告げることになった。エレーヌの最初のパフォーマンスは、アルテュール・オネゲルとの果たし合いでバイクに飛び乗るというものだった。若いスイス人オネゲルは、のちに現代作曲家のグループ、レ・シスとして知られることになるメンバー6人のなかで、当時商業的に

1930年のアクターズ選手権でブガッティ・タイプ43 Aに乗る直前に撮影。グレベルの新型ヘッドライトの宣伝に一役買ったかもしれない。

もっとも成功していた。オネゲルいわく、自分の音楽は機械の時代を反映させたもので、疾走する汽車やタクシーのもの悲しげな音、スピードを出して走る車の音などを素材に使っていた。彼は怖いもの知らずのドライバーだったが、このときには彼のバイクはぼろぼろだった。雨でイベントが終了となる前に、エレーヌはバイクをサーキットに乗り入れ、通常は自転車競技のみに使われるダート・トラックでバイクのスキルを披露してみせた。そして、水のしたたる傘の影からの声援に応えて、イギリス人スポーツマン、アンガス・ダリモアが運転するバイクの後ろに横座りして、再び走り回った。その重厚なバイクが横滑りして彼女が土ぼこりのなかに大の字に倒れたとき、観客は息をのんだ。彼女が飛び起きてほこりをはたき、笑って自分たちのほうをむいておじぎをしたときは、観客はほっとしたのだった。

　彼女がなぜ突然ダートトラックでいろいろやり出したのかは、翌日の新聞の記事で明らかとなった。その暴露記事によると、フランス一勇敢な女性レーサーはアメリカに渡り、スピードウェイやダート・トラックで男たちに交じって競走するという。しかも、世界でもっとも速い車の一つであるスーパーチャージャーつきのミラーに乗って、である。『ミラー社の社長へ賢い選択にお祝い申し上げます』記者はお祝いの言葉でその記事を締めくくっていた。『すばらしい会社の顔を見つけられ、おめでとうございます。そして、私たちのかわいい親善大使、がんばれ[6]！』

　ビュファロー自転車競技場でのエレーヌのためのプログラムを見事な技術で作成したのは、彼女の新しいエージェントだ。アンリ・ラルティーグという眼鏡をかけた陽気な男で、彼の妻マドレーヌはエレーヌと同じくシーズーとパグが大好きだった。ラルティーグのビジネス用チラシに一番目立って出ていた名前は、一九三〇年にはハリウッドでもっとも有名なフィルム・エージェントとなっていたアメリカ人、ウィリアム・モリスである。そのことが最初にエレーヌがラルティーグに接近した理由かもしれない。しかし、自分の新エージェントがモリスに会ったことすらないということをエレーヌは知らなかった。ラルティーグ自身のアメリカでのコネは、それほど華やかではないタレント事務所、ラルフ・ハンキンソンのホット・ニュース・エージェンシーだった。アメリカ東海岸にあるいくつかの移動遊園地のタフなベテラン興行主であるハンキンソンは、観客をトラックへ動員する方法に頭を悩ませていた。当時アメリカでのもっとも危険なダート・トラックでの競技のいくつかは移動遊園地で行われていたのである。彼にしてみれば、美人のフランス娘、しかもパリジェンヌ、にもかかわらず、女性のスピード世界記録保持者であるエレーヌはすばらしい宣伝材料に違いない。ダンサーやアクロバットという経歴も商品価値にプラスとなり、果たしてエッソが広告キャンペーンに興味を示してきた。

エレーヌに対してまかれた餌は、出演一回につき定額二〇〇ドルというよい給料に、交通費と宿泊費を会社が持つという約束——これは守られなかった——、世界でもっともよく知られている車の一台、ラルフ・デパルマのスーパーチャージャーつきミラーを運転できること、そして少なからぬパブリシティだった。

エレーヌは、八月三日までにニューヨーク入りするとの合意の上で、五月二三日、ホット・ニュース・エージェンシーとの契約にサインした。ミラーに乗ることができるという約束は、彼女が契約書に名前を書き入れる頃には、彼女につねにトップクラスのレーシングカーを用意するという保証に変わっていて、初めの約束とは意味合いが違っていた。しかし、もし上手くいけば賃上げ交渉の上で二ヶ月契約を更新できると聞き、がっかりする気持ちも多少なぐさめられた。

　彼女の野心が、ダート・トラックでのレースという危険なスリル以上のところにあった可能性はある。「パリの翼」に出演中には毎日のように親しくしていたモーリス・シュバリエは、すでにハリウッド映画界でスターになれるか、腕試しにパリを離れていた。シュバリエとの関係を推測するまでもなく、つねに映画俳優を副業とする人々に囲まれていれば、映画界で自分を試してみたくなったのもわかる。アンドレ・ロアンヌ、ブランシュ・モンテル、ジョルジオ・ビスコ、ナディーヌ・ピカール、シドニー・チャップリン、ハリー・ピルサー、ロッキー・ツインズにドリー姉妹。実際、この時期に活躍したミュージックホールのスターたちで、便利にもピガール近くにあったゴーモン・スタジオに仕事に行ったことのない者を探すほうが難しかった。一九三〇年の人気映画「夜はわれらのもの」で、マリー・ベルがレーサーとして出演しているが、エレーヌは自分ならばもっとそれらしく演じられると思ったに違いない。

　エレーヌがル・アーヴルから合衆国に出発してすぐ、一九三〇年八月一日のパテ・ジャーナルに掲載されたインタビューによると、彼女はボイス・テストやスクリーン・テストをちょうど受けたところで、結果は上々と、映画界での輝かしいキャリアが予想されていた。この記事はラルティーグが掲載させた誇大宣伝だったのかもしれないが、彼女がテストを受けたことまではでっちあげられなかったはずである。少なくとも彼女は映画での仕事を考えていたに違いなかった。しかし、ラルティーグの再三の催促にもかかわらず、彼女はウィリアム・モリスと連絡を取らなかった。

アメリカツアーのために提示された金額は上々だった。それに彼女の名前を海外で広めるうえでも、こんなチャンスがまたやってくることはそうそうないだろう。しかし、束縛するもののない三〇歳のエレーヌにとっては、冒険に対する期待こそが一番の魅力だった。ハンキンソンは、女性で初めてダート・トラックや木製のボード・トラックを運転することになるだろうと約束した。エレーヌはモンレリーでイギリス人のスポーツウーマン、グウェンダ・スチュアートがミラー91を運転しているのを見て、うらやましく思ったこともある。でも退屈なモンレリーなんてスチュアートに任せておけばいい。アメリカでこんな車を運転するほうが、恐れを知らぬ男たちに混ざって命知らずを演じるほうが、どれだけ華々しいことか。

註1　写真を見ると、エレ・ニースも似たような芸当を車の上で演じていたようだ。あらためて一人前のアクロバットとして技術——とその体——を披露するのを楽しんでいたのかもしれない。

フライング・ハイ

9. ラルフのハニー

ハニー　君の優しさに神の加護あれ
僕の大好きなハニー
これは明らかな真実
僕のかわい子ちゃん
大好きなハニーへ

ハンキンソン氏の歌
エレ・ニースのスクラップブックのためにタイプされたもの

一九二〇年代のあいだ、大西洋を堅実に横断していたフランス号やパリ号といった定期船は、物を運ぶ効率だけが求められ、デザイン的にはまだ戦前のままの姿であった。そこに登場した最新の船、イル・ド・フランス号はグラマラスな雰囲気に溢れていた。第一次大戦の後に建造されたこの新しい客船は、フレンチデザインの海を行く広告塔にふさわしく装飾され、個室の壁からリネンやテーブルクロスに至るまで、アール・デコ・スタイルの王室のユリの紋章が入っている。ダイニングルームにいたっては、パリの一流レストランと肩を並べるというふれこみだ。一九二七年六月のイル・ド・フランス号の処女航海には、フランスとアメリカのマスコミが大騒ぎで報道していた。その騒ぎようは、三ヶ月後に起きた、ある女優の自動車事故より大きな取り上げぶりだった。モダンダンスの先駆者、イサドラ・ダンカンはニースの海岸通り、プロムナード・デ・ザングレをドライブしていたとき、たなびいていた首のスカーフが車のタイヤに巻きつき、死亡した。事故当時、一緒に車に乗っていたハンサムな青年を、彼女はブガッティと呼んでいた。[註1]

イル・ド・フランス号で乗り合わせた客が、エレーヌを慢心させたのかもしれない。彼女の旅の仲間には次のような人たちがいた。今のところまだグロリア・スワンソンと結婚しているフランスの伯爵、ボクシング・ヘビー級チャンピオンのハンサムなジョルジュ・カルパンティエ、女優が二人にブロードウェイのプロデューサー、まったく不愉快なハリー・K・ソウ、彼はシヨーガールである妻にできた恋人を撃ったのに有罪判決をちゃっかり免れて有名になったピッツバーグの富豪であった。おそらく彼らが、ニューヨークでの滞在先といったら、セントラルパークに建つサヴォイ・プラザをおいて他にはないと彼女に吹き込んだのだろう。七月二九日にニューヨークに到着すると、エレーヌは市内で一番高いホテルに直行してスイートルームをとり、電報をいくつか送った。彼女の滞在先を知ったパリのアンリ・ラルティーグは、あまりの驚きに気を失うところだった。パラマウントホテルなら十分にいい部屋が一泊四ドルと聞いていないのか？　頭がおかしくなっているのか？　誰がそれを払うと思っているんだ？　しばらくして落ち着きを取り戻したラルティーグは、彼女がアメリカで非常に良い印象を与えているらしいことを認めた。すでに、ホット・ニュース・エージェンシーから、ハンキンソンとそのパートナー、フランク・ワース、そして広報担当ハリー・リギンスの全員が彼女に大変満足しているし、わくわくしていますと聞いていたのだ。[1]

ホット・ニュース・エージェンシーが新しいクライアントを気に入っていたことに疑いはない。広報部長ハリー・リギンスはだぶだぶのチェックのニッカーボッカーに大きすぎるスポーツキャップ姿の陽気なやせた男で、彼はエレーヌがとにかく魅力的だと買っており、同僚であるフランク・ワースは自分こそが「サイコーに熱烈なファン」だといった。スポーツ界でもっともタフなプロモーターの一人であるハンキンソンですら、もしすべて上手くいったら、秋のうちにあの有名なスピードトライアルのあるビーチのデイトナホテルで、私の妻や子供たちと過ごそうなどと強く誘うほど、彼女のことを気に入っていた。[2]

そんな誘いが気持ちを和ませてくれたのは、午後の無情な商談の最後のことだった。ホット・ニュース・エージェンシーは、サヴォイ・プラザの宿泊費はエレーヌの自己負担だと言ってきたのだった。さらに彼女の食事代、電話代に電報代、買い物代も負担しないと告げた。契約はニュージャージー州ハリントンでの非公開の走行練習から実効となる。最初の一週間でダート・トラックと、木製のバンク付きコースの運転に慣れて欲しい。第一回の出演は八月一日のウッドブリッジに決定、出演一回ごとの報酬は合意した通り二〇〇ドルで、これは控除前の金額となる。たいした金額に聞こえないかもしれないが、ラルフ・ハンキンソン自身も宣伝と、約束した通りの一流の車を用意するためにかなりの金額を使っていることを忘れないでくれ。〝シルバーフォックス〟ラルフ・デパルマがミラー91を貸すのにいくら請求してきたか想像がつくかい？　それはかなりの金額だったのだが、ハンキンソンは彼女のために出し惜しみをするつもりはなかった。彼はエレーヌが一流の車を運転することで得るスリルを分かっていたし、一流の車こそがハンキンソンが彼女に運転してもらおうと思っていたものだった。

実際にミラーに乗ることができるのは、その日のメインレースに出る他のドライバーがそれを借りている状況で、さらにその費用を折半することに納得した場合でのみとなる予定だったが、ハンキンソンはそれを彼女に焦って説明する必要はなかった。一方エレーヌは、たいしたことのない報酬金額にがっかりはしたものの、世界有数の高速コースを走るというチャレンジとスリルのために、金儲けについてはひとまず忘れる心持ちができていた。ダート・トラックに関して彼女が知っていたのは、パリのビュファロー自転車競技場くらいで、これから生死に関わるような経験と対面することになるとは微塵も思っていなかった。プロモーターも、あえて性急にそれを教えようとはしなかった。

ラルフ・ハンキンソンがエレーヌとアメリカツアーの契約をかわしたのは、大恐慌のまっただ中のころであった。一三〇〇万人以上がすでに職を失い、さらに何百万人もが住宅ローンの支払いに滞り、家を失うという状況に落ち入っていた。不景気のときにいい収入源となるのは重々しくない娯楽である。一九三〇年、映画館は大入り満員だった。これからの新シーズンから、より危険なことで有名なウッドブリッジのバンクコースの社長となるハンキンソンは、チケットを購入する人々にさらに財布を開かせようと、使えるものはすべて使うつもりでいた。五月に行われる彼にとってのオープニングイベントには、ラルフ・デパルマとバーニー・オールドフィールドに出演を依頼していた。高額な投資ではあったが、一九一四年のデパルマの劇的な勝利を知るものにとっては、熱くならないわけがない対決だ。デパルマはヴァンダービルト杯でカリフォルニア州サンタモニカの曲がりくねった道路を走り抜け、最高のドライバーである

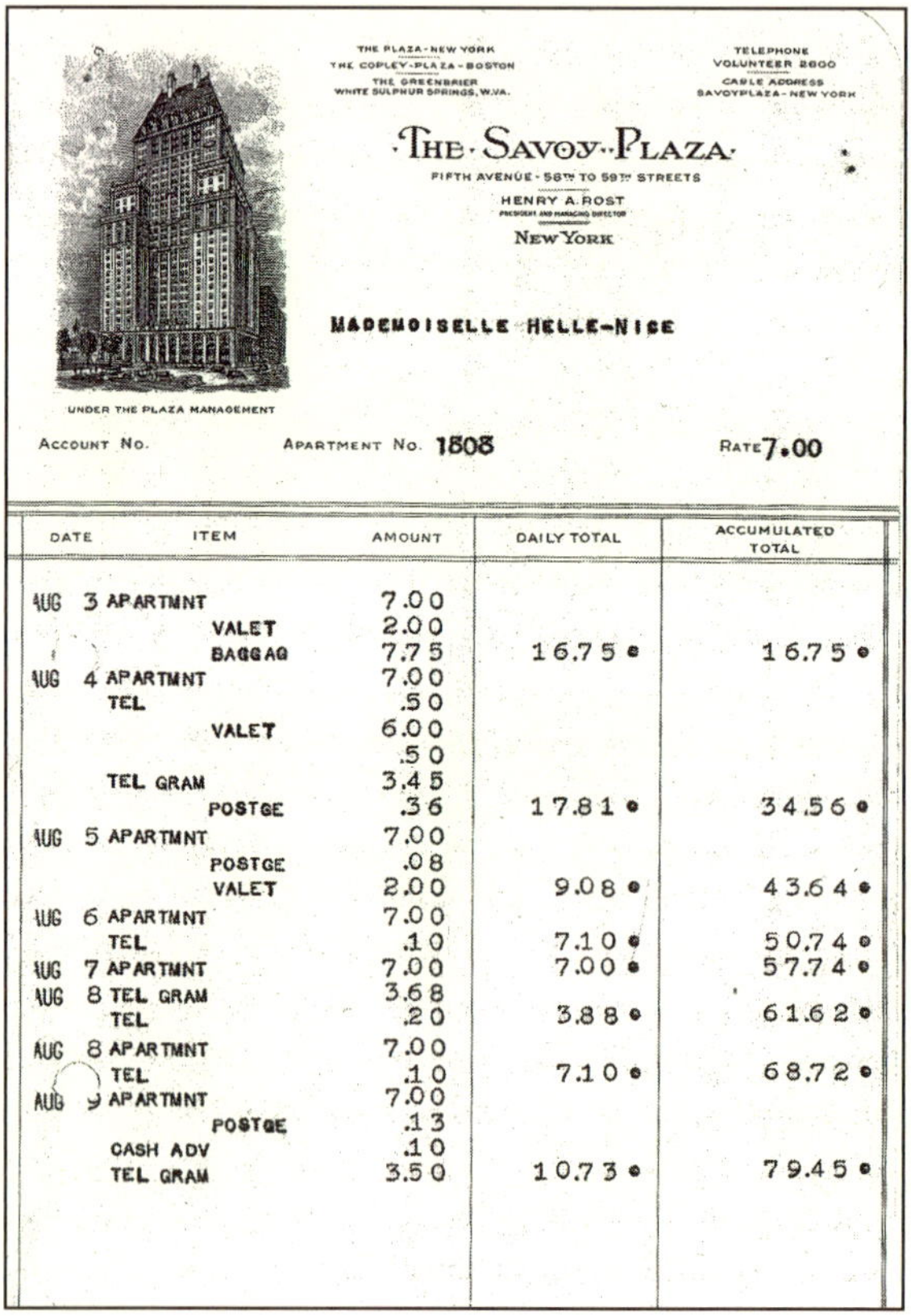

THE PLAZA - NEW YORK
THE COPLEY-PLAZA - BOSTON
THE GREENBRIER
WHITE SULPHUR SPRINGS, W.VA.

TELEPHONE
VOLUNTEER 2600
CABLE ADDRESS
SAVOYPLAZA - NEW YORK

THE SAVOY-PLAZA
FIFTH AVENUE - 58TH TO 59TH STREETS
HENRY A. ROST
PRESIDENT AND MANAGING DIRECTOR
NEW YORK

MADEMOISELLE HELLE-NICE

UNDER THE PLAZA MANAGEMENT

ACCOUNT NO. APARTMENT NO. 1508 RATE 7.00

DATE	ITEM	AMOUNT	DAILY TOTAL	ACCUMULATED TOTAL
AUG 3	APARTMNT	7.00		
	VALET	2.00		
	BAGGAG	7.75	16.75	16.75
AUG 4	APARTMNT	7.00		
	TEL	.50		
	VALET	6.00		
		.50		
	TEL GRAM	3.45		
	POSTGE	.36	17.81	34.56
AUG 5	APARTMNT	7.00		
	POSTGE	.08		
	VALET	2.00	9.08	43.64
AUG 6	APARTMNT	7.00		
	TEL	.10	7.10	50.74
AUG 7	APARTMNT	7.00	7.00	57.74
AUG 8	TEL GRAM	3.68		
	TEL	.20	3.88	61.62
AUG 8	APARTMNT	7.00		
	TEL	.10	7.10	68.72
AUG 9	APARTMNT	7.00		
	POSTGE	.13		
	CASH ADV	.10		
	TEL GRAM	3.50	10.73	79.45

ニューヨーク、サヴォイ・プラザからのエレーヌへの請求書。

オールドフィールドを負かして優勝したのだ。オールドフィールドが一六年の時を経てリベンジとなるか？　ついに〝シルバーフォックス〟が破れる時が来るのか？　ハンキンソンはこのような興行が得意だった。

　ハンキンソンは同じような戦略を頭に描き、彼の新しいクライアントを世界一の女性ドライバーと宣言することに決めた。アメリカではダート・トラックにしても木製コースにしても女性のチャンピオンシップレースへの参加は禁じられていた。そこに、ミュージックホールのスター、アクロバットという人目を引く経歴のエレーヌが、ルール破りの前例を作るとなれば、そこら中でニュースの一面を飾るだろう（実際には、彼女は当日のレースのベストタイムとタイかそれを破ることを狙ったエキシビションドライバーとして、合法的に出演するのだが）。もしハンキンソンの思うようになれば、彼女は名の知れた車に乗るだけでなく、ヘルメットなしでブロンドの巻き毛をなびかせながら運転するのだ。そんなこと誰もしたことがない。より多くの観客を動員したい気持ちが、安全についての配慮に勝っていた。

　彼が、アメリカのダート・トラックで女性ドライバーが運転したことはないと話したとき、どうやらエレーヌはそれを信じたらしい。確かに規則は女性がレースに出て競走することを許可していなかったが、彼女が「初の」というわけではなかった。ジョアン・ラコスタについての記録はほとんど残っていないが、プロモーターによれば、彼女もまた『世界が未だかつて見たことのない偉大なる女性ドライバー』というふれこみだった。一九二〇年代のことで、彼女はダート・トラックを一マイル四五・五秒で走った。また、同じ時期にフロリダで、その当時直線コースと呼ばれたところで時速一四五マイル（時速約二三二キロ）という驚くべきスピードを残している。[3] それ以前にも、一九一六年の夏、エルフリーダ・マイスが一マイル五三秒という女性記録保持者としてカンザス州ウィチタでエキシビションドライバーを務めていた（恐れ知らずのエルフリーダは、一九三四年に燃えさかる壁を突き抜けるというスタントの際に命を落とした）。

以上のような事実があっても、エレーヌに与えられたチャレンジが簡単なものだというわけではない。ラコスタとマイスは特に難しいコースでは運転していなかったようだが、これに対しエレーヌは、国内でも悪名高いコースのいくつかをまわることになっていた。フィラデルフィアの北にあるラングホーンでは、一九七〇年代初めに閉鎖されるまでに二〇人が命を落としている。また、今ではハンキンソンの傘下にある木製バンクのウッドブリッジは、もう一つの〝ブラックホール〟で、その歴史は死人なくしては語れなかった。モータースポーツは、これ以上大げさにいうことができないくらい危険なのだ。当時のダート・トラックでのレースをある歴史家は『危険なスポーツのもっとも危険な形態』と評した。[4] また、より多くの場所で使われていた木製コース——予想通り、名優ダグラス・フェアバンクスは熱狂的ファンだった[註2]——も、同じくらい危険なものだった。もろいボードには車輪がしばしば引っかかり、木の切れ端が飛び散ったりもした。オーバーヒートした車からコースの一部分に引火したこともある。死人が出ることもたびたびだったが、二万五〇〇〇ドルにも上る賞金のおかげで、危険を冒すことをいとわない出場者に事欠くことはないのだった。

エキシビションドライバーとして給料をもらう立場のエレーヌにとっては、そんな賞金は夢のまた夢だった。彼女にとっての報酬は、スリルを味わうことを別とすると絶大なパブリシティにあった。注目の的になるのが大好きな彼女のこと、ウッドブリッジでのセンセーショナルな初出演について事前の報道に舞い上がったに違いない。そして、付き添いのオートバイが彼女をコースへと先導し、正装した四〇人からなる鼓笛隊が彼女を迎えると聞き、有頂天になったことだろう。しばらくのあいだ、新聞をめくれば彼女の顔が出てくるといった状態だった。こちらでバレエダンサーとして写っているかと思えば、そちらでは記録破りのチャンピオンとしてレーシングカーから笑顔をのぞかせていた。特集ページの記者たちは彼女の過去の業績について、競い合うように褒めちぎっていた。

不況の今は職を確保することがすべてだという読者に向けて、成功していたステージでのキャリア――ヌードでのダンスには触れなかった――を、危険で先の読めないレーサーとしての人生のために投げ捨てた、と彼女の勇気を新聞は強調した。しかし、それはずっと彼女の夢だったのだ。踊っているときですら、この優美なる娘は車で地上速度の記録を打ち破る瞬間を夢見ていたのだ、と。その後、彼女のために作られた「特製」ブガッティの運転席に座り、彼女は「驚くべき手柄」をたてたのだ。ここでは、すべてのレーシングカーはそれぞれのドライバーに合うように、なんらかの形で改造が必要だという事実は、メーカーが彼女だけに敬意を払ったかのようになっていた。そして、彼女が現在直面しているような状況で運転したことがない、ということがよりいっそう強調されていた。『航空界にはエリノア・スミスやアメリア・エアハーツがいた』情熱的な記事の一つは、そんな文章で始まっていた。

『モーターボートには、先日時速約九〇マイルを記録した、命知らずのすばらしいイギリス人女性ベティ・カーステアズ。しかし、真の大胆さ、無鉄砲という言葉はエレ・ニース嬢のためにある。この若く美しいフランス人女性は、ヨーロッパやアメリカのモーターレース場での成功を夢見て、ステージでのキャリアを投げうった。そして、勇猛果敢な姉妹たちを影に追いやろうとしている。モーターボートを猛スピードで飛ばすのも、飛行機を操縦するのも、エレ・ニースがヨーロッパのレースコースで成し遂げた業績の前では色あせて見える。[5]』

鋭い読者は、こういった記事の多くに不思議と似通ったところがあるのに気づいたに違いない。後年エレーヌも、ニースの屋根裏部屋で当時から保管していたその記事を見ては笑ったことだろう。ホット・ニュース・エージェンシーの広報部長ハリー・リギンスは、走り書きした草稿を彼女に渡していたのだった。それは次のように始まっていた。『航空界にはエリノア・スミスやアメリア・エアハーツがいた……』

ハンキンソンとリギンスは新聞社に情報をばらまいた。その一方でエレーヌは、足を踏み入れようとしている世界の危険というものを容赦なく思い知らされていた。〝ワイルド〟ビル・アルバートソンという、ダート・トラックやスピードウェイでもっとも経験を積んでいるドライバーの一人が、ハンキンソンが彼女ために選んだ「先生」だった。彼はハリントンのコースで彼女を指導し、翌週ウッドブリッジで彼女が走るところを見守った。そして、八月一六日。アルバートソンは、彼の写真に「レース友達、エレ・ニースへ」という愛情のこもったメッセージを書いてくれた。それからほんの一時間後、彼はミドルタウンのコースを走行中に命を失

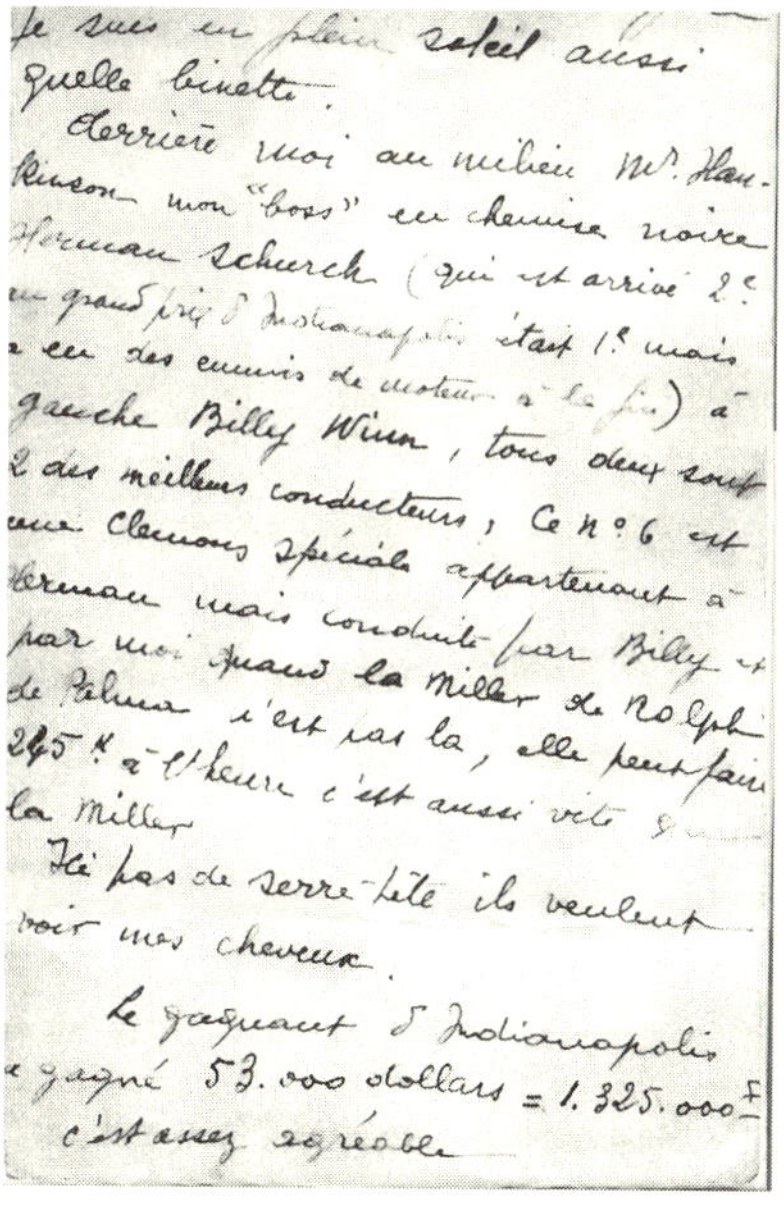

Je suis en plein soleil aussi
quelle binette.
Derrière moi au milieu Mr. Han-
kinson mon "boss" en chemise noire
Herman Schurch (qui est arrivé 2e
au grand prix d'Indianapolis était 1e mais
a eu des ennuis de moteur à la fin) à
gauche Billy Winn, tous deux sont
2 des meilleurs conducteurs; Ce n°6 est
une Clemons spéciale appartenant à
Herman mais conduit par Billy et
par moi quand la Miller de Rolph
de Palma n'est pas là, elle peut faire
245 k à l'heure c'est aussi vite que
la Miller
Ici pas de serre-tête ils veulent
voir mes cheveux.
Le gagnant d'Indianapolis
a gagné 53.000 dollars = 1.325.000 F
c'est assez agréable

上：左からヘルマン・シャーチ、ラルフ・ハンキンソン、ビリー・ウィン、注文製作の特殊仕様車に乗るエレーヌ。

左：彼女のスクラップブックからの抜粋。添えられた上の写真でシャーチの車に乗った自分がヘルメットをかぶっていないのは、運転しているときに観客が髪を見たがったからと説明している。

つたのだった。多くのレーサー同様エレーヌにも迷信深いところがあった。クルセル、ダルクール、アルバートソン。次は誰だろう。

アルバートソンの写真は、やがてスクラップブックに日付とコメント入りで貼り付けられた。彼女が「アメリカのページ」と呼んだページで、彼は笑って彼女を見上げている。彼女に捧げる言葉が書かれたそれぞれの顔写真の横に、一言、二言のコメントを書き始めていた。それを読むと、彼女がその相手をどう思っていたかが分かる。

フレッド・フレイムは人当たりがよく、いつも蝶ネクタイをつけた粋な男だった。彼は、ウッドブリッジのオーバルコースでは二〇勝をあげていた。ジョージア州アトランタのビリー・ウィンは、怖いもの知らずのとても気の短いドライバーで、コースの外では女遊び、酒、ドラッグに明け暮れていた。ビリーは知っているドライバーのなかで一番勇敢に見えた。九月にブロックトンのコースで見た彼の走りを憶えていた。ビリーは、泥のかたまりがあられのように飛ぶなかをフレイムから勝ちを奪おうと必死で、タイヤが一本欠けた状態でまるまる二周を走っていた。死んでもおかしくないような状況だった。目の前の賞金に目がくらみ、彼のピットクルーがそのまま走らせたのだ。エレーヌは、クルーが合図を送る姿を目撃していた。

そのブロックトンのレースを勝ったのは、フレイムではなく、ビリー・ウィンの親友ヘルマン・シャーチだった。カリフォルニア出身の若くハンサムなシャーチは、すでに六月にウッドブリッジでフレイムを負かしており、この危険なスポーツのチャンピオンに現在もっとも近い位置にいた。ビリーより裕福だったシャーチは、驚くほどスピードの出るフージアー・ピート[註3]という車を持っていて、ビリーもしばしばこの車を走らせた。そして、デパルマのミラーが使えないときはいつでもフージアー・ピートを使ってよいとエレーヌに言ってくれたのだった。記憶では、この車はミラーと同じくらいに速かった。木製バンクでなら、すべりやすくとも、時速二四五キロを出すこともたやすかった。だが土のオーバルコースではそれは不可能だった。コースはステート・フェアとよばれる州の農産物品評会で馬を見せて歩くのに使われ、でこぼこになっていたからである。

彼女の新たな友人たちは二人とも、レース中に若くして命を落とした。ビリーはアルコールとの長い闘いに打ち勝ったにもかかわらず、一九三八年にスプリングフィールドで死んだ。ヘルマンはそれより早く一九三一年の一月、カリフォルニアのレジオン・アスコットで事故にあったのだった。レジオン・アスコットは前の年に彼が初めて大きな勝利をあげた場所だった。彼は結婚したばかりで、たった一九日しかたっていなかった。エレーヌは写真を見下ろして、ぼんやりと指でなでつける。ビリーといると楽しかった。しかし、ヘルマンとの関係はもっと激しいものだった。毎週イベントとイベントのあいだを電報が飛び交った。車に乗って横に身を乗り出し、レースに備えているヘルマンにほほえみかけるエレーヌの写真は、彼らの関係を物語っている。ヘルマンの表情はあけっぴろげで、優しく、少年のようだった。そして、悲しいほど若く見えた。

八月一〇日、日曜日のウッドブリッジが彼女の初出演となる日だった。彼女がスタイルにこだわるのを知っていたビリーが、彼女をコースまで送っていく車を、「俺の弟子」である運転手込みでサヴォイ・プラザへやらせると約束した。おかげでホテルの一階で働いていたスタッフは、エレーヌが闘いのために装ったところを見ることができた。サヴォイ・プラザの階段をすまして降りながら、朝の太陽から矢車草のような青い瞳を守るためにベレー帽を深くかぶる。そして、からし色のセダンのドライバーにあいさつした。

ウッドブリッジまでは三時間半のドライブだったが、終わりのほうは、車や二輪馬車、昔風の馬車などの流れにはまってしまい、動きがとれないほどの渋滞に掛かってしまった。遅れて到着したときには、最初のレースは終わっていた。きつい勾配の楕円形のコース全体を見渡せる一万人収容の観覧席はすでにいっぱいになっていた。スタンドの一つの上のほうには、彼女の顔の巨大な写真がはためいている。車に乗った彼女の自信に満ちた笑顔の下には『チャンピオン級のパフォーマンスにはエッソを』というコピーがあった。

ハンキンソンは、この日をエレーヌの日とすると決めていた。プログラムにも、旗にも、入場券とともに渡される無料のチラシにも彼女の顔があった。そして約束していた通り、当日の最後にハイスピードでのダッシュを演じるミラー（この日はデパルマの車ではなかった）の周囲を固めるバイクの行進とともに彼女が登場した。[6]

バンドが演奏を始め、大砲が撃たれた。白い衣装にジーン・ハーロウのようなブロンドの主役は、快い輝きを放っていた。観客に向かって手を振り、投げキスを送る。そして、これから運転する車の美しさを賞賛して喜ぶさまをジェスチャーで表し、ステージで養ったテクニックを披露した。ハリー・ミラーのデザインによるエレガントなレーシングカーは、アメリカ版ブガッティであり、魅惑的で力強く、好成績を残していた――ミラーは一九一五年から一九三〇年にかけて、板張りコースのレースでほとんど優勝を飾っていた――。観客たちは彼女の趣味のよさにまさに拍手を送ろうとしていた。

この最初のエキシビション以上に、エレーヌがアメリカで試されたことはなかった。契約を結び、すでに彼女の贅沢ぶりに強く反対している男がしっかりと見ているのだから。ウッドブリッジの歴史は知っていた。女性がこのバンクを走ったことはないのだ。どの新聞を読んでも、ここのコースは危険だと言っていた。ここで六月一日に行われたレースで勝利したヘルマン・シャーチも、ハンキンソンの指揮下で彼がここで初めて走ったレースについて、彼女に話したに違いなかった。前輪が弛んできて、コース上で三回スピンして土ぼこりのなかに突っ込んだあと、なんとか車をまっすぐに起こしたのだった。一年前には才能ある若いドライバーが上部のガードレールを突き破り、三五フィート（約一〇・五メートル）を垂直に落下した。アンリ・ド・クルセルのように、彼は病院に搬送される途中に息を引き取った。

ハンキンソンの頭にあったのは、もっと最近の悲しい出来事だった。エレーヌの初出演のほんの二週間前に、ボブ・ロビンソンというウッドブリッジでも人気のドライバーが、コントロールを失った車を避けようとしてガードレールを突き破り、死亡していたのだ。そのため、この日もどこか暗い雰囲気が漂っていた。悲しい出来事は商売にいい影響を与えない。エレーヌがエキシビションのスピード走行に出る直前、ハンキンソンはエレーヌの肩に親しげに手をおいて状況を説明した。敬意を示すようなジェスチャーをしてくれ、頼むよ、と彼は迫った。なにか、観客を喜ばせるようなジェスチャーを。そういうことなら前にもしたことがあったし、何をしたらいいかは分かっていた。

いよいよ、スタートの合図を送るピストルがパン！　と響きわたった。

悪名高いウッドブリッジの高速バンクを走るドライバーたち。

1930年のエッソの広告キャンペーンに出たエレーヌ。

滑りやすい断崖のような、非常にスピードの乗る板の上を運転するとき、考えている時間などない。車を上向きに保ち、まっすぐにしてからふんばる。一度ペースが合えば目を閉じてでもスピードウェイを走ることができると、デパルマが陽気に言い放ったことを思い出していた。言うは易し。車輪が彼女の意志に反して横滑りするのを感じた。バンクを見つめる人々の顔が白いリボンのように通り過ぎていくなか、ガードレールに目を走らせてロビンソンの車が突っ込んだところを見つけた。首に巻いたスカーフを抜き取り、バラバラになっているガードレールにどうにか引っかかるように投げる。観衆が一挙に沸き返った。一〇周目の最終ラップでは、同じ地点で白いベレー帽をとってさっと投げた。ベレー帽はガードレールをすれすれに飛び越して暗闇に消えていった。それはこの上ない敬意の表し方だった。彼女のタイムは朝のレースのベストタイムにはとてもおよばなかった。しかし、このような温情溢れたパフォーマンスの後ではそんなことはまったく問題にならなかった。観客は彼女と恋に落ちた。新聞は「高速バンクの女王」と彼女に喝采を送った。[7]

ウッドブリッジでの毎週のエキシビション走行は成功したといえる。彼女は、ときにはデパルマのミラーや不運なボブ・ロビンソンのミラー、また時にはヘルマン・シャーチのフージアー・ピート、そして彼女の先生だったアルバートソンがミドルタウンで運転中に亡くなったあとは、時折彼のデューセンバーグに乗って出演した。男性ドライバーの記録を破るという彼女の公言は実現しなかった。それでも、女のレーサー、ましてや映画スターのようなきらめく笑顔でポーズを取る、華奢でかわいらしいフランス娘がレーシングカーを運転する姿など見たこともない観客を満足させる程度のスピードは出ていた。ハンキンソンが約束していたちょっと変わった呼び物に、ミス・ヘレン（彼女もそう呼ばれるのに慣れてきた）はぴったりだった。他のドライバーたちも彼女に魅せられていた。彼女も、同僚として、仲間の一人として扱ってもらえてうれしいとお返しに記者たちに語った。しかし、ヘルマンからの電報には「愛を込めて」という言葉や、一週間離れているたびに彼女がいなくて「ものすごく」淋しいなどという告白があちらこちらにあり、彼女は単なる同僚として扱われていたわけではないようだ。

ホット・ニュース・エージェンシーの男たちが彼女を大変にかわいがっていたということ、そして、少なくとも一人の愛情深く、優しい男性と心のよりどころとなるような安定した交際をしていたということには安堵する。ダート・トラックからダート・トラックへと移動し、人間キャノンボールや曲芸師、重量挙げ、その名もズバリの「化け物たち《フリークス》」といったステート・フェアによくある他の出し物と客を取りあう生活は、今まで経験してきたなによりも厳しく、淋しいものだった。

「孤独」はこの仕事のよいところでもあった。インタビューでは、彼女は「孤独」が好きなのだと強調し続けた。そして、それはスキーや登山が好きなことと同じだと言うのだった。「にぎやかな町中で、混み合った通りに一人でいるのが好きなの」と彼女はあるインタビュアーに話し、映画館に行くくらいなら人混みを見ていたほうがいい[8]と付け加えた。[註4]彼女は強く自信たっぷりのようだったが、彼女の心を心配している仲間もいた。ニュージャージー出身の快活な女性、テディ・コールドウェルはヘルマン・シャーチとビリー・ウィンの二人とも仲がよく、この四人組でよくつるんでいた。コールドウェルの目に映るエレーヌは、感情の起伏の激しい、麻薬に溺れるようにレースに取り憑かれた女、男女問わず気を引き、注目の的となることができるということに喜びをおぼえる女だった。今のうちはいいけれど、とコールドウェルは思った。運転する体力がまだピークのうちにあり、どのコースでも呼び物として扱ってくれるほどの美しさがあるうちはいいが、容姿が衰えてきたら、体力が落ちてきたらどうなるのだろう。[9]

エレーヌの心の闇を暗示する新聞の切り抜きが日記に貼付けられていた。墓碑に彫りこまれた詩を切り取ったそれは、今これほどのプライドを持って主張している独立心の代償をいつか払うときがくるかもしれないと、彼女が痛いほど自覚していたことを示している。

彼が死んだとき、笑うものはいなかった。泣くものもいなかった。
彼がどこへ行き、これからどうなるのか
知るものはいない、気にするものもいない。

契約最終日となる九月二六日、ブルームスバーグで最終エキシビションが行われた。ステート・フェアではよくあるように、レースは大衆演劇などの出し物の合間に行われる。エレーヌが観衆に敬礼しに登場すると、デパルマのミラーに乗ってコースに出る前に、すでに観客は立ち上がって拍手を送っている。ラルフ・ハンキンソンは、エレーヌの八週間にわたるパフォーマンスに大喜びで、さっそく契約更新を申し出てきた。彼女はサイン済みの新しい契約書を手に宿泊先のホテルに戻ると、父方の叔父であるアンリに電報を送り、カナダのカルガリーに住むアンリ夫妻のところへ休暇を過ごしにいってもよいか尋ねている。ブルームスバーグと距離のあるカルガリーへ行こうとしたのは、彼女が人目を避けたかった、例えば妊娠していて、しばらく雲隠れしたかったとも考えられなくはないが、それよりは、慣れ親しんだ人々と時間をともにして、ロッキーの山に登ったり、思う存分母国語を話したりしたかったというほうが可能性としては高いだろう。彼女はその高いプライドが認める以上に淋しかったのかもしれない。

ハンキンソンの戦略は、アトラクションであるエレーヌがいつも何かしているように見せることだった。常時マスコミに確実に顔が出るようにして、新しい客をつかむようにしていた。ひとつには彼女がスピード記録を破る、もしくはタイ記録を出すとの公言を果たしていないからだった。タイムはよいことはよかったが、特に驚くほどのものではなかった。

おそらくそれが理由で、エレーヌのアメリカツアーの後半は、一〇月一一日のノースカロライナ州ウィンストン・セーレムを皮切りに、もっと南部へ向かうこととなったのだろう。ここにはシャーチもビリー・ウィンも手近にいなかったので、悪名高く油断ならないコースをどう攻略するか助言をもらったり、一緒に時間をつぶしたり、二人がよくやってくれたように車の最終チェックをしてもらうこともできなかった。

死亡事故ではなかったが、この日のメインレースではすでに事故が起きていた。レースに勝ったのは地元マスコミから「ダートの切り裂き魔」との異名をとるボブ・ソールだ。観覧席の八〇〇〇人が彼のタイム(一周一マイルのコース二〇周で一二分一〇秒)に熱い声援を送った。エレーヌが挑戦するのは半マイル三一秒一五という当日のトライアルのベストだった。

不明瞭な写真から分かるのは、彼女がミラーに乗っていることと、女らしいリボン結びの飾りがついた半袖を着て、見た目に一つ手を加えていたということだ。また、彼女が頭部を保護するためにかぶっているのはベレー帽だけだということも分かる。彼女はコースを三周してから、当日の記録に挑戦するためにスピードをあげた。

その事故の本当の原因、またそれがどのような事故だったのかについては、いくつかの説がある。彼女はその日の最後に地元の記者と話して、ハンドルがまっすぐに調整できていなかったと言っている。カーブに近づいて少しスピードを抑えたときに、路面上のでこぼこに当たったのだ。彼女はコースの内側に立つ観客を避けるために車を反対に向け、ガードレールにぶつかった。車はひっくり返り、外側の急斜面の上に危険な状態で乗っかっていた。

ラルフ・ハンキンソンが、彼のクライアントの驚くべきプロ意識を見たのはこのときだった。車の下から這いずり出て、エレーヌは立ち上がってほこりをはたいた。そして、ベレー帽を振りながら笑顔でコースを観覧席のほうへ走り出したのである。「それでね」彼女はインタビュアーに言った。「ここはひとつ歌でも歌っちゃおうかなと思ってね。歌ったわけよ!」[10] 地元の新聞は、これがその日一番のスリルだったと断言した。

ロバート・E・リー・ホテルに戻ったエレーヌは、風呂を浴びて飲み物を注文し、その日の英語の勉強に目を通す——勉強しているのは、あの油断のならない動詞「ｔｏ ｇｅｔ」だった。そしてドレスに着替え、次のコースについての情報を集めるために、他のドライバーたちを探しに出て行った。

三〇年の時を経てアメリカツアーを振り返ってみれば、それは移動サーカスの生活のようだった。熱くなったオイルのにおいを、埃にまみれたコースに走り出す瞬間を待つあいだの不安な気持ちを、彼女は憶えていた。いつでも命を失う可能性があるところで、今回も生き残れるだろうかと思う不安な気持ちを。そして、そんなコース上で味わった死の恐怖や、ゴールラインにたどり着いたときの安堵感と見合うものなどあり得ないと彼女は言っていた。[11]

アメリカでもっとも危険なダート・トラックであるペンシルヴェニア州ラヌホーンで彼女がどうしたかを示す記録は残っていない。彼女がとっていた切抜きには、彼女が観衆を沸かせた（だが、場所はどこだろう？）とあり、赤毛のジミー・パターソンのミラー・スペシャルでのタイムの記録が一緒に残されている。〝レッド〟パターソンは、恋愛面でヘルマン・シャーチに取って代わっていた。ノースカロライナ州キンストンで一〇月二四日に撮られた何枚かの写真には、二人が腕を組み、お互いに満足している様子で写っている。この荒くれたマッチョな世界で、エレ・ニースはマスコットも同然になっていた。そして彼女がツアーを終えたときには、彼女が車を借りたラルフ・デパルマ以外のドライバーたちのサインが入った銀のカップをプレゼントされたのである。そのなかの何人と彼女が関係を持ったのかは、神のみぞ知るところだ。

その後何があったのか？　エレ・ニースの経歴ではよくあることだが、このアメリカツアーの場合、一一月一一日サウスカロライナ州スパータンバーグでの出演を最後に、その足跡は突然消えてしまった。翌年に受けたインタビューで彼女は四ヶ月をアメリカで過ごし、訪れた二〇の州で温かい歓迎を受けたと語っている。一九六一年には、セント・ルイス、サンタ・フェ、ヒューストンで走ったことがあると明るく話していた。しかし、これらの出演については何の記録も残っていない。おそらく彼女が話を誇張していたと思われる。一九三一年には、暑い気候が好きで、滞在の最後の数週間をフロリダで過ごしたと手短かに話していた。その前には、さらなる冒険が待っているようなことを匂わせていた。『一一月半ばにパリに戻ってくることになると思うわ』と一九三一年二月、フランスへ帰国した直後にインタビュアー、モーリス・ベルソンに話している。『見てきたこと全部。それに、これから何をするのか教えてあげるわ』そう言ってから、わざとじらすように、この辺で話すのをやめなければならない、と付け足した。『大事な秘密だから』[12]

もし、本当に秘密があったのだとしても、デイトナビーチでのハンキンソンの妻や子供たちとの楽しく長い休暇の後、一二月の初めに彼女がフランスに戻ってきたときには、ニュースバリューがなくなっていたのだろう。彼女は映画スターになったわけでもなかったし、大富豪と結婚したわけでもなかった。しかしその一方で、アメリカの板張りコースとダート・トラックで走ったことのある唯一のフランス人女性ということがプロフィールに加えられ、彼女のモンレリーでの記録に挑戦した者もいまだ現れてはいなかった。この先に待っているのは、男たちが優位を占める世界でのグランプリ・レーサーとしての渡り鳥のような厳しい生活だった。

註1　イサドラ・ダンカンの車に同乗していたブノワ・フェルチェットは、その後レーサーとして成功し、エレーヌの友人となる。ダンカンが死亡した時に乗っていたのはアミルカーだった。彼女がフェルチェットを「ブガッティ」と名付けたことからも、どれほどエットーレの車が自動車レースの代名詞となっていたかがわかる。

註2　フェアバンクスは一九一九年から一九二四年に人気のあったビバリーヒルズ・スピードウェイで運転していた。このスピードウェイは非常によく手入れされていて、死亡事故はない。映画『栄冠は吾れに』（一九二五年）や『必勝の心意気』（一九二四年）といった印象に残らない映画の撮影に使われた。板張りのオーバルコースは、車の運転が好きなメアリー・ピックフォード、ジーン・ハーロウ、マーク・セネットやジャッキー・クーガンに人気があった。

註3　クレモンズ・スペシャルとしても知られている。クレモンズのエンジンをリングリングのシャシーに積んだ改造車だった。

註4　映画館に関してのコメントは、プライドを傷つけられたあてつけかもしれない。彼女がウィリアム・モリスと連絡を取ったところ、すげなくあしらわれた可能性もある。

10. 女と男と自動車と

不自然な性的振る舞いというものは存在しない。

フロイト

サーキットでのキャリアがとうの昔のこととなっていた一九七七年、エレーヌ・ドラングルは友人に自慢げに語っている。「フォーミュラ1のグランプリに出場した女は私だけなのよ」[1] しかし、これは少し訂正しなければならない。第二次世界大戦後まで「フォーミュラ1」という用語は存在しなかった。一方「グランプリ」という言葉は、一九三〇年代には国際的なステータスのないサーキットや、公道でのレースにも制約なく使われていた。彼女が出場したと胸を張って言う七六のグランプリのうち、ニーム、ディエップ、ビエッラといった一部のレースがグランプリと呼ばれたのは、それなりの賞金が懸けられたレースという意味であった。しかしだからといって、エレーヌがトップクラスの男性ドライバーとともに、ハンディキャップなしでヨーロッパの難しいコースを走っていたという事実、そして彼女が精いっぱい運転していたという事実が無効になることはない。

実際、一九三〇年代にレースに参戦した女性はほんの一握りだ。そして、ラリーや記録への挑戦のなかで、さらに一歩先に存在する男たちの領域に足を踏み入れる根性とスタミナを持つものはほとんどいなかった。フランス人女性ドライバーたちのほとんどは、イギリス人に倣って、急勾配の丘がコースとなっているヒルクライムで運転技術を試すことや、耐久ラリー、スピードトライアルに参加する程度だった。そんななかでいくつかのグランプリで男たちと果敢に競い合ったのは、気性の激しい赤毛のアンヌ・イティエだ。そのイティエですら、夢を聞かれてイギリスとフランスの女性ドライバー三人ずつでレースをしてみたいと言っただけだった。それに対して同じ質問を受けたエレーヌは、自分の性別など無視して、自分の実力を試したい相手として偉大なるタツィオ・ヌヴォラーリ、ルイ・シロン、フィリップ・エタンセランといったレーサーの名を挙げたのだった。その点については彼女の夢は叶えられている。彼女が、エリザベート・ユネックと並んで、第一次大戦と第二次大戦のあいだでベストの女性ドライバーだという、ドイツ人権威エルヴィン・トラガッチの意見に異議を唱える当時の人はほとんどいないだろう。そして、ユネックは一九二八年にニュルブルクリングで夫が死亡するのを目撃したあと、すでに引退していた。[2]

女らしくてかわいい洋服や飾り物に浪費し、その魅力で男たち、例えばインタビュアーたちをばっちりと手なずける。その手管でエレーヌは女性向けの記事に定期的にとりあげられるようになっていた。彼女は同性からは憧れられる一方、彼女が仲間というのは自分がライバルとみなした異性だった。

一九三一年にパリを訪れた人々は、この国は著しくうまくいっていると思ったかもしれない。ヴァンセンヌで開催された、少々ばかばかしくなるほど桁外れに大規模なパリ植民地博覧会は、インドシナを象徴するアンコールワットの寺院のほぼ実物大のレプリカや、北アフリカを表すナツメヤシの植えられた庭園などで、フランスの帝国としての国力を見せつけた。たしかにこの博覧会の見た目はよかったが、いったんパリや景気のいいリヴィエラ沿岸の外に出てしまうと、繁栄の気配など無いに等しかった。若い男たちの世代がまるごと戦争で失われて、戦後に荒廃してしまったポーやヴィシーのような町は、観光客も来なければ金もなく苦心していた。ちょっと立ち寄ったり、建築物を見に来て次の町へ移動していくような月並みな観光客など、このような町ではなんの役にも立たない。商売繁盛に必要なのは、そこから動かない大勢の客なのだ。その点、動員数は呼び物によって目に見えて変動するものの、グランプリという週末のイベントほど確実に客を呼ぶものはなかった。エレ・ニース——金髪で、勝ち気で勇気があり、観客の心をつかむのがとてもうまいときている——は、グランプリ・シーズン中にその名を定着させようとしている町にとっては、値千金のドライバーだった。

エレーヌが大事にしていた思い出の品のなかでも切ないものの一つに、一束の書類がある。レースへの招待状、提示された報酬額と支払わなければならない経費の記録が、大変注意深く保管されていた。ときには六〇〇〇フランもの「スタートマネー」、すなわちレースに出走さえすれば支払われる報酬が提示されたにもかかわらず、その苦労がつきることはなかったからこそ切ないのだ。「少なすぎる！」二〇〇〇フランという提示額の横に、彼女は怒って書きなぐっている。移動にかかる費用、メンテナンス、ガレージ探し、メカニックへの支払い、ライセンスの取得、あたらしいタイヤ――当時タイヤが無傷でレースを終えることなどまずなかった――のコストをしばしば自分でまかなわなければならなかったのだから、その反応はもっともなものに思われる。

また彼女がイスパノ・スイザという、世界でもっとも贅沢なツーリングカーを維持しなければならなかったという事実も、切迫感をよりいっそうのものにしていたのだろう。しかし、エレーヌは運に恵まれているだけでなく、やりくり上手でもあった。会計簿にブガッティに関する支出の記入が見当たらないのは、モルスハイムがある程度彼女の面倒を見ていたということに違いない。また、マルセル・モンジャンの整備工場と特別な申し合わせをしていて、修理やメンテナンスについては特別料金が適用されている。そして、恋人たちは必ずと言っていいほど裕福なレース界の一員で、彼女を金銭面で援助してくれていた。

そうはいっても、恋人の力でグランプリに出場するエレーヌへの提示額が変えられるなどということはめったにない。彼女が一九三二年、そして一九三四年に再び、当時でいえば相当な金額である五〇〇〇から六〇〇〇フランを、一レースごとに受け取っていたという事実は、同じ年にプロヴァンスのモン・ヴァントゥでの難しいヒルクライムで女子新記録を樹立したことと関係している。一つ大きな勝利を収めるごとに、彼女のスタートマネーは増えていった。逆に、一九三三年初めに盲腸が破裂して手術を受けた後、彼女はレースからも公の場からも五ヶ月間遠ざかった。すると、スタートマネーは急激に落ち込んだのだった。

交渉ごとは難しく、つねに楽しいものではない。メカニックの多くは女性ドライバーのために働くことを嫌がっていたし、レースのために車を最高の状態に維持するための費用はかなりのものだった。いつも自信たっぷりに見える彼女も、ときには落ち込んでいると認めている。アメリカツアーで出会ったテディ・コールドウェルは、彼女が定期的に手紙のやり取りをしていた相手だ。テディは、ビリー・ウィンの最新情報をエレーヌに報告してくれていた。アルコールと闘い続けた彼は一九三四年に断酒し、その後に彼のキャリアのうちでもすばらしい成績のいくつかを手中に収めた。また、ヘルマン・シャーチが一九三四年にカリフォルニアでのタイムトライアル中に、気の毒にも事故死したと知らせてくれたのも彼女である。『みんなとてもショックを受けているわ』それはシャーチが結婚してから三週間足らずのことだった。[3]

一九三三年の秋、テディはエレーヌらしくない意気消沈した手紙をフランスから受け取り、こう返信している。『そうね、エリー（テディは彼女の名を「エリー」と発音した）、興行主の希望どおりの金額で経費をまかなおうとするのは本当に大変だと思うわ。いったんレースの世界に踏み込むと、レースが体の一部となってもうやめたくなくなるのね。来年になれば、もっといい状況になるかもしれないわ[4]』

幸いにも、彼女は正しかった。一九三四年と一九三五年は、エレ・ニースがもっとも成功した年となったのだ。後日彼女はその輝かしい日々について書き記している。『レースで海外に行くといつも大使のような待遇を受けた。私がコースに出るときには、国に敬意を表してフランス国歌を演奏して歓迎してくれた』。そしてテディの観察力には先見性があった。レースのスリルはエレーヌにとってのドラッグだった。それは呼吸することと同じくらいに必要なものだったのだ。どれほど条件がきつかろうと、それこそが彼女の喜びの源であり、生き方だった。今となっては、レースに代わるものなど考えることはなかった。考えられなかったのだ。

エレーヌがアメリカから帰国したあとの時期は、家族からの手紙はほとんど残っていない。しかし、故郷サント・メムのある年老いた住人は、ベルナール夫妻が一九二六年から住んでいた、目抜き通りにある昔ながらの大きな家に、いまではスポーツ界の有名人となった娘がときどきやってきたことを憶えていた。こうしたエレーヌの訪問にもっとも定期的についてきたのは、すでに法律上は夫となっていたかもしれない男だ。裕福で頼りになる気さくなマルセル・モンジャンは、一家にとってよい友人的存在だった。パリにいるときは、電信事務員として単調な毎日を送る姉ソランジュ・ドラングルを夕食に連れ出したり、時には映画を観に行ったりして元気づけた。サント・メムにいるときは、いつでも家の裏にある井戸から水をくみ出す役目を引き受けてくれる。また、銃を抱えて林やランブイエの森の乗馬用の小道をアンリと一緒に散歩したりもした。心優しいアンリは目的を見失ったような若者で、姉エレーヌにとってはいまだに小さな〝ディディ〟だった。[6]

時間が経つにつれ、家族それぞれの個性の違いは際立っていった。アンリはエレーヌに似てたいてい元気で朗らかだった。違っていたのは、彼には彼女の持つ野心や暴発するような怒りはなかったということだ。[註1] まじめで遠慮がちなソランジュは、母親の鬱気味の性質を受け継いでいる。年を取るにつれてより神経質になり、いいことはすべて妹に与えてしまったかのような人生に腹を立てていた。小鳥がついばむほどしか食べず、疥癬の発疹に被われた腕や足をせわしなくかきむしる様子も小鳥のようだった。興味深い写真が残されている。エレーヌが大事にしていたライカで、サント・メムの家の応接間にいる母親と姉を撮ったものだ。亡霊のようなやつれたソランジュが窓辺に立ち、囚人のごとき眼差しで外を見つめている。母親のアレクサンドリーネ・ドラングルは綺麗に写る小さなカメラのレンズとは向き合いたくないかのようだ。その代わりに彼女は手を膝の上で固く握りしめて、部屋のなかを見つめている。二〇年前の美人と、この陰気くさい太った人物を一致させるのは難しい。この頃エレーヌがダイエットに関する記事を集め出したというのももっともな話だ。レーサーにとって万全の健康状態でいることは必須条件である。太りすぎのレーサー——オペラ歌手でもある元気いっぱいのジュゼッペ・カンパーリはそのうちの一人だが——はほとんどいなかった。一九三三年当時、身長は一六二センチ、体重五七キロのエレーヌは、細身の体型を保つために努力を怠らなかった。

それにしてもこの母と姉の写真は、ちょっとした憶測をしたくなるほど奇妙なものである。まず、こんなに成功しているかわいい娘が遊びに来ているというのに、アレクサンドリーネがカメラのほうを見ることを拒否するというのは不思議だ。母親からの手紙が、マリエット——彼女だけがエレーヌをそう呼び続けていた——宛ての簡潔な一通しか残っていないことと関係があるのかもしれない。娘がステージ上で裸を見せびらかしていることをよく思っていなかったのか（十分あり得ることだ）、それとも、エレーヌが話したのでなければ、ソランジュからエレーヌの奔放な性生活について聞いてしまったのか。もしくは、姉が郵便局員で弟がパートタイムの椅子張り職人だというのに、エレーヌがタンスいっぱいの毛皮や、パリの中心近くのフラットを持ち、彼女の友達の輪にはフランスでもっとも裕福な一族のメンバーが含まれてい

ドラングル夫人とソランジュ。1931年サント・メムにて。エレーヌ自身が撮影。

ることを不愉快に思っていたのだろうか。

もし以上の質問に対する答えが肯定的なものだったとしても、ドラングル夫人の妙な冷たさについてはもう一つの解釈を考慮に入れるべきだ。継父というべきジャン・ベルナールがいつ、この未亡人の人生の一部となって家族の一員となったかは明確ではない。しかし、エレーヌの時には三つ股をかけたり、多くの浮気をしたりという、一九三〇年代の男女交際のパターンは、若いころに受けた精神的ダメージの反発だというのがもっとも容易な解釈ではないだろうか。エレーヌは特定の相手に限らずいろいろな男と関係し、深くかかわり合ったり拒絶されたりすることを回避していた。また、少なからぬ性的カリスマ性を利用して、簡単に恋人たちを彼女のほうへ向かせて優位な立場でつきあっていた。欠点がばれるのを心配して一対一のつきあいを避けようとしつつ、完璧な肉体やその能力に執着するというのは、子供時代に性的虐待にあった女性にありがちな行動パターンだという。

これが本当だとすると、エレーヌが持っていた大量の写真や手紙のなかで大人になった彼女と母親をつなぐものが、たった一通の事務的な短い手紙とこの不自然な写真しかないということもたやすく理解できる。悲しいことだが、こういった状況にある妻たちが、加害者ではなく犠牲者である子供を責めることはよくあることだ。もしも性的虐待が実際にあったことで、もしもアレクサンドリーネがそれはジャン・ベルナールをそそのかした自分の末娘のせいだと思っていたら、彼女は娘を許さなかったのだろう。

『家族のなかで、かわいそうなディディだけが私の本当の仲間だった』と後年エレーヌは書いている。『母さんとソランジュはいつもお互いの味方だったし、ソランジュはいつも私のことを妬んでいた』[7]、この発言の裏付けは、以下の事実からも明らかなように思われる。一九二六年にドラングル夫人がサント・メムで一軒目よりもかなり大きな二軒目の家を購入したとき、彼女はソランジュを証人とした。そして、彼女を唯一の相続人としたのだった。フランスの相続に関する法律では、直接の子孫が資産を平等に分配することになっている。車で三〇分のパリに住んでいたエレーヌは手の届かないところにいたわけではないのだ。これは愛情深い母親のすることとは思えない。

実家に帰ることは楽しいものではなかったかもしれないが、一九三一年のナントのフェスティバルでの二枚のすばらしい写真には、三ヶ月前にフランスに戻ってきて元気そうにしているエレーヌが写っている。ナントのミ・カレーム祭りは四旬節の第三週目の聖木曜日に開催される。祭りのハイライトは昔から、イギリスに対するオルレアンでのジャンヌ・ダルクの勝利を祝う仮装行列である。エレーヌは二頭の葦毛の馬が引く二輪戦車にのって、まばゆいばかりの短髪のジャンヌ役を務めた。彼女は腕をまっすぐのばして、中世の兵士に扮装したなごやかな一団のヘルメット越しに、カメラのほうへほほえんでいる。フランスでも指折りの女性レーサーであり、大使でもある自らの役目を満足げに誇りに思いながら、外国の競争相手にまみえてフランスのために闘っている自分自身を、ジャンヌの子孫として投影していたのかもしれない。

一九三一年六月、エレ・ニースはモンレリーでの女子選手権で二つの賞を獲得した。そして翌月、彼女にとってその年最初のグランプリでマルセル・ルゥーと出会った。[註2] 長い直線部分とたった三箇所の急カーブを持つ公道サーキットのランスは、ヨーロッパでも屈指の高速コース

1931 年ナントでジャンヌ・ダルクに扮したエレーヌ。

として人気を集め始めており、彼女も新たなチャレンジを楽しみにしていた。その日の女性ドライバー賞こそアンヌ・イティエに一位を奪われたものの（女性の参加者は彼女たち二人だけだった）、彼女はルイ・シロン、ルネ・ドレフュスにフィリップ・エタンセラン、パリに拠点を置くポーランドの貴族チャイコフスキー伯爵といったドライバーたちと争い、二リッタークラスで四位となった。この日はルゥーが優勝し、地元の新聞社が主催したピットでのシャンパン・パーティのときに、エレーヌは彼にお祝いを言うことができた。彼女の成績についていえば、ルゥーにとってもっと印象深かったのは、おそらくその三週間後のディエップでのレースだろう。土砂降りの雨に他のドライバーたちを巻き込むいくつかの深刻な事故が起きたにもかかわらず、彼女は七位に食い込み、二リッタークラスでは一位となった。[註3]

四五歳のルゥーは、エレーヌの人生のなかでマルセル・モンジャンが果たしていた、頼りになる父親的存在という役割を分担するようになっていた。とても人気があり、尊敬も集めるルゥーは、背の低いがっしりした体格の男だ。彼はひけらかすようなところがなく、新進の若いドライバーたちへの気前の良さ、そしてそのプロ意識の高さで知られていた。フランスのロワール渓谷で生まれ、三歳からアルジェリアに住んでいる彼は、現地では自動車の整備工場というビジネスを築き上げた。その成功した商売で、レーサーとして順調なキャリアをまかなっていた。エレーヌは彼からの手紙をとっておきこそしなかったが、しばしばイベントに一緒に移動していたこともあり、レース界ではそのつきあいはよく知られている。公の場で撮影された彼女たちの写真からは、二人の互いに対する好意が明らかに伝わってくる。普段は無口なルゥーが、まるでカメラのためにかろうじて笑うのを止めたかのように見える一方で、エレーヌにしては珍しく、カメラマンにいい顔を見せるよりも、友達の話すことに興味があるように写っている。

一九三一年の八月に、コマンジュの難しいコースで彼女がブガッティを運転するのを見たとき、ルゥーはプロのレーサーとして感心したに違いない。コマンジュはフランス南部、ポー近くにある周囲を山に囲まれた壮観なコースだ。ここはフランスでもっとも人気の高いサーキットの一つで、渋滞を避けたい観客のために特別に列車が敷かれており、観覧席に座る一万五〇〇〇人のうちの一部は電車でやってくる。この日の主役はアルファ・ロメオの8Cモンツァに乗るフィリップ・エタンセランだった。チャイコフスキーはブガッティ・タイプ51で二位に食い込んだ。アンヌ・イティエは六周目で衝突事故を起こし、エレーヌは九位と健闘。宣伝競争もいつものように、青い魚雷のようなブガッティの後部に腰掛け、足をさっそうと組んでカメラマンたちに笑いかける彼女が楽勝している。三週間後に開催されたミラノ郊外のモンツァ・グランプリでは、彼女が唯一の女性ドライバーだった。このグランプリでは、フィリップ・エタンセランの車がぶつかって三人の観客が亡くなり、一〇人が負傷するという惨事のあとに、当日のメインレースが始まり、負けん気の強いルイジ・ファジョーリが優勝した。彼女はその一週間後にはフランスに戻って、ヨーロッパでも有数の美しい海岸であるラ・ボールの平坦な固い砂浜で、マルセル・ルゥーをはじめとするドライバーたちを相手に競走している。ここでは最終周に点火プラグを取り替えなくてはならず、四位の座を失ってしまった。大手の日刊スポーツ紙ル・オートは、翌日掲載したレースに関するレポートで、彼女についてこう断言した。「勇敢なドライバー」だ、非常にすばらしいレーシングドライバー――女性にしては、と。

1931年コマンジュでは、スーパーチャージャーなしのブガッティ・タイプ35に乗るエレーヌが主役の座を奪った。

一九三二年の最初のレースは、パリ＝サン・ラファエル女子ラリーだった。一九二九年に始まったこのラリーには、貴族出身の女たちがどんどん出場するようになり、のちに「プリンセス・ラリー」という華やかな呼び名がついた。それは凍えるような寒さのなか、農場のでこぼこの道と変わらないような氷でおおわれた道路から始まる、一〇〇〇キロ以上に及ぶ厳しいレースである。その年の犠牲者は、エレーヌにとって数少ない身近な女友達の一人、ルネ・フリードリッシュだった。ルネはエットーレ・ブガッティの第一エンジニア（いまでは多くの一流レーサーたちが車を購入するブガッティ代理店をニースで営んでいた）を父に持つ、二〇歳のかわいらしい娘だった。快活な黒髪のルネがレースを始めてからそれほど経ってはいなかったが、彼女の素質を見抜いたルイ・ドラージュがブガッティから引き抜いた。彼女にとってブガッティは単なる家族経営の会社だったにちがいない。彼女はパリ＝サン・ラファエル・ラリーでドラージュを運転したが、それが最初で最後となってしまった。不幸にも彼女は、もっと軽量で小回りのきくブガッティを運転するようにドラージュを操ろうとして、プーギュの曲がりくねった急な上り坂で衝突事故を起こしたのだった。『かわいそうな小さなルネ、いつも陽気でいつも笑顔だった』とル・オートはその死を嘆き、押しつぶされた彼女の遺体の身元確認に呼び出された父親に哀悼の意を表した。その日のエレーヌはというと、防水服にきっちりと身をくるみ、危険な道路で当日の最速記録と、ラリー全体の記録となるタイムを出している。

一九三二年の春、光り輝く太陽に誘われてフランス人ドライバーたちは南へと引き寄せられた。マルセイユからチュニスへ渡る蒸気船上には、二つの北アフリカ・グランプリに出場するための車がウィンチで巻き上げられていく。ルゥーはエレーヌと会うために埠頭にいた。彼はこれから彼女と、彼女にとって初めてのアルジェリア・グランプリに向けての準備のためにオランまで海岸沿いを走っていくことになっていた。

『ああ、オランの朝！』その二〇年後、アルベール・カミュは著作『夏』で書いている。『台地の上からは、燕たちが空気が湧き立つこの巨大な水槽の中に飛び込んで行く。海岸全体が出立の用意ができ、冒険の戦慄があたりをかけ廻る』[8] オランの荒涼とした風景と太陽の輝きはスペインを思わせる。一九三〇年代にそこを訪れたものにとっては、その醜悪さや貧困よりも、町の黄色い防壁とほこりっぽい町並み、その上にのしかかるようにそびえるごつごつと凶暴な岩のサンタクルーズの山や、アスフォデルの花が揺れる海辺のほうが強い印象を残していた。日暮れ前の町の海岸に無言で列をなす人々、黒い海が太陽の最後の輝きを飲み込んでいくさま、夕暮れの後に大通りでのんびりする優雅な恋人たち、砂漠の砂から現れる精霊のように、舞い上がるほこりの中から現れる奇妙な機械に向かって駆け寄ってくる、車を見慣れていない裸の子供たち。残された写真の束から、アルジェリアのフランス的でもあり、アラブ的でもある異国情緒にエレーヌがとりこになっていたことがわかる。

レースのためのトレーニングはきついものだ。車にとって危険となりうる所はすべて注意しなくてはならない。すべてのコーナーを憶え込み、路面の変化のすべてを記録する。そして、そういった注意項目を役立てるにはスピードを出して運転してみなければならない。ゆっくりとなら安全に曲がれるカーブが、アクセルを全開で踏んでいるときには致命傷になることもある。マルセル・ルゥーに運転を見てもらえたエレーヌは幸運だった。北アフリカのサーキットを彼ほど知っているレーサーはほとんどいなかったのだ。

ルネ・フリードリッシュ。

運転するものに多くを要求するオラン・サーキット——フランスのどのサーキットよりも難しいと言われていた——に慣れるため、タイムを計って走行練習していたエレーヌは、ルゥーの新しい弟子に出会う。アルジェリア人の多くと同様にスペイン生まれのギィ・モルは背が高く率直な顔をした青年で、金持ち息子の趣味として、レースを先頃始めたばかりだった。彼に非凡な才能を見たルゥーが、オランに出場するためブガッティを貸してやったのだ。このレースでモルは、マシーンのトラブルで勝利を逃している。対して、エレーヌの努力は二リッタークラスで二位になったことで報われた。しかし、一ヶ月後のカサブランカでは両者ともそれほどついてはいなかった。モルはまたも故障により棄権を余儀なくされ、エレーヌの車は予選を通過できなかった。そこで一位になったのは中年のベテラン、ルゥーである。そのルゥーに世界でも有数のドライバーになれる才能があると言われ、モルはこの年上の男を師と仰ぐことを決めたのだった。そしてエレーヌ、ルゥー、モルの三人は、ヨーロッパをグランプリからグランプリへと渡り歩くための搬送用トレーラーの費用をしばしば分担しあった。一九三三年の夏、エレーヌがテディ・コールドウェルに宛てた手紙のなかで、スペイン人の男について浮かれた調子で書いていたのは多分ギィ・モルのことなのだろう。テディにはスペイン人の知り合いはおらず、彼女自身はスペイン人に対して軽い偏見を抱いていた。彼女はモルについては『でも、あなたがいい人だと言うなら……』という慎重なコメントをするにとどめている。[9]

フィリップ・ド・ロートシルトをいいやつだと言うものはいなかったし、彼がエレ・ニースを助けるためだけにスーパーチャージャーつきブガッティ・タイプ35を定期的に貸しているなどと思うものもいなかった。彼女はこの車を「ヨーヨー」——パリの娘たちのあいだでは、手袋をしてヨーヨーをぶら下げながら通りを歩くのが流行っていた――と呼んでいた。エレーヌがスポーティーな「ヨーヨー」を初めて運転したのは一九三一年の秋、ラ・ボールの砂浜だった。翌年の夏、パリ―サン・ラファエル・ラリーの一部であるプーギュでのヒルクライムと、プロヴァンスのモン・ヴァントゥで女性による新記録を残したあと、九月に第一回マルセイユ・グランプリが開催されるミラマの平坦で退屈なオーバルコースに向けて、西へ移動した。彼女が一九二九年にモンレリーで記録を破ったブガッティを手放してからはもうずいぶん経っていた。その後、一九三二年には二台目を売り払っている。[10] 彼女がフィリップ・ド・ロートシルトとつきあっていた時期は、メンテナンス費用を払わなくて済む彼のブガッティは、ありがたい代用品だった。

芝居の演出家であるジョアン・リトルウッドは一九八〇年代にフィリップ・ド・ロートシルトと交わした多くの会話をもとに、生き生きとした彼の自叙伝を編集したが、星の数ほどもいた彼の性的なパートナーのなかにレーサーに関する記述は見当たらない。しかし彼女はインタビューの際に、フィリップがスポーツ好きでおてんばな金髪の元ダンサーに言及したことを憶えていた。余計なことを口に出さぬ使用人が供する軽い食事と、そのあとのちょっとした情事のために、コルタンベール通りにあった彼の独り暮らしの部屋を訪れた、映画スターや上流社会の女、モデルたちというご立派な一団の一人に、エレーヌも加わっていた。[11]

エレ・ニースよりも二歳年下で、背の高さもそれほど変わらない――彼は一七三センチだった――フィリップ・ド・ロートシルトが初めて彼女に会ったのはモルスハイムか、もしくはパリで彼がシャルル・シクリ設計によるテアトル・ピガールを父親に代わって経営していたときかもしれない。大変なやり手で負けず嫌いの青年だった彼は、ムートンにある素晴らしく上質なのに荒れ果ててしまった、一族のワイン農場の再編という仕事を若干二〇歳で引き継いでいた。一九二九年には父親がエロスという名のヨットで地中海を遊びまわっているあいだ、フィリップは葡萄畑の管理に、自らのブガッティでのレース、パリのナイトクラブ経営と禁制品であるソビエト映画の輸入、そしてテアトル・ピガールに夫サシャ・ギトリとともに出演していたイヴォンヌ・プランタンとの情事を、すべて同時進行していた。すでにロートシルト男爵が魅力的なフランス人女優とハリウッドへと去っていた一九三一年、フィリップはトラ狩りなどを楽しむアジア旅行に行き、残った時間にエレーヌ・ドラングルとの楽しいつきあいを割り当てていた。

友達の弁では、フィリップは頭がよく、まるで強迫観念にかられているかのように活発なすばらしい仲間であり、『ほとんどどんなことでも解決できるという最高の自信にあふれていた[12]』。彼の父親は、自動車工場（ウニック）[註4]、マスタード工場（マイユ）、石けん工場（モンサヴォン）に出資し、芝居の脚本を書いたり、医者を開業したり、やけどの効果的な治療薬を発明したりと、幅広く事業を手掛けた。こうした父のもと、かなりのぜいたくのなかで育てられたフィリップ自身の興味の対象も、初のウインドウ・ワイパーの設計からエリザベス朝時代の詩の翻訳と、父親同様たいへん幅広いものだった。エレーヌがこの頃にフランスやイギリスの詩や戯曲、小説を読み始めたのは彼の影響によるところが大きい。そして、パリでの華やかで現代的な新しい住まいの選択に関しても同じことが言えるかもしれない。

ブガッティに乗ったフィリップ・ド・ロートシルト。

一九三二年後半、彼女はサン・スノック通りにあったアパートメントから、もっと広いところへ引っ越した。その部屋はバッソンピエール・ド・ルッテ・シルヴァンによる、常識を打ち破るような曲線的なデザインのできたばかりの建物であった。セーヌ川近くのロンポワン・ミラボーにいまだ建つその建物は、華麗なる一九三〇年代の面影といえる。そのわきにあるメトロのアンドレ・シトロエン駅は、そこがフランス最大の自動車工場の跡地であることを示している。かつてその工場はエッフェル塔の足下まで広がっており、塔の上ではシトロエンの電飾が光り輝いて、彼らの時代を高らかにうたっていた。六階にあるエレ・ニースの部屋には外に張り出した大きな出窓があり、外を見るとヴァンセンヌまでも届くかと思われるパリの最高の眺めが広がっている。アパートメントの華麗な五つの部屋は、予想外にきらびやかな家具と、物欲を満たすために購入した繊細な水彩画でみるみるうちに埋もれていった。この部屋と着飾ったビスクドールには、フィリップではなく彼女自身の趣味が反映されていた。それはペットの小さな犬たちと同じように、彼女が持つことがないであろう子供たちの代わりだったのだろうか。意地悪な客は、このインテリアを、フランスのもっとも粋な女性レーサーというよりも、ミュージックホールのスターの楽屋というにぴったりだと思ったかもしれない。そんな批判に無関心のエレーヌは、この部屋が大好きだった。

シーロの白い部屋でルンバを踊ったり、エルザ・マックスウェルとエチエンヌ・ド・ボーモン伯爵がホストを務める舞踏会に、途方もなく高価な馬鹿げた衣装で出席するような上流社会を、フィリップ・ド・ロートシルトは思いのままに行き来していた。エレーヌが社交界を気にかけていたということはなさそうだが、肩書きが好きだったということには間違いがない。彼女はフィリップのレース仲間でもある魅力的なルーマニアのニコラス王子と短期間つきあっている。また、年明けて一九三五年にスペインの若き伯爵ホセ・ヴィラパディエルナと情事を重ねたのは、初めてのレース用の自動車を買うために祖母の宝石を盗んだ彼の無情なやり方に彼女が感嘆したからというわけではないだろう。

貴族であろうとなかろうと、一九三〇年代にエレ・ニースとかかわった恋人たちのリストは、彼女が出場したレースのリストと同じくらいに長い。が、幸いなことに、彼女には黒いアドレス帳の名前の横にXマークをつけるという、足跡を追うものにとっては便利な習慣があった。一九三二年五月のニームでのレースで、彼女の車が故障してしまったときになぐさめてくれたのは、マルセイユから応援に駆けつけたジャンとアンドレのマルカン夫妻だけではなかった。競争相手のひとりだった格好のよい男が、まるでバラの花みたいにスペイン風にタバコをくわえ、車に座って彼女のためにポーズをとってくれた。彼は「ジョルジュ」とサインし、その野性的な笑顔はすべて「かわいい人」のためだというのだった。その秋のマルセイユ・グランプリの際には、そのジョルジュ・ダルヌーの存在が再び浮上している。彼とエレーヌはエクスで宿泊をともにしていた。泊った先は民家であったかもしれない。彼女の写真では、完璧に折り畳んだハンカチーフを胸ポケットに挿した彼がシャトーへの階段に立ち、エレーヌに、遠くにある何か興味深いものを指さしている。エレーヌは髪を撫で上げておしゃれな靴を履き、見分けがつかないほど上品だ。[註5] その後ほんの二、三ヶ月のうちにはまた別の恋人、アンリ・トゥーヴネが彼女のリストに加わっている。エレーヌが一九三三年に浜辺で撮った異例の肉体美写真に筋肉質の胴体部分だけが見えているトゥーヴネは、若くて気が短い裕福なパリジャンだった。

手紙の中で彼は、しょっちゅう喧嘩をしていても、自分の愛は彼女がけっして想像できないほど深いのだ、不在中は彼女に恋い焦がれていると念を押していて、「僕の愛する人」を溺愛していたことを示している。

おそらくその愛は彼女が望むよりも深かったのかもしれない。そして、彼女が思った通りに振る舞ったなら、恋人のリストはもっと長いものになったにちがいない。モンジャンとの関係がどんな性質のものであったとしても、一九三〇年代前半を通して、彼女はルゥー、モル、トゥーヴネ、レーサーのルネ・カリエール、そして似たような名前のアーティスト、ルネ・カレールと不規則にベッドをともにしていた。恋人の数こそが、多数に好かれているという安心感が、彼女に孤独を愛する気持ちをいつも情熱的に語らせていたのだ。

エレーヌがレースでブガッティに乗るのを止めた一九三三年は、フランスの繁栄の転換期とみなされている。不景気のたびにより深く落ち込むこの国は、もう一つの戦争の脅威が増すなかで停滞したままになっていた。次の戦争のことなど考えるに耐えぬほど、前回の戦争で受けた被害は大きなものだったのである。不況のあいだ、他の国々が実行したような通貨切り下げを行わないという判断によって、フランスフランは高価になってしまった。観光客は去っていった。フランス産の商品の価格は海外の競争相手のそれと比べて割高になった。賃金はカットされ、限りあるマジノ線に頼り切っていたフランスの防衛力は、皮肉な冗談の種にされるようになった。一九一四年から一九一八年までは、フランスの工業技術の進歩向上は、航空機産業につぎ込まれた金から生み出されたものだったが、今、ヒトラーとムッソリーニが非常に能率

1933年、リヴィエラはサンテ・マクシムのビーチボーイズ。エレーヌ自身が撮影。後ろ左は不明、右に立っているアンリ・トゥーヴネ、中央右ピエール・シャンブレ、前列左から、フレッド・アラ、アントワン・モランヴォー。

的な機械の生産にすべての力を注いでいるのに対し、フランスではそのための経費は最低限に切り詰められていた。

一九二〇年代半ばのサーキットでフランスが収めつづけた勝利は、破綻をきたしていたまわりの国々にとっては痛い経験だった。敗北から彼らが学んだのは、プロパガンダの手段としてのレースの価値である。ムッソリーニは一九三〇年代初期に、国有会社化することによってアルファ・ロメオを債権者から救済し、金を惜しみなく与えた。アルファ・ロメオで優勝したエンツォ・フェラーリのチームには栄誉を与えた。ヒトラーはといえば、最初に成功を収めるドイツ車を生産した会社に、五〇万ライヒスマルクを与える用意をしていた。アウトウニオンとメルセデスがこの目標に到達し、一九三〇年代半ばに彼らが目覚ましい勝利を収めるうちに、レースの性質というものが変わり果てた。それまでは、タツィオ・ヌヴォラーリのような優秀なドライバーは、たとえ車が最新モデルでなくとも、専門的な知識と粘り強さでレースに勝てると実証することができた。しかし、ドイツ人はメカニックやエンジニア、科学者たちといったチームをコースに連れてきて、車とそのサポートチームをドライバーと同等に扱った。こうして一九三五年までに、運転の達人やプライベート参加のドライバーの時代は、事実上終わりを告げた。グランプリレースを発明し、それに秀でていた国フランスは、今では自国のすばらしいドライバーたちが、イタリアやドイツの競争相手につねに負かされるのを目の当たりにするという屈辱を味わわなければならなくなった。フランスのマスコミにとって、スポーツイベントで体面を維持する記事を書くのは明らかに難しさを増していた。

普通の状況においては、レーサーたちは政治的な生き物ではない。エレーヌがアルファ・ロメオを運転することに興味を持ち始めたのも、あえてフランスに不実だったわけではない。[註6]彼女はブガッティを運転するのが大好きだった。持っていたブガッティ・タイプ35Cたちは軽快で美しく、操作に敏感で、現代のドライバーたちには想像できないほどの個性を持った車だった。しかし、新型のブガッティ・タイプ59は彼女が扱うには重すぎたし、35Cはもっと強力なアルファ・ロメオに、もはやかなわなかった。そのアルファ・ロメオは、一九三一年にタツィオ・ヌヴォラーリがミラノ北部にあるモンツァ・サーキットで運転して優勝したことから「モンツァ」と呼ばれていた。そして、マルセル・ルゥーが彼女の新たな興味を助長した。一九三三年八月、彼はアルファ・モンツァを購入し、九月のミラノ・サーキットに、二人でその車を持っていく前に試すよう彼女に与えている。車体の横に人目を引く三本のストライプが入ったその車は、操縦するとブガッティよりも重く、ペダルの配置が違っていてアクセルが中央にある。しかしエレーヌはこれを簡単に習得した。[註7]ブガッティにはなかったパワーが押し寄せてくる感覚に喜び、いままでのものよりずっと近代的な車が、スポンサーから見た彼女の商品価値を上げるであろうことも抜け目なく承知のうえで、ルゥーとの取引に応じた。そうはいっても、ブガッティのスピード感のある優美さや気品と比べると、四角く粗野なモンツァの輪郭は、貧弱な代用品に思える時があったにちがいない。ブガッティの生き生きとした力と、ほんの少しの動きに対するほとんど動物のような反応に、彼女はそれほどの喜びをもって運転していたのだ。

エレーヌはその夏、好成績を収めていた。一九三三年六月、彼女はモンレリーの女子グランプリでタイトルを手にした。そして、年に一度の女子選手権ではプジョー301によるクローズド・カーのレースで、その日のベストスピードを記録した（エレーヌがいるときはいつもそうだったように、この日も写真を撮る格好のチャンスがあった。その日抽選でプジョーが当たったラッキーな警察官に彼女がキスしたのだ）。カメラマンたちは、七月に難しいクープ・デ・ザルプというアルペン・ラリーで彼女が一二一台中三位に入ったときも、再びそこにいた。このレースでは、彼女は新しい恋人ロジェ・ボネのパートナーとして、スポーティーなブガッティ・タイプ43を運転している。ヌイイ・ガレージのオーナー、ボネとはマルセル・モンジャンを介して知り合っていた。このレースは睡眠や食事に関しての割り当てがなく、リヴィエラ沿岸からスタートしてリヴィエラ沿岸でゴールするというものだった。体にフィットする薄手のストライプのセーターにシルクのハーレムパンツとセクシーに装ったエレーヌが車の横で勝者のポーズをとる一方で、ボネはひっそりと見えないところに身を隠した。その二ヶ月後には、彼女は今度はルゥーと一緒に次のグランプリのためにイタリア北部へ移動していた。

のちに彼女は勇ましくもこう書いている。一番楽しんだのはチャレンジだったと。一九三三年九月に、彼女の新しいアルファ・ロメオを、その車がちなんで名付けられたコースでテストするという招待を迷わず受けた。ミラノの北にある美しい私有の庭園から一九二〇年代に建設されたモンツァ・サーキットは、ヨーロッパでもっとも手強いサーキットの一つといわれていた。緩やかな傾斜に沿って荒れた路面を登ったレーシングカーたちが、轟音をあげながら木立のなかの曲がりくねったコースへ下っていく。優秀なドライバーたちがみな、フランスの新聞が無邪気にはやし立てたところの真のファシズムの故郷に集まっていた。ヌヴォラーリ、シロン、ファジョーリ、ゼエンデル、ペレグリーニ、ルゥー、アール・ハウ、そしてアメリカ出身でイギリス在住のホイットニー・ストレイト。そのなかでかなりの注目を集めていたのが当日紅一点だったエレ・ニースだった。

　イタリアの自動車レース史上もっとも悲惨な事故について、フランスの新聞に電話で詳細を報告する冷静さを兼ね備えたドライバーは、唯一彼女だけであった。彼女によると、すべてはモンツァ・グランプリの会長であるディディ・トロッシ伯爵の運転するデューセンバーグが、午前中のレースでコーナーの一箇所にオイルを漏らしたことから始まったという。ギィ・モル――彼女は彼の名を熱心に強調した――が最初にその危険性を指摘した。彼はそのコーナーでスリップして三六〇度ターンするという命にかかわるような目にあったのだ。路面に砂をまいたほうがいいとモルは主張した。が、砂をまくかわりに午後のレースに出る七人のドライバーには警告が発されるにとどまった。のんきで愛嬌のあるジュゼッペ・カンパーリは、自分たちはみんな運転の仕方を心得ていると言って、競技審判からの警告をものともしなかった。そして彼はこれが自分にとって完全に最後のグランプリで、コンサートのステージとキッチン（カンパーリは腕の良いコックだった）のためにサーキットからは引退するとファンに再度宣言していた。ACFフランス・グランプリで勝利をフィリップ・エタンセランから奪い取り、すばらしい一年が最高潮に達していた彼には、よい引退の潮時だった。一方その年同様に好成績を残していたボルザッキーニとポーランド人のチャイコフスキーは、引退など予定していなかった。時には自身もレースに参加するエレガントなチャイコフスキー夫人は、いつものようにピットで夫のタイムキーパーを務めるためにサーキットへ来ていた。

　第一の災難はフルスピードで疾走するカンパーリに起きた。彼の車はサウス・カーブのオイルに濡れたコーナーでスリップし、バンクの高い傾斜部分を越えて宙に飛んだ。彼の横に近づいてきていたボルザッキーニの車はひっくり返り、ドライバーは車の下に閉じ込められた。二人とも死亡し、あと二人が少々の切り傷で運良くまぬがれた。エレーヌはオイルですべりやすくなっている危険な部分をうまく避け、アルファ・モンツァをその故郷で三位に持ち込んだ。さらなる協議とオイルを拭き取るという試みののち、驚くべきことに午後のレースはそのまま継続された。その日の最終レースで、今度はチャイコフスキー伯爵の車がスリップしてひっくり返り、出火した。背骨を折って体を動かせなかった彼はそのまま焼死した。

恐ろしい悲劇的な一日だった。他の女性ならばそこでいったん立ちどまり、死というものが残酷なまでに簡単に訪れるこの危険な仕事について考え直したかもしれない。死と隣り合わせの生活のぞくぞくする感覚を生き甲斐とするエレーヌですら、一時的に震えていた。しかし翌日には、彼女はフランスへ車で戻って、前日の災難についての詳細をそれなりの報酬でスポーツ新聞に報告し、九月末のサン・セバスティアン・グランプリのためにアルファ・モンツァで南下する準備を始めるのに十分な落ち着きを取り戻していた。そして、この車の新たなオーナーとなった彼女は、ルゥーの三色のストライプを消し去り、濃淡の違うフレンチブルー二色に車を塗り直した。

一九三三年、彼女は最初の師の一人であるギィ・ブリアを失った。ブガッティのドライバーだった彼は、彼女が一九二九年にモンレリーで挑戦した記録樹立のための準備を手伝ってくれていた。ピカルディー・グランプリで彼のブガッティの車輪がアルファ・モンツァとぶつかり、ブリアの車はスリップして最終的には木に衝突して出火し、彼は死亡した。翌一九三四年、ス

アルファ・ロメオ・モンツァの横に立つマルセル・ルゥー（左）とエレーヌ。1933 年 9 月モンツァにて。彼女のトレードマークとなった半袖についたリボンに注目。

クデリア・フェラーリ・チームの一員として、美しいペスカーラ・サーキットのコッパ・アチェルボでアルファ・ロメオを運転していたすばらしい若者ギィ・モルは、時速二六六キロで銀色のアウトウニオンを追い越そうとしていたときに、突風にコントロールを失った。車は溝にはまったまま五〇メートルも進み、石橋の支柱に衝突したあとも突進し続けて住宅のわきに突っ込んだ。ルイ・シロンを彼の故郷であるモナコで破り、すでに希代のドライバーであるとの評判を確立しつつあったモルの体は、車から投げ出されてコンクリートの柱にぶつかった。即死だった。

焼けつくように暑い週末のあいだ、モルはすべての二四時間レースのなかでも一番きついといわれるペスカーラでのイベント、タルガ・アブルッツォに参加したところだった。このレースのスタートはル・マン方式に倣っていて、空軍中将イタロ・バルボが旗を振り下ろすと同時に、すべてのドライバーが車に向かってコースを横切って走るのだ。エレーヌはマルセル・モンジャンと組んでタルガ・アブルッツォに参戦するために、彼女の新しいアルファ・モンツァをペスカーラに持って行っている（彼女自身が出場を招待されていて、この出場の報酬は六五〇〇フランと五〇〇〇リラ。それにくらべてギィ・モルは、いまだにスクデリア・フェラーリの従業員として月に一五〇〇リラ払われているだけだった）。空軍中将バルボは女に目がないことで知られており、新聞はこの名高いパイロットがエレーヌに向かってにっこりとほほえむ写真でいっぱいだった。

このレースでは、彼女はついていなかった。レースの最中にアルファ・モンツァのガソリンタンクが壊れてしまい、モンジャン―ニース・チームは棄権を余儀なくされた。そうはいっても、この一九三四年はもっとも良い成績を残した年の一つであり、また、宇宙船を思わせるアウトウニオンや、未来的な流線型が非常に美しいメルセデスW25の出現にもかかわらず、アルファ・ロメオがその地位を守り続けた一年でもあった。エレーヌの一年は、パリ―サン・ラファエル・ラリーに出るため、女性レーサーのなかでもトップクラス――性格のよさもトップクラス――のオデット・シコーと組むところから始まった。その後、車を船でモロッコまで運ぶために、少し前に購入したアルファ6C1750に乗って南下した。ルゥーは花輪を送られる彼女を迎えに埠頭に来ていた。そのような歓迎はカサブランカ・グランプリに出場するもう一人の女性レーサー、アルベルティーヌ・デランクールにはない。しかし、エレーヌはルゥーの仲間で弟子として知られていたため、彼のテリトリーではこのような特別待遇を楽しむことが予想できた。レース当日、カメラマンがデランクールを押しのけてフェラーリのピットで話しているエレーヌのところへ行ったとき、デランクールは怒りに震えたに違いない。エレーヌは袖を蝶結びで留めたいつもの半袖で、ルゥーと二人の共通の友人であるブルネ夫人と冗談を言いあい、ガソリン缶《ビドン》と名付けたツートーンのアルファ・モンツァに乗り込むためにのんびりと歩いていった。いつものことだった。どんな走りをしようとスポットライトの真ん中にいる、輝く笑顔の金髪娘を嫌っているドライバーは、デランクールだけではなかった。

　モロッコの王様は自動車に入れ込んでいて、カサブランカのコースを改善するためにずいぶんな金額を投入した。だが、王様でも天候をコントロールするのは無理というもので、当日は台風の荒れた天気が予想されていた。だがエレーヌは太鼓橋にかかったとき、コースでも天気のせいでもなく、スピードの出し過ぎから後車軸をぶつけて壊してしまい、レースはリタイアとなった。続くその夏のピカルディー・グランプリとヴィシー・グランプリでは、土砂降りのなかを走りきったが、たいした成績は残すことができなかった。どちらのレースでも、そここの報酬を受け取ってはいたのだが。また彼女は六月のニュルブルクリングでのアイフェルレンネンへ参加している。ここはドライバーに多くのテクニックを要求する過酷なコースだ。木がうっそうと茂る丘を抜けていく激しく入り組んだコースで、ドライバーは一瞬たりとも気を抜くことができない。レーサーのテクニックを試すにはヨーロッパで最高だと誰もが認めるコースである。残念ながら完走はならなかったが、感心すべきは、彼女がアイフェルレンネンへの出場に招待され、報酬の支払われた唯一の女性だったという事実である。

彼女が一九三四年七月のグランプリのためにディエップに到着すると、ようやく天候が回復した。このレースには、いつもチャネル海峡を越えて、イギリス人ドライバーたちがどっと押し寄せてくる。予選第二レースに出たエレーヌは、戦前のレース史に多々ある悲劇の一つを目撃することになった。彼女の友人であり、軍隊での功績からレジオン・ドヌール勲章を受けたこともある、優しくハンサムな中年のジャン・グピヤが、イギリス人ドライバー、アール・ハウを追い抜こうとして木に衝突し、グピヤはその日のうちに地元の病院で息を引き取ったのである。そして、彼女と事故の犠牲者との友情を慮ってか、まれにない特例が認められた。エレーヌは予選で決められた平均タイムに達しなかったのだが、午後のレースに参加することを許された。ルイ・シロン、ルゥー、エタンセラン、アール・ハウを始めとする錚々たる男性ドライバーのなか、彼女は七位に食い込む健闘を見せた。一週間後のコマンジュのレースでは、比較的パワーの劣る車ながらもその日の一周のベストタイムのいくつかを出したと、ル・オート

エレーヌのモンツァがカサブランカ・グランプリに向け、マルセイユで船に積まれる。

紙が彼女の成績について褒めた。男尊女卑の気風が強いル・オートにしては、大変な賞賛ぶりである。

九月のモン・ヴァントゥでのヒルクライムでは、ハンス・シュトゥックのアウトウニオンが一位をとり、再びドイツ車の勝利となった。ここでもまた唯一の女性の参加者だったエレーヌは、急勾配のカーブをうなりをあげながら進んで女性の新記録を出し、スポーツカークラスで二位になった。その年参加した最後のレース、アルジェリア・グランプリでは、ブガッティに乗ったジャン・ピエール・ウィミーユが勝利を収める一方で、彼女は七位に入っている。

『エレ・ニースの運転技術には欠点がない』と一九三五年の夏にペロンヌのピカルディー・グランプリを見て感心したル・オート紙の記者は書いている。その持ち上げ方に比べ、アンヌ・イティエはそこそこの車で故障もせずにゴールまでたどり着いたという、口ばかりの冷めた褒め言葉をもらったに過ぎない。今では女性レーサーという小さな一団のなかで、エレーヌはもっともプロフェッショナルで競争心が強いと定評を受けるに至っていた。ついにエレーヌは目指していた自身のゴールに到達したのだ。

彼女のスタートマネーが再び上昇を始めたところへ、自らの手で新しいグランプリ・レースを始めようと計画していた、元エージェントのアンリ・ラルティーグが手紙を書いてきた。彼女の影響力と評判をもってすれば、自分の計画に力となってくれるだろうと言うのである。三月三〇日付の手紙では、彼女の電話はいつも話し中だから、彼の重要な——そして内密の——企画のために手紙を書かなくてはならないとラルティーグは小言を言っている。確かに彼女の電話代は大変なもので、時には車の維持費とほぼ同額に達することもあった。何人もの相手と

エレーヌとブルネ夫人（左から二人目）、そして身元不明の友人。1934年カサブランカ・グランプリにて。

並行してつきあうのが好きで、手紙を書くことを嫌っていた女にとっては、電話は贅沢品などではなくて、人生でもっとも重要な構成要素の一つだったに違いない。彼女の電話での思わせぶりな態度のとりかたは伝説となっている。それに惑わされた多くのインタビュアーが証言することだろう。

一九三五年三月、エレーヌは一週間晴天だったピレネー山脈近くのポーから、肌寒いパリに戻ってきた。そこで彼女はすばらしいドライバーであるヌヴォラーリ、ルネ・ドレフュス、そしてイサドラ・ダンカンが死んだときに運悪く車を運転していた若者、ブノワ・フェルチェットなどに混じって、八位と健闘した。その二週間後には、ニースを望むリヴィエラの高台にたたずむ古い村ラ・チュルビへの急な坂道でヒルクライムに参加するべく、再度南へ移動した。その一方で、ラルティーグが彼女の手を借りたがっていた。

ラルティーグは彼自身のコネを使い、ビアリッツのキャバレーや劇場に人気のあるパフォーマーを供給する興行主として成功していた。彼と妻のマドレーヌがビアリッツに住んでから数年が経っていた。新しいグランプリを発起するのにちょうどいい場所にいたのである。彼はエレーヌに、レース界の有名ドライバーたちにグランプリの初レースに参加するように説得して欲しがっていた。ラルティーグは彼女の交渉の腕前を高く買っていたのだ。また、ブガッティにワークスからブガッティ・タイプ57の新しいスポーツバージョンを提供してくれるように、彼女がブガッティを説得できまいかと考えていた。タイプ57はジャンがデザインした目を見張るほど美しいツーリングカーで、一九三三年秋のパリ自動車ショーでは訪れたものを感嘆させていた。もし彼女が交渉を成功させたら、それなりの礼をするとラルティーグは言った。[13]

どのようにグランプリを設立するべきか、いくつかの実用的な提案をするほどエレ・ニースは興味を示していた。しかし、理由ははっきりしないが、ビアリッツ・グランプリが国際的なレースのカレンダーに登場することはなかった。二人が仲違いしたのかもしれない。依頼の大きさに比べて、利得が少なすぎるとエレーヌが感じたということもあり得る。ラルティーグ夫妻は一九三五年の夏以降、彼女の人生から姿を消し、その後名前が出てくることはなかった。

一七キロメートルの急勾配を走るラ・チュルビのヒルクライムと、ペロンヌのピカルディー・グランプリで、新しいアルファ・ロメオは奮闘してくれた。彼女はヒルクライムではクラスで二位に入賞し、ペロンヌでは一番身近なライバルであるアンヌ・イティエを負かすといううれしい結果に終わった。しかし、一九三五年という年で彼女が憶えているのはビエッラだろう。イタリアの北部に位置するそのサーキットでは、再び唯一の女性レーサーだった。すばらしい天気で観覧席は混みあい、彼女はスポレート公爵とそのサーキットの会長であるサヴォイ公子からあたたかい歓迎を受けた。サヴォイ公子は、モナコで一緒にカクテルを楽しんだかわいい女性がフランスのチャンピオンレーサーだと知って魅了されてしまった。エレーヌは公爵とは古くからの友人だとすばやく新聞に話している。だが、ビエッラで撮影された写真のエレーヌが、突如実際より一〇歳ほど若く――このとき三五歳だった――、人の気をそそるように無防備に見えるのは、それが理由ではない。その証拠となるのは彼女がアルファ・ロメオの運転席に座る宣伝用写真だ。仰々しい筆遣いで「アルナルドへ」と彼女はサインしている。

アルナルド・ビネッリはチューリッヒを拠点とするイタリア系の一族の息子だ。エレーヌよりもかなり年下で、ボリュームのある黒い巻き毛とアーモンド型の瞳にひきしまった体つき、そして会ったものを魅了する物腰の持ち主だった。レーサーになりたいというよりも、彼はスピードそのものに夢中になっていた。エンジンの設計改良を考えたり、また、ポケットには電動自転車やエンジンつきスキー、機械化されたトレーラーなどのデッサンが詰まっている。彼はレースを見て企画の後援者を見つけるためにビエッラにやってきたのだ。そして、ビエッラを去るときには、エレーヌの恋人になっていた。エレーヌは、自分の生活にかかわっている他の男たちには、新しいメカニックを見つけて雇うことにした、今後は一緒にレースをまわる、ということしか言わなかった。マルセル・モンジャンもアンリ・トゥーヴネも、なぜ急に彼女がただで使えるマルセル・ルゥーの若いが腕のいいアルジェリア人メカニックを使うのをやめるのか、不思議に思ったかもしれないが、エレーヌと新しいメカニックの関係にもっと親密な部分があるとは気づかなかったようである。彼女が何も言わなかったのは自分の利益のためだった。裕福なビジネスマンのトゥーヴネ、ドラエ工場に加わったモンジャンは車やコネの貴重な入手先だ。エレーヌにとって、彼らとの友情は失うには便利すぎた。

新しい幸福は幸運と手に手を取ってやってきた。またもや彼女が唯一の女性ドライバーだった三週間後のバルセロナでは、レーサー仲間の一人であり、搬送を世話してくれた若者ホセ・ヴィラパディエルナとのちょっとした浮気を楽しんだが、レースはマシーンに問題が出て五四周目で棄権を余儀なくされた。コマンジュでは再びアンヌ・イティエを負かし、その次にはピレネー山脈でのコート・ド・レクトゥールのヒルクライムに参加した。一九三六年一月初めにロンドン東部で開催された第二回南アフリカ・グランプリでの結果ははっきりしていない。[註8]その月の後半に彼女は、味わったなかでも格別の勝利の一つを手にした。エレーヌは強面でしぶといロシア人ドライバー、マリノヴィッチ夫人と、真冬のタリンから激しい雨のモンテカルロまで四〇〇〇キロメートルを走り、モンテカルロ・ラリーのなかのレディース・カップで優勝したのだ。全行程の期間はわずか五日間で、ほとんどのドライバーはアテネとパレルモからモンテカルロに戻るコースを選んでいたなか、二二人ほどが全ルート中もっともタフなタリンからのルートを選択した。彼女たちが乗るパワフルなマットフォードが届いたのはスタートの直前で、走行練習も車を手直しすることもできなかったという事実がとりわけ賞賛された。これは専門的な技術とスタミナ、気力がものをいう、エレーヌが一番好きな昔ながらのタイプの競走だった。路面には薄氷が張り、鏡のように滑らかなエストニアの道路を一目散に走ることからそのレースは始まる。ヘッドライトが霧のなかをゆらゆらと照らし、女たちは取り憑かれたように運転していく。助手席側のドアを開けて前に見えるものだけを頼りに、方向をドライバーに叫びつづける。五分でも時間がとれるときに睡眠をとり、食事は運転しながら黙々と流し込んだ。彼女たちの喜びに輝くオイルで汚れた顔――レース中の修理は自分たち二人でやらなければならなかった――の写真から、この苦闘にどれほど価値があったのかがわかる。

　さらなる成功が彼女を待っていた。手強いラ・チュルビのヒルクライムで、エレ・ニースはクラスで一位になったのだ。またもや成功の秘訣は、技術とやる気と目もくらむほど急な曲がりくねったリヴィエラの道路での練習のみだった。

　しかし、一九三五年には、技術というものはサーキットでの好成績を保証するものではなくなりつつあった。彼女の車はもう時代遅れとなっていた。バルセロナのときですら、あの美しい〝エリ《エレ》・ニシ《ニース》〟が、今となっては最新の力強いライバル車と競うのも一苦労となったアルフ

1935年ビエッラでレース中のエレーヌ。

ァ・モンツァに乗っているという事実に、無礼な発言をするものもいた。ポー・グランプリは、彼女にとってフランスでの一九三六年最後のレースだったが、ライバルたちが運転するパワフルな車に彼女は為す術もなく負かされ、たった二周したところでエンジンのトラブルで棄権している。このレースを勝ったのはフィリップ・エタンセランだった。

一九三六年、フランスは強力な隣国たちを刺激して報復を受けることを恐れていた。ムッソリーニのアビシニア侵略を非難の意を表すためにイタリアに対して経済措置をとったときも、フランスは国際同盟を不承不承支持している。南からはスペインの動乱がフランスを脅かしていた。東側はといえば、三月にヒトラーがライン地方を占領したと大きく新聞の見出しに出た。力を合わせて積極的に力のあるところを見せようというポーランドを拒絶し、フランスはどれだけ代償が高くついても和平を保つという希望にしがみついた。多くのフランス人にとって、ヒトラーによる侵略は戦争よりましだったようだ。国内では、新しい左翼の総理大臣レオン・ブルムが、労働条件の向上、賃上げ、労働時間短縮とますます口うるさくなる要求に直面していた。自動車工場をはじめ、虐げられ低賃金で働くフランスの労働者には、変化が切に待望されていた。自分たちの福利の改善を望む一方で、次第に強くなるドイツの好戦的な態度について、ブルムの懸念を理解できるものはほとんどいなかった。そんなことは彼らの知ったことではなかったのだ。

しかし予兆はすべてそこにあった。例えば、エレーヌの好きな新しい歌「マダム・ラ・マルキーズ」。とある婦人が田舎にある自分の屋敷が破壊されていくさまを少しずつ知っていくという歌だ。一番、二番と進むごとに知らせが悪いものになっていき、最後には屋敷が徹底的に蹂躙される。マルキーズ夫人が表しているのが、四方を取り巻く危険に傲慢にも気づかずにいる自らだと気づいていないのか、フランス人はこの歌が大好きだった。フランス人が不平を言うのは、支出のすべてや賃金のカット、最近財産を没収されて波のように押し寄せたドイツ系ユダヤ人移民に奪われた仕事についてだった。

もっとも明らかな警告は、自動車産業の中心から発信された。一九三六年の春、ル・オートの有力な編集者であるシャルル・ファルーはドイツのメルセデス工場を視察に訪れた。彼は自分の目に映った物に恐れをなした。四月二五日付けの新聞に彼の記事が掲載されている。『フランスはすぐにも工業に肩入れしなければならない。政府が工業方面に資金を供給することがきわめて重要である』『それでも、遅すぎたかもしれない。今となってはドイツ国の洗練された工業技術に肩を並べられると思う国はないだろう。そうなるには最低でも四年はかかるだろう』と彼は予測して締めくくっている。真剣な論調の正確さは薄気味悪いほどだ。しかし、多くの問題を抱えて分裂した政府にはなんの影響も与えなかった。

自動車産業内にはびこるどんよりした空気と、ハンサムな年若い恋人とできるだけ時間を過ごしたいという彼女の熱い気持ちを思うと、南米でレースに出場して夏を過ごすという招待にエレーヌが喜んだとしても不思議はない。[註9] しかも、それでお金がもらえるのである。六月初旬、エレーヌのアルファ・モンツァはアウグストス号の船倉へとウィンチで巻き上げられていった。イタリアを出発し、ブーローニュ経由でリオデジャネイロへの海の旅だ。そしてその船上にはアルファ・モンツァのオーナーとその恋人がいた。

註1　彼女の短気さの証拠は、一九三二年八月に開催されたクラウゼン・ヒルクライムで、地元の人に彼女が我を忘れた振る舞いについてのレポートに出ている。彼女の怒りはすさまじく、警察官が車のタイヤを撃つぞと威嚇するほどだった。とはいっても、観衆はこの小競り合いを楽しんでいた。

註2　ルゥーは一九三〇年のカサブランカ・ラリーに出場していたが、当時エレーヌはブルーノ・ダルクールとのつきあいと、プロとして初のレースの準備で頭がいっぱいだった。

註3　急激に台頭してきたジャン・ピエール・ウィミーユだったが、彼のブガッティが急なコーナーでスピンしてコースから外れて出火し、彼のキャリアはもう少しのところで終わるところだった。

註4　ウニック・タクシーは二〇世紀初頭には至る所に見られるようになった。プルーストはカブールへ行くのにウニックを愛用していた。車への情熱と、その車を運転させるために雇った献身的な若い運転手たちとの情事が始まった場所である。

註5　ここでは彼はジョルジュ・ダルヌーと身元が判明している。紛らわしいが、もう一人のジョルジュであるジョルジュ〝ロロ〟カルアナも一九三四年のモロッコでのグランプリに二人が出場した際に彼女の愛人だったことがあるようだ。

註6　ＡＬＦＡ（ロンバルディア自動車製造株式会社）は名前の後半部分を数学教授ニコラ・ロメオ

の名からとった。彼は一九一五年にミラノを拠点としていた軍用品とトラックの製造会社を買い取り、第一次世界大戦後にレーシングカーの開発を始めた。

註7　これは彼女がすでにアルファ6C1750を持っていたからかもしれない。彼女はアルファ6C1750の維持費に関しての記録のいくつかを保管していた。しかし一九三四年のディエップでは、彼女は三台目のブガッティも所有していた。これはイギリス人ドライバー、フレディー・クリフォードに売却されている（「Les Souvenirs Sportifs d'un pilot amateur」Le Fanatique de L'Automobile 誌119号38ページ Editions Lariviere SA 刊）。

註8　彼女がレースへの招待を受けたかどうかは定かでない。レースの回想録では彼女の名前に触れてはいないが、南アフリカの新聞とのインタビューを見ると現地を訪れた可能性がある。

註9　この招待と、ブラジルでのほぼ王室レベルともいえる彼女に対する待遇は、エレ・ニースが高貴なソウザ・ダントス一家と友人だったことと関係があったのかもしれない。彼女のアドレス帳には、一九二二年から一九四〇年までパリでブラジル大使を務めたルイス・マルティネス・デ・ソウザ・ダントスの名前があった。彼はフランス人女優とのお遊びで知られていたのだ。また、第二次世界大戦中ドイツ軍によりフランスが占領されていたときに、ソウザ・ダントスは出国書類や労働許可証、身分証明書などを発行して八〇〇人以上の命を救った。

転落

11. 不運の年

彼女はレースのために、レースと太陽のために生きていたのよ。
ジャナラ・ジャルナッシュ（インタビューにて）

「運の悪かった年」と彼女はあとで言っていた。しかし、こんな形で憶えていることになると、どうして彼女が知っていただろう？　ブラジルでのレースの招待を受けた日のことを呪わしく思うようになるとは。

西に向かってのんびりと航海を続けるアウグストス号で、エレーヌとアルナルド・ビネッリは日光浴をして本を読み、酒を飲んだり、ベッドの中を楽しんだりしていた。写真を撮りあう仲睦まじい様子を見た乗客は、二人が新婚旅行の長い休暇に出るか、問題の多いフランスを離れて新しい人生を始めるのだろうと思ったに違いない。この真っ赤なマニキュアにハイヒール、おしゃれにカールした金髪のいかにもパリジェンヌらしい陽気な女が、今、フランスでトップの女性レーサーだと彼らを納得させるのは容易なことではないだろう。彼女が上着を脱いだときに、何年にもわたる半袖での運転で、陽に焼けたたくましい腕を彼らが目にするまでは、ということだが。渡航の理由を尋ねられ、世界でもっとも危険なサーキットの一つに挙げられる、ガヴェア・サーキットでのリオ・グランプリに出走する予定だと説明した。南米のドライバーたちはとても荒々しく、彼らにとってのレースコースとは闘牛士にとっての闘牛場と同じだと聞かされて、彼女は笑ったに違いない。ニュージャージーのダート・トラックで繰り広げられる戦争ごっこを生き延びた者にとっては、なにも新しいことではないのだから。

リオに到着すると、バルガス大統領が会いたがっていると聞かされた。大統領はブラジルのグランプリに出場する初のフランス人女性と会って、家族に紹介したがっていたのだ。ムッソリーニが率いる国家を誠実に信奉する者として、バルガス大統領はエレ・ニース嬢がイタリア車を運転すること、イタリアの船での渡航を選んだことを知って喜んでいた。海運会社の選択は税関での申告から逃れるための作戦だったのだが、彼にそれを教える必要はなかった。とっておきの麦わら帽と綿の手袋を身につけて、大統領の娘たちと並んでポーズをとり、パリで飲んだことのないほどのおいしいコーヒーをすすりながら、美しい国への褒め言葉を並べる。そんなエレ・ニースは完璧な淑女だった。バルガス大統領から友情の手が差し伸べられたといっても、エレーヌにしろアルナルドにしろ、一九三〇年代ブラジルの複雑な政治状況に深い興味を持つことはありそうになかった。ブラジルで一番価値のある商品、コーヒーの需要は大恐慌で落ち込んでいたが、都会に住む多くのヨーロッパ人と同じように彼女たちにとってもブラジルはコーヒーのふるさとだった。一九二〇年代、ブラジルが驚異的な速度で拡大する基盤となったのがコーヒーとゴムの輸出である。当時バルガスは工業面の勢力と強い軍事力を築き上げる方法を模索中だったが、それについては彼のもう一人のヒーロー、アドルフ・ヒトラーが彼の後ろ盾となっている。一九三六年にはナチス・ドイツはブラジルにとって、軍事大国となるために必要な機械の最大の供給者となっていた。

一九三六年、もはやフランスは現代的な技術の供給者として役に立つことはなく、その力はかつての伝説となっていた。だがエレーヌの会ったブラジル人の多くは南米を離れたことがなくとも、アンドレ・ブルトンやジャン・コクトーの名を聞いたことがあったし、スキャパレリによる最新デザインであるドイツの工場労働者風なスモックの写真を研究したり、アンリ・ギャラやジャン・ギャバンの映画を見ていた。エレーヌたちはシーロで過ごす夜やホットクラブでのジャンゴについて真のパリジャンとして権威をもって語った。フランスは経済的に弱り切っていても、その魅力で人の心を引きつけてやまなかったのだ。真のフランスを代表する者として、シュヴァリエやミスタンゲットと旧知の金髪をカールさせた元ダンサーより適した人間がいるだろうか。しかも彼女はパリとまばゆいばかりに華やかなリヴィエラに住み、レースではフレンチ・ブルーの車を運転する。ブラジルは彼女をひどく気に入り、彼女は自分の大使としての役割を強く意識するようになった。外国のサーキットに出場するときには、自分自身の成功とフランスの栄光――ラ・グロワール――のために走るのだと彼女はレポーターたちに話している。彼女の新しい青いオーバーオールはブルー二色に塗られたモンツァのスカイブルーの部分と調和して、祖国への忠誠心を高らかにうたっていた。

リオ自動車クラブでは彼女宛の手紙が到着を待っていた。主に連絡をとりあっていたマルセル・モンジャンとアンリ・トゥーヴネの二人はお互いに相手をよく知っていて、それぞれが彼女に献身的だった。しかし、どちらも彼女の本当の計画は知らなかったし、彼女の生活のなかでアルナルド・ビネッリが務めるロマンティックな役割についても知らなかった。

ほとんど判読不可能な下手な字で書かれたモンジャンの手紙は、夏のあいだフランスを離れて正解だったと思わせる内容が綴られていた。彼が最近ワークスチームのドライバーとして参加したドラエを含む、すべての自動車工場で起きているストライキについての詳細が書かれていた。フランスでのストライキの様子を撮った有名な写真は、工場を占拠した従業員たちが縞模様のドレスにペチコート姿でカントリーダンスを踊る様子が写った牧歌的なものだが、しかし、聡明なモンジャンがエレーヌに伝えたように、実際のところ状況は絶望的だった。社会党から指名されたばかりの大統領レオン・ブルムは、支持者である労働者たちをどうすればなだめられるのか考えあぐねていた。エットーレ・ブガッティの忠臣であるアルザスの作業員ですら、工具を置いて彼らの「パトロン」のルネサンス様式の作業所を占領したのだ。噂ではその不誠実さに憤慨したエットーレは機嫌を損ねてパリへ戻り、その一方でジャン・ブガッティが彼らを説得するようにとり残されたらしい。モンジャンいわく、フランスは天気も悪かった。二週間降り続いた雨は日曜日のフランス・グランプリのときだけ止んだという。そのグランプリでモンジャンは、ジャン・ピエール・ウィミーユに敗れ二位にとどまった。また、モンジャンからの手紙はマルセル・ルゥーの友人であるブルネ一家――ロベール・ブルネとモンジャンは商売上多くの取引をしていた――を訪ねたことや、ランスでのマルヌ・グランプリにアンリ・

トゥーヴネと一緒に行く予定に少し触れていた。こうしたことから、彼らの友人としての結束がどれほど固いものだったかがわかる。

　モンジャンの手紙に書かれた家庭的な内容について読むと、彼が驚くほどお人好しな主夫役を果たしていたことがわかる。彼女の犬、ノノとミミテについて、彼と妹ネリーがどんなに面倒をよく見ているか記し、また、ロンポワン・ミラボーのアパートメントの新しい清掃係は清掃係と呼ぶにはおこがましい、と彼女に警告している。しかし、配偶者というには彼女に対して少し距離を置いているのだ。手紙では、二人のためにフランス南部に別荘を借りる計画についても触れているが、もしブエノスアイレスに行く機会があるのなら急いで帰ってくることはないと力説している。ブエノスアイレスにはイスパノ・スイザの代理店があり、イスパノのファンとして知られる彼女には何かいい申し出をしてくれるかもしれないというのだった。また、彼女のレース結果の正確な詳細を知らせてと依頼するなど、恋人というよりマネージャーのようである。休暇をおおいに楽しんでこいという（『さよなら、僕の親指姫。キミもいい子にするんだよ。元気になってまたおいで。毎日を楽しんでね』）彼の冗談っぽい命令からは、妬みのかけらも感じられない。[1]

　アンリ・トゥーヴネのほうはもっと情熱的だ。『ダーリン、僕はこれからも、そして今も君のことばかり思ってきた。そして、僕はいつも君からの手紙を待ちわびていた。大きな苛立ちとともに、ね』と彼の手紙にはある。彼女が七月二七日にヴィルフランシュの港に到着する予定だと聞いていた。そして、下船するときには埠頭に迎えにいくから、そのあとの二週間を一緒に過ごさないかと言うのだった（マルセル・モンジャンがほぼ同一の申し出をしていたことには気づいていないようである）。ビネッリとの新しいつきあいについて聞いていないトゥーヴネは、自分たちの関係にはある程度の修復が必要であることを明らかにわかっていて、必要に応じて喜んで努力するつもりだという。

そうだよ、ダーリン。認めるよ。君が恋しい。僕たちはお互いに完全無欠ではないけれど、君とのけんかですら恋しいくらいだ。肝心なのは僕は君を愛しているということだ。かわいいダーリン、君も僕のことを好きだと思う。それはかなり確かだと思うんだ。とにかく、二人で少し一緒に（フランス南部に別荘を借りて）過ごすのはどうかな。どう思うか手紙で教えてくれ。今年に入ってから僕たち十分に時間をとって一緒に過ごしていないからね。モンテカルロ・ラリーに君のボーリュでの休暇、僕の選挙での仕事に、今度は君がラテンアメリカへ旅行だ。[註1] こんなつきあいだったら、いっそのこと夜警と昼間の清掃員にでもなったほうがいいかもしれないな。[2]

新しい関係を告白したり、ブラジルにさらにもう一ヶ月滞在する予定を認めることすらしたがらない「ダーリン」の気持ちは、手紙の最後にアンリ・トゥーヴネが言いたかったことを読むともっと理解できる。モンジャン同様、トゥーヴネは仕事と遊びを一緒くたにすることを明らかによしとしていた。もっと一緒に過ごす時間を作るようお互いに努力することを提案したあと、彼は話題を七月にドーヴィルで開催される新しいグランプリへと移して、『君にいいスタートマネーのオファーを取ってきたよ』と言う。『四〇〇〇フランだ。市長とは僕もモンジヤンもいい友達なんだ。まぁ、グランプリは来年もあるし、サンパウロでのレースまでいれば多分五〇〇〇フランは稼げるだろう。それに入賞する可能性はそっちのほうが高いね。有名どころはみんなドーヴィルに出る予定だから』[3] そして、中古のアルファ・モンツァを運転して三年経つから、賞金でもっと新しい車を買ってもいいかもしれないと付け加えていた。

彼女の面倒をこんなふうに見てくれる便利な友人たちに対して、エレーヌはアルナルドに関して本当に必要なこと以上を教える意味を見出せなかった。彼女からの手紙は慎重に曖昧だった。アンリ・トゥーヴネへは彼女がサンパウロに出場するために滞在するとだけ伝え、モンジャンには彼女の新しいメカニックがフランスに帰国する際に、彼に仕事を世話してもらえるかをたずねた。それに対してモンジャンは、ビネッリがどれほど重大な存在か気づかずに、親切にもこう返信している。『もちろん。うちのメカニック、フェルナンと一緒に働けるだろう』モンジャンはこの若者に彼自身の顧客を斡旋さえするのだった。[4]

恋人の帰国後の職まで確保して安心したエレーヌは楽しく旅行を続けた。彼女とアルナルドは一緒に泳ぎに行ったり、踊りに行ったりした。二頭の馬を借りてイパネマの後ろの丘で乗馬を楽しんだ。ブラジルを訪れたもっとも魅力的なドライバーを気に入った大統領は、彼女の訪問を記念してディナーパーティーを開いてくれた。しかし、招待されなかったアルナルドはホテルに取り残された。彼はその後エレーヌに八つ当たりしたようだ。エレーヌの手紙には彼には暴力的なところがあり、ものすごく嫉妬深くなることもあるとはっきり書いてある。かんしゃく持ちの彼女にとっては、それもさらなる魅力の一つだった。何年もあとに彼に「三分間の男」というあだ名を付けてその性的能力をバカにしたが、一九三六年の時点では彼に夢中だったの

ブラジルでアルナルドとともに乗馬をするエレーヌ。

1936年、「悪魔の踏切板」でのリオデジャネイロ・グランプリに出場する前に、手早く一服を楽しむエレーヌ。

だ。

異性とのつきあいが彼女のプロ意識を妨げることはけっしてなかった。六月七日に開催されるリオ・グランプリの準備のために設けられた週には、エレーヌは毎朝走行練習に励んでいる。練習にはいつもにも増して真剣に取り組んでいた。「悪魔の踏切板」として知られるこのサーキットは、丘の町ガヴェアの市電の線路がある丸石を敷いた道路から始まって、海にせり出した細い道へ下り、ふたたび山側のヘアピンカーブが連なる曲がりくねった道へ戻ってくる。まさにエレーヌがもっとも好きなタイプのチャレンジしがいのあるコースである。レースの直前に撮影された写真に写っているのはカメラ意識の強いスターではなく、プロのスポーツウーマンだ。彼女はすでに頭の中に記憶したサーキットに集中して目を細め、レース前にすばやく一服している。ビエッラで撮影されたレースのあとに水ぶくれのできた手をのばす彼女の写真のように、これを見るとなぜ感じ入ったレポーターたちがしばしば『この娘には根性がある!』と言うだけだったのかがわかる。

南米のドライバーたちのほとんどはいかついフォードV8を持って来ていた。それは唯一彼らが手に入れられる車で、スピードが出るよう軽くするために金属のフレーム以外は削ぎ落とされていた。〝V8〟はその名のとおり八気筒エンジンを搭載した初めて大量生産されたモデルだ。二人のイタリア人ドライバー、カルロ・ピンタクーダとアッティオ・マリノーニはスクデリア・フェラーリの特別な装備などなにもないアルファ・ロメオのスポーツカーを持ってきていた。ブエノスアイレスのブガッティ代理店のヴィットリオ・コッポリはブガッティ。ブラジル人のお気に入り、背が高く華やかな雰囲気のマヌエル・デ・テッフェはアルファ・モンツァに乗っていた。観客が至るところにあふれ、スタートの合図に車から離れなければならないことなど知らないようだ。ガヴェア・サーキットでのリオ・グランプリ序盤に撮影された写真には、観客の通行を阻むロープは見えない。ドライバーたちは運にまかせて、なんとか安全に通り抜けていくように期待されていた。ヨーロッパ人ドライバーたちがそれに気づいたときは驚いたに違いない。

彼女にとってその年はついている年のようだった。初めの数時間、彼女は一団の先頭を保っていた。勝ったのはヴィットリオ・コッポリだったが、国内でもっとも危険なサーキットで、古いアルファ・モンツァをすばらしい技術で堂々と運転する、唯一の女性レーサーを観衆が応援する声は、コッポリへの声援と同じくらい大きかった。そして、彼女が翌月のサンパウロ・グランプリに出場するというニュースは、地元ブラジルのマスコミによって熱心に報じられていた。

そのレースはサンパウロ・グランプリ史上最大の規模となる。朝の九時には、おしゃれなハルディン・アメリカ地区の広い通りはすでに自国のチャンピオン、マヌエル・デ・テッフェを応援しに来た立派な身なりのサンパウロ市民で混雑していた。アルナルド・ビネッリは車のチェックを手伝ったあと、レーサー仲間とおしゃべりしているエレーヌを、市の自動車クラブが入っている瀟洒な建物の外に残し、人だかりを押しのけてゴールラインに向かう。彼はそこからレースを撮影するつもりだ。頭上ではスピーカーが大勢の歩行者に対して車から離れるように警告をがなり立てている。四角く括ったわらがコーナーの要所に二つ三つ置かれており、それが唯一の安全対策だった。その代わり大勢の警察官がトラックのわきを固めていた。

九時半。祭事用の正式な制服を着て、見るからに汗をかいている市長がスタートの合図をした。ビネッリのカメラに最初に轟音とともに飛び込んできたとき、エレ・ニースは三位につけていた。五周目には二位に上がり、そのあとをのっぽのブラジル人、テッフェが追っていた。彼女のコントロールは完璧だった。それまで見たことがないほどうまく運転していたと、アルナルドは後日彼女に話している。直前のリオ・グランプリの優勝者コッポリは一三周目でリタイアした。エレ・ニースは、役員席から飛んできた紙切れが、モンツァの正面に貼り付いてラジエーターグリルをふさぎ、停止を余儀なくされた。しかし、その二周後、彼女は四位に再びつけていた。背中にあたる人々のうねりに押されて、コース上に踏み出してしまわないように踏ん張りながら、アルナルドは彼女が難しいコーナーを曲がるときに見慣れた仕草をしているのを見た。空気を吸うのにタバコを吸うかのように唇を開くのだ。五〇周目、彼女は給油のために停止した。その停止時間は、テッフェが三位の座を奪うのに十分だった。その八周後、残すはあと二周というところで彼女が再び追いついたのを見て、アルナルドは喜んだ。アルファに乗るピンタクーダはすでにブラジルの伝説となるような記録的なスピードでゴールしていた。マリノーニが追い上げてきていたが、まっすぐの通りを切り裂くように走り抜け、雲のようにほこりを舞い上げて横滑りしながらコーナーを曲がり、エレ・ニースはマヌエル・デ・テッフェと五分五分で二位をめぐる争いを繰り広げていた。

アルナルドはカメラを最後の直線コースに向けた。周りのブラジル人たちすべてが彼らのヒーローであるデ・テッフェに声援をあげていた。そして、群衆が押されて前へ踏み出してしまうのを目の端でとらえた。コース上に色の洪水があふれる。彼に見えなかったのは、コースの

サンパウロでのエレーヌの事故。

真ん中に突然現れた四角く括ったわらが、押し出されてきたのか、投げ入れられたのかということだった。そのわらの梱は遠くから飛ばしてくるモンツァの行く手にあった。群衆をかきわけて警察官がそれを持ち上げようとかがみこむ。しかし、彼女には梱や警察官に気づく時間はなかった。コーナーを時速一五〇キロで曲がってきた彼女に見えたのは、デ・テッフェが残した隙き間だった。車をねじ込んで追い抜き、二位になるために残されたぎりぎりの空間である。

　彼女が梱にぶつかった瞬間をカメラが捉えた。ほこりが雲のように立つなかをエレーヌの体が側転しながら宙に舞う。車はガタガタと揺れながら進み、スピンして、観客の一人を叫び声をあげる群衆の上空へと放り投げた。そして、ひしめき合いながら立っている観客の最前列に突っ込んでいった。避難しようにも身動きが取れなかった観客は、鎌で刈られる葦のようになぎ倒されていった。

　そのあと、男の死体の上に乗っていた意識のない彼女の体は、持ち上げられ、道路わきに他の死体とともに横たわらせられた。彼女が車から投げ出されてぶつかったときの力で、下敷きになった男の頭はぱっくりと割れていた。最初に数えたときは四〇人が死亡していた。その後六人がすでに死亡、三四人が地元の病院で救急処置を受けていると確認された。それは南米の自動車レース史上最悪の事故となった[5]。

　エレーヌはサンタ・カテリーナ病院へ運ばれたうちの一人だった。心配で半狂乱のアルナルドは、彼女が深い昏睡状態にあると聞かされた。医師らは彼女が息を引き取る前に意識の戻る望みがあるとは思っていなかった。

註1　トゥーヴネが手紙のなかで触れている選挙や、ストライキの主導者たちと大臣たちの話し合いの内容から、彼には政治的なつながりがあったと思われる。報道に関する法律を破った文書誹毀罪の罰金の支払いについて触れている所を見ると、政治ジャーナリストだった可能性も考えられる。共産党員やモスクワからの指令を受けている、ストライキ参加者たちへの嫌悪感あらわなコメントや、唯一入手できる新聞は——よりにもよって——『ルマニテ』、『レ・ポピュレール』に『ラクシオン・フランセーズ』だけになったという彼の辛辣な発言から、彼が誰を支持しているか分かる。これらの新聞は、過激な見解で労働者の反乱を公然と支持していた。

12. 戻り道

ソランジュが妹エレーヌ・ドラングルに宛てた一九三六年七月一七日付の手紙からの抜粋[1]

親愛なるエレへ

七月一三日、サント・メムにいる私たちがどんな状況だったか言わなくてもわかるわね。朝八時にお義父様に起こされたの。近所の人が日曜の夜にラジオでニュースを聞いて、朝、お義父様に知らせたのよ。[註1]速報では、あなたが頭蓋骨骨折で望みのない状態だと言ったから、あえてそのときすぐに教えなくてもと思ったのね。

いまはもうよくなりつつあるのだと思うけれど、本当に運良くまぬがれたわね。事故はあなたのせいではないようだけれど、アンリ（・トゥーヴネ）がそれについてはあなたと話をするはずよ。私にはよくわからないし。四人（原文ママ）を死なせて、さらに三〇人（原文ママ）を怪我させた責任をあなたが取る必要がなくて、ただほっとしているわ。

夕べ、アンリと二人だけで食事をしたの。そこにアルナルドからの電報が届いたのよ。内容が短くって残念。アンリが家まで送ってくれたとき、いろいろとうわさ話を聞いたわ。パリの天気はどんよりしてる。夜中の一二時過ぎだというのに土砂降りで、雷が鳴っているの。ここ一ヶ月くらいこんな天気よ。

じゃ、こんなところかしら。あと、私は元気よ。ニキビが戻ってきちゃったけど。新しいアパートはすごく気に入ってるわ。エレベーターを含めても自分の机まで二分なの。

じゃ、早く良くなってね。

トートーテより
（アルマン・モアサン通り一〇番地　パリ一五区）

この手紙の嫌みな感じを捉えるのに、たいした文章解釈能力は必要ない。自分の妹が今世紀最悪のレース事故に巻き込まれたのだ。しかも、事故は妹のせいではない。それなのにソランジュ・ドラングルの反応はというと、そのおかげで心配したと文句をいい、彼女が連絡してこないことについて小言をいっている（『いい知らせでほっとしたけれど、あなたから連絡して欲しいわ。母さんには自分で手紙を書くんでしょう？』と同手紙中にある）。また、死亡者と負傷者の数の多さを強調し、エレーヌの恋人との親密な食事のあとに楽しんだ『いろいろなうわさ話』についてほのめかしてエレーヌを動揺させるようなことをしている。

それにくらべるとマルセル・モンジャンには思いやりがあり、心の底から心配していた。「封筒にきみの筆跡を見たとき、僕がどんなにうれしかったか分からないと思うよ」一週間後に彼はエレーヌに言った。「すごく落ち込んでいるようだけれども、どうか落ち込まないで欲しい。みんなきみのことを考えているし、気の毒に思っているんだから。いくつか電報をそっちに送ったからね。小さな花が二つ付いた手紙も届いただろう?[2]」『二つの小さな花』というのは、なにがしかのプレゼント——おそらく見舞金のこと——だったようである。

アルナルド・ビネッリは、何をしたらよいのかを知るにはなにぶん人生経験が不足している。そこで、アンリ・トゥーヴネが当面のエレーヌの問題を扱った。彼女のアルナルドとのプロしからぬ関係にいまだ気づかずにいる彼は、彼女からの一連の手紙に感動していた。それらは彼女らしくもなく愛情を欲しているような手紙で、彼が自分のことをまだ愛しているか、忘れてはいないか、もしなにかあった場合、面倒を見てもらえるのかといったことを保証して欲しがっていた。かなりの有力者であったらしいトゥーヴネは、ブラジル側が確実に適切な対応をするようにできるかぎりのコネを使った。事故の後、初めの二日間ブラジル側は事故の原因は彼女の運転にあるとしようとしていたのだ。トゥーヴネの力でフランス領事を動かし、弁護士が雇われて話し合いがもたれた。そして、アルナルドが撮影したフィルムが提出された。これが、興奮して何も考えていない観客たちが地元のチャンピオンであるデ・テッフェを応援しながらコース上に、エレーヌのアルファ・モンツァの前に走り出たということの動かぬ証拠となった。[註2] 彼女の運転にまったく不備はなかったのだ。事態がこうなったからには、慎重に言葉を選んだ一連の長い手紙でトゥーヴネがていねいに説明しているように、それなりの賠償金が絶対に支払われるべきだった。彼は次のように書いている。『きみにとてもよくしてくれている人たちを非難しろと言っているわけではないんだよ』

でも、きみ自身のことも考えなくちゃいけない。あの車はきみが投資したものであって、生計を立てる手段でもあるんだ。それが今はだいなしになって、きみだってもう少しで死んでしまうところだった。しかも、それは自分のせいではまったくなかった。（中略）きみがいつこっちに帰ってくる予定なのか分からないが、無理はしないでくれよ。僕としては会えるのが待ちきれないけれど。まずは体力を取り戻すことだ。いくらの賠償金が入ってくるか考えてみなよ。（中略）想像できる以上に僕がきみを愛しているということ、この遠くから抱きしめられるだけ抱きしめているということを忘れないで欲しい。きみのことが大好きだからね。[3]

彼女の回復を願っている人の誰が——彼女の姉か？——、もう一つの死亡事故について彼女に知らせるべきだと思ったのかは明らかではない。エレ・ニースのスクラップブックにフランス語の切抜きが貼られていることから、彼女がその事故についての資料一式を手にしていたことが分かる。七月一九日、彼女自身がひどい事故にあったのと同じ週にマルセル・ルゥーが亡くなっていた。ドーヴィルで開催された小さなグランプリ・レースで他の車と衝突したのだ。

そのレースはまさに、彼女が戻ってくるなら出場するべきだとトゥーヴネが力説していたグランプリである。まだ五〇歳だったルゥーの死亡記事は、彼のことをその世代でもっとも勇敢で尊敬されていたドライバーのひとりだと称賛している。そして、いつもその技術を喜んで伝授した彼の恩恵を受けた多くのドライバーの胸に痛切にこたえるだろう、とも。その翌月にアイルランドのリメリックでレース経験の浅いグラフトン公爵が、購入したばかりのブガッティに乗ったまま焼死し、九月のアイリッシュ・ツーリスト・トロフィーで八人の観客がコースを逸れたライレーの犠牲となったとき——同じレースに出ていたマルセル・モンジャンは、ぎりぎりのところで衝突死を逃れている——一九三六年は例年になく縁起の悪い年として人々の記憶に残るであろうことが明らかになっていた。

それでも、どの災難もサンパウロで起きた事故のひどさとは比較にならない。負傷した三四人のうちで、完全に回復したものはほとんどおらず、六人が死亡。エレーヌ自身は三日間昏睡状態に落ち入っていた。意識を取り戻したとき、彼女は事故についての記憶のすべてを失っていた。そんな状況でも、彼女の先を走っていた競争相手の一人、マリノーニが失格となり、三位になったと聞いて喜んだ。「私が一番にゴールするはずだった。私の前を走っていた二人は失格になったのだから」自身のレースに関しての個人的な記録に、何年もあとにそう書き記している。カルロ・ピンタクーダが完全に二周の差をつけて勝っていた事実は、どういうわけか見落とされているのだった。[4]

負傷した女性レーサーへ同情が広まっていた。手紙と海外電報の束が病院へ届けられた。その多くはサンパウロ・サーキットをうろついていたブラジル人からである。アルナルド・ビネッリはアンリ・トゥーヴネからの詳細な指示に従い、基金を設立したことや、少々ぞっとするような話だが、基金を増やすために破損したアルファ・モンツァのミニチュア模型が予約販売されていることをエレーヌに教えることができた。バルガス大統領は家族とともにサン・カテリーナ病院を訪れ、彼女はそこに必要なだけ無料で滞在できると約束してくれた。そして、九月のアルゼンチンでのレースへ彼女を招待したのだった。それは、彼女には何のとがめもないことを重ねて示していた。

エレーヌはその招待を辞退した。事故から七週間経ったがまだ病院で寝たきりで、元気もなく弱っていた。アンリ・トゥーヴネに助けてくれた礼をいうために、鉛筆で二、三行を震える字で書き、眠ることができなくなったと伝えた。夢の中でも、起きているあいだもずっと、彼女は自分の引き起こした惨害という思いに取り憑かれていた。そして、今となってはその惨害について自分は何も憶えていないのだ。『そんなに悲しまないで。僕の最愛のダーリン』とアンリ・トゥーヴネは懇願している。『自分を責めるのはやめないといけないよ。フランスの新聞もドイツの新聞も、ブラジルの新聞だって三日目からはきみのせいだなんて一度も言ってないんだから。考えちゃ駄目だ。悲しまないようにしないと』[5]

トゥーヴネ自身も、ナンシーにある自分の自動車会社がフランスの新しい左翼政党内閣によって国有化される可能性があり、かなり沈んでいた。[註3] 八月二一日付で彼はサンパウロの病院に宛てて手紙を書いている。政治的な状況でブラジルに来られないことを謝り、新しい車の購入資金にそれなりの賠償金が集められたと安堵感を伝えるためだ[註4]（一方、アルナルドはアルファ・モンツァのゆがみきった残骸をサンパウロの整備工場になんとか売りさばいた。貧しい国ではすべての機械が、残骸から出るものですら喜んで受け入れられたのだ)。モンジャンも同じく八月二一日付で、彼の『小さなりんごちゃん』に『僕がきみを元気づけて抱きしめてあげるから早く帰ってくる』ようにと元気づける手紙を書いている。しかし、彼女の悲しみはどうにもならなかった。あごに残る鋭い痛みは、放り出された体の圧力で殺された男を毎日思い出させた。何年にもわたって、彼女は事故のこの点を引き合いに出さずにはおれず、それにはつねに突き刺すような自責の念を伴っていた。「私の頭が気の毒な人を殺してしまった。彼の死が私の命を救ったのよ。私が彼の頭蓋骨を割ってしまったの[6]」

九月、ほぼ三ヶ月をブラジルで過ごしたあと、アルナルド・ビネッリと、明らかに動揺した様子――「気が気でない様子」との形容がもっともよく使われる言葉となった――のエレーヌは、フランスへ向けてハンブルグ行きの船で旅立った。彼女たちは、支払われた賠償金と銀の立派な記念プレートを一緒に持ち帰った。ブラジルでは、地元の英雄マヌエル・デ・テッフェに事故の責任がないとわかったとたんに、このフランス人ドライバーは同情と好意とともに人々の記憶に残っていた。一九三六年から一九三七年にかけての冬に生まれた赤ん坊のなかには、彼女に敬意を表して「エルニス」と名付けられた女の子が何人もいる。また、サンパウロに新しいサーキットを建設するために資金が調達され、彼女はサーキットのオープニングにブラジルを再訪する招待を受けた。無理もないことだが、その招待は受けないことにしたようだ。

彼女は少なくとも一時的に自信を失っていた。一九三七年一月、同年春に開催されるアルジェ・グランプリと、もう一つもっと小さなイベントへの出場を依頼する好意的な招待状がや

アルナルドとペット。1937年、リュウゼツラン屋敷にて。

ってきた。手紙の差出人は、ルゥーの元メカニック――『あなたもご存知の小柄な「ビドン」』――を無料で使ってよいと言ってきたが、その招待も辞退した。その差出人は調子のよい男で、彼女のプロとしての技術よりも、彼女の引き締まった体（『あなたの好感の持てる体つき』）を見て仲間が喜ぶだろうと長々と述べていた。[7] その翌年にあるパリの新聞に出ていた話によれば、エレ・ニースはレースに参加する代わりにリヴィエラに身を隠し、ラリーに、そして可能であればグランプリに出るのに十分な気力と体力を取り戻すまで、体を休めて日光浴でもしていると書かれていた。

資料があまりないため、この時期の彼女の生活をはっきりと再現するのは難しい。賠償金の一部を使いボーリュ・シュル・メールで、新しい、より豪奢な家が借りられた。リュウゼツラン屋敷と呼ばれるその家は、傾斜のきついエドワール七世大通り、シチリアのブルボン公子の別荘の隣に建っていた。かつてパリのブガッティ・ショールームでセールスマンとして働いたこともある公子は親しみやすい人物だったが、エレーヌとアルナルドはほとんどを自分たちだけで過ごしたようだ。彼女のライカで撮った写真を見るかぎり、二人が幸せだったことに疑いはない。写真には繊細な顔つきに黒い瞳のアルナルドが、あとからあとから登場する。犬たちと遊ぶアルナルド。子猫をなでるアルナルド。アルナルドがソファの向こうから彼女に向かってほほえむ。目的ありげに砂浜を歩いていくところ。自転車に乗って彼女のほうに手を振るアルナルド。彼女は人生で初めて、一対一の関係に幸福を見出したのである。アルナルドが望んだのか、彼女が決めたことなのか、無情にもマルセル・モンジャンとアンリ・トゥーヴネとの付き合いは完全に絶たれた。ボーリュでの写真の中に、不機嫌そうなソランジュが写ったものが二枚あることから、エレーヌの犬たちをパリのアパートメントから連れてきたのが誰なのか推測できる。異性とのつきあいに関しては移り気なところのあるエレーヌだったが、ペットに対してはゆるぎなく献身的だった。

最初の兆しが現れたのは、七月にマルセル・ルゥーが亡くなったドーヴィルでのレース直前のことだった。一連の名の知れたドライバーたちが自動車の密輸に関与したと、取り調べを受けることになったのである。いまだにサンパウロの亡霊に苛まれているときに、裁判所へ召喚されると知るのは、彼女にとってはきつい一撃だったに違いない。一九三六年の秋に表沙汰となった通称「マントン事件」では、数人の有名ドライバーに注目が集まった。さまざまな車で再々国境越えを繰り返す彼らに、輸入税を逃れて売買される車の運び屋として機能していると容疑がかけられていた。エレーヌのパスポートを見ると、捜査の対象となっている期間に彼女が二〇回以上もイタリアを訪れていることが分かる。大衆はドライバーたちの味方だったが、ロベール・ブルネやフィリップ・エタンセラン、ブノワ・フェルチェット、レイモン・ソメーといったレース界の同僚たちとともにエレーヌも法廷へ呼び出され、それぞれが有罪の判決を受けて一〇〇〇ポンドという相当の額の罰金を課せられている。[註6] だが当時、イギリス国王エドワード八世の強制退位と愛人（翌年二人は結婚）を伴ってのフランス訪問が発表されたおかげで、このニュースは一時的に影が薄くなった。

一九三七年一月の公判中には、アルジェリアでの小さなレースへの参加すら考えられないくらい落ち込んでいたエレーヌだったが、それからわずか二ヶ月後には、年間のレースの予定のなかでも厳しいレースのいくつかに出場することを考える余裕が生まれていた。そのゆとりが彼女の体力と回復力を証明している。イタリアを訪れて、人気の夕刊紙ガゼッタ・デル・ポポロ・デッラ・セラのために書かれた記事の中で、自分の計画を公表した。その記事は、彼女が入院しているあいだに遠くの村からサンパウロでの事故の「最初の犠牲者」を見舞いに訪れた何百人もの献身的なブラジル人の話に始まっていて、彼女は最後に爆弾を落としている。

　次のレース・シーズンに向けて準備するためにイタリアに来ました。ミッレ・ミリア、トリノ・グランプリ、ペスカーラ、モンツァにトリポリ（註：この当時はイタリア占領下）。特に世界で最長の公道スピードレース、第一一回ミッレ・ミリアにはぜひ出場したいと思っています。このすばらしい国ではいつもくつろげる気持ちになります。トップクラスのイタリア人ドライバーはみんな友達、ほんとうによい友達ですから。[8]

　かつて手紙の中で、レースがエレーヌの体の一部になっているといったテディ・コールドウエルには先見の明があったのだ。八ヶ月前、彼女はレース史上最悪な事故の一つに巻き込まれた。それがいま、イタリアのレースのなかでも運転するものに非常に多くを要求するレースに出場すると言い出したのだ。人によってはそれを向こう見ずというかもしれないが、まれに見るすばらしい勇気を示しているともいえる。しかし、記事が書かれた時点では車も持っていなかったし、楽天的に名前を挙げたどのレースからも招待されていなかった。そうやって自分がフリーだと発表することで、体調も回復したと公にし、フェラーリのようなレーシング・チームから申し出を引きつけることを狙ったのかもしれない。もしそうなら、その試みは失敗に終わった。つい最近頭に深刻な怪我をして、一時的に記憶を失ったドライバーを雇うような危険を冒したいメーカーはなかった。災難が起きたり、悪い評判が立つ危険性が高すぎる。彼女はボーリュ・シュル・メールの家へ何の収穫もなく帰ってきた。だがあきらめずに、愛して止まないサーキットへの公式な復帰を華々しく演出する他の方法を計画し始めた。その直後にチャンスはやってきた。ヤッコ・オイルの販売促進部が彼女に近づいてきたのだ。

ヤッコは現在と同じように、過酷な運転に自社オイルの使用を推進していた。そして女性はつねにいい宣伝媒体であり、一九三七年までには耐久トライアルでは女性のほうが男性よりもいい結果を残していることが明らかになっていた。自社オイルを使っている車が、他のライバル商品よりも速く、より長持ちするということを是が非でも証明したいヤッコは、モンレリーで世界記録を可能な限り破る女性だけのチームを集めていた。そのチームは、一〇日間にわたって交替しながら休止することなく走り続けるのだ。彼女たちが運転する車は、排気量三六二一ccというモンスター、マットフォードV8である。フォードと、アルザスのマティス(エットーレ・ブガッティの昔の同僚であった)が共同で、フランスで初めて生産する車で、そこからMat-Ford(マットフォード)と名前がついていた。

どのようにしてこの四人のドライバーが選ばれたのか、また、このマットフォードのニックネームが「クレール」なのは四人のうちの一人、クレール・デスコラからついたのかといったことは定かではない。チームのなかで一番若いシモーヌ・デ・フォレストは小柄な競争心の強い貴族の娘で、すでにモンテカルロ・ラリーと一九三四年のローマからカサブランカへ戻る道を行くモロッコ・ラリーで彼女自身の実力を証明済みだった。二〇〇一年に本書のためにインタビューしたが、デ・フォレストはいまだエレーヌ・ドラングルに対する嫌悪感を抑えることができないようだった。いわく、エレーヌは映画スター気取りで、彼女がカメラのためにポーズをとっている間は、他の人間は邪魔にならないところに立っているものだと思っていた。「見たってそれほど特別というわけでもないくせに。そうね、運転はうまかったわ。でも、男に対する執念といったら」「彼女のふるまいはバカみたいだった。率直に言って、彼女が自慢することとセックス以外のことを考えたことがあるなんて思えないわね」[9]

難しい関係をなだめていたのは、クレール・デスコラと、魅力的だと評判のチーム・キャプテン、オデット・シコーだった。シコーは一九三三年、ル・マン・サーキットで車がスリップしてコースを外れるという深刻な衝突事故を生き延びた、もう一人のアルファ・ロメオのドライバーだった。シコーは一九三四年のパリ―サン・ラファエル・ラリーでエレーヌと組んだことがあり、またその翌年にはモンテカルロ・ラリーでシモーヌ・デ・フォレストと組んでいる。チーム内の平穏を保つことができるとすれば、それは彼女だったに違いない。

デ・フォレストに味方してエレーヌと敵対していたのは、非常に経験を積んだヤッコのメカニックであるセザール・マルシャンだ。マルシャンはオイルを注ぐときに時折、マダム・エレの露出し過ぎの足にベトベトした黒い液体がいい塩梅に掛かるようにちょっとした「失敗」をするのだった。四二年前のヤッコ・トライアルを思い返したときも、彼はその楽しみを忘れていなかった。彼にとっては、それがいつもカメラに向かって愛想を振りまき、必ず一番目立つところに収まろうとする女にぴったりの扱いだった。[10]

ヤッコ・トライアルの前の記念撮影。左から、「クレール」の運転席に座るエレーヌ、シモーヌ・デ・フォレスト、オデット・シコー、クレール・デスコラ。1937年5月。

参加者たちに、どうしてそこまで敵意を起こさせることができたのか考えるのは難しい。ヤッコ耐久トライアルに関しては華やかなところなど何もなかった。四人の女性ドライバーたちは防寒のために厚着していた。ベルトできっちりと留められた革のジャケットの下に、どっしりしたウールのチェックのシャツを着込んで、しっかりしたふくらはぎ丈のニッカーボッカーの下には、厚手のハンティング用の靴下を引き上げてはいている。髪は革の防風キャップの下に収められて外からは見えない。ゴーグルと、ハンドルの直前についた細長い小さなガラスのウィンドスクリーンは、石が飛んできてぶつかったり、ことによっては目が見えなくなったりするのを防ぐ役に立つはずだった。唯一の安全ベルトはマットフォードのボンネットを押さえつけているストラップだけだ。革でできた幅の広い運転席にはスプリングなどのクッションも入っておらず、ただの箱のように固かった。

五月七日の朝、敵対心はさておき、ドライバーたちは握手をして、マスコミのためにポーズをとった。そして、ヤッコの高まる期待を超えるために出発した。キャプテンとして、オデット・シコーは日の出頃という運転しづらい時間帯を自分に割り当てた。日の出の頃というのは低い太陽がマットフォードのボンネットに沿ってまぶしく光り、視界は当て推量するしかなくなってしまうのだ。エレーヌも同様に危険な時間帯である夕方を選び、そのあとを引き継ぐのは若くて経験の浅いデ・フォレスト。デスコラは長い午後に汗をかくこととなった。それぞれのドライバーは三時間ずつ運転することになっていた。そしてスピードは時速一四〇キロ以下になってはいけない。この過酷なスケジュールは、運転手がすばやく交替する以外には休憩なしに一〇日一〇夜続くのだ。マルシャンは専門家として、マットフォードが失望させることはないと保証した。女たちがしなければならないのは、傾斜のきついモンレリーのバンクをぐるぐると走って持ちこたえることだった。

ヤッコ・スピード・トライアルについて、関係者は一つの例外を除き、ある一つの事実に言及していない[11]。最初の試みは失敗に終わったのだ。スタートして三日後にクレール・デスコラがリタイアして、トライアルはひっそりと中止された。ヤッコがさらなる賄賂を渡したわけではないが、五月一九日、チームは一〇日間の記録を作るために再びスタートしたのだった。

エレーヌは、バンクをぐるぐる回るのは檻の中のネズミになったみたいで嫌いだとマスコミにいつも率直に話していた。彼女がマットフォードを運転しているところを劇的なアングルで撮った一枚の写真では、彼女は完全にくつろいだ様子ですべてをコントロールしている。モンレリーに来る他の常連たちは、トライアル前の一ヶ月、エレーヌがサーキットで一所懸命トレーニングしているのを見ていた。だがこのトライアル中に恐ろしい目にあったのは彼女ではなくてシモーヌ・デ・フォレストだった。時速一八〇キロでトライアル走行をしていたときに、コンクリートのコース上に手足を広げて立つカメラマンを見たのだ。彼は猛スピードで走る車のまさに延長上にいた。「もし彼が一インチでも動いたら」デ・フォレストはのちに振り返っている。「彼も私も死んでいたわ。私には彼が怖くて動けないことを祈るしかなかった。そして実際動けなかった[12]」。もし遭遇したのが、自分の車がぎっしりと集まった人々の体をなぎ倒すという事故から一年も経っていない女性だったなら、それはショッキングな体験だっただろう。

五月二九日までに、消耗しきったチームは二六もの新記録を達成していた。それは信じがた

ASSOCIATION INTERNATIONALE
DES AUTOMOBILE-CLUBS RECONNUS

CERTIFICAT DE RECORD

l'Association Internationale des Automobile-Clubs Reconnus que
le record du Monde des 30.000 kilomètres

sur la piste de Linas-Montlhéry

Distance parcourue 30.000 kilomètres

Temps 212h 56' 57" Vitesse moyenne | 140.88 K.P.H / 87.54 M.P.H

Voiture MATFORD-YACCO

Engagée par la Société des HUILES YACCO

10日間のトライアルを記録したヤッコの証明書。

いほどの偉業だ（補遺2参照）。ヤッコは感謝の意を込めて、ブリリアントカットを施したルビーとダイヤモンドで、マットフォードのすばらしいエンジンのVの字をかたどったブローチをドライバーたちに贈った。エレーヌはそのブローチを、彼女を最後まで支えてくれた後援者に贈っている。そして、その後援者は今もプライドを持ってそのブローチを身につけている。[13]フランスのマスコミは四人の女性をチャンピオンとして喝采を送った。彼女たちの成功はイギリスとアメリカでは報道されたが、他国の勝利になど興味のないイタリアとドイツで取り上げられることはなかった。ヤッコ・トライアルのあいだに達成された記録のほとんどは、今日に至るまで破られていない。

ヤッコの勝利は、フランスが士気を高めることをとにかく必要としているときにもたらされた。パリでは万博が開催され、エッフェル塔にかかる大きな幾筋もの光が輝き、セーヌ川は金色の液体が流れる川となっていた。しかしながら、開催に間にあうように完成した国別の展示はドイツ、ソビエトにスペイン（共産党からの働き手が精力的に手伝った）だけだった。当時、ソビエト館の上に高々と掲げられた槌と円形鎌をかかげた雄々しい二人の労働者の壮大な鋼の彫刻は、一ヶ月前のゲルニカでの残虐行為に触発されたピカソによる情熱的な作品よりも注目を集めた。「ルビヤンカに急げ」というのはシニカルなパリっ子たちが彫像につけた失礼なあだ名だったが、ロシアの産業を表した巨大な大理石の地図を笑うものはいなかった。その地図上では資源のある場所が、すばらしい宝石で印されていた。アルベルト・シュペアがデザインしたドイツ館は寒気のするような未来をかいま見せ、五〇メートルあまりの塔の頂上にはカギ十字の紋章を鋭い爪で握る金色の鷲が飾られていた。

パリで一番高いところに掲げられたこの鷲は、一九三七年の夏を象徴していた。ロンポワン・ミラボーの部屋の丸い出窓から外を見ると、その鷲がはっきりと見えた。その真鍮の羽が夏の太陽にきらめく。その輝きは、丁寧に磨かれて並べられたエレーヌのトロフィーの輝きと調和していた。

一九三七年の夏、シューペアによる展示館はどれほど不吉なものに見えたのだろう？ 作家ジュリアン・グリーン言うところの『いつのまにか人々の心に入り込んだ漠然とした不安感』というものを人々は何年ものあいだ意識していた。[14] 一九三六年にフランスの東部国境近くであるライン地方を取り戻したヒトラーは、オーストリアとチェコスロバキアのドイツ側、ズデーテン地方に思惑を集中させていた。フランスの新聞にはガスマスクの広告が出始め、防空壕を掘るにはどこが一番よいかといった話し合いがもたれた。万博の消極的防衛に関する展示館では警報のデモンストレーションが行われている。しかし、ほとんどの人にとっては、ヒトラーが狙う領土拡大に対する警戒心よりも、彼を刺激することへの恐れのほうがずっと大きかった。フランスが月に四五機の飛行機を生産しているのに対し、ドイツは月に三〇〇機以上を生産しているという事実が報道されても、負けないようにがんばるべきだなどという声は出てこなかった。彼の注意を引くようなことをしないかぎり、ヒトラーはフランスをほうっておいてくれると多くが信じていたのだ。何もせずに黙っていれば、フランスは痛手から逃れられるかもしれない。この国の労働力世代を壊滅させた戦争という殺戮から国を守ること、身の安全を守ることは重要なことだった。

恐れおののく国家の姿というものは、人の怖がる顔のようには表に現れない。戦争が始まる前の夏、パリっ子たちはディズニーの白雪姫――主人公の一番の長所は忍耐強さという心休まるアニメーション――を観ようと市内の映画館に押し寄せている。ジャン・ルノワールの「ゲームの規則」では、嘘と妥協の人生への攻撃に怒った観客は野次を飛ばし、フランス人の士気にかかわるということで上映が禁止された。その一方、モーリス・シュバリエはカジノ・ド・パリでヒトラーをもじった心和む明るいパロディを歌い、観客を沸かせている。これにはヒトラー自身が客席で聞いていても腹を立てることはなかっただろう。

エレーヌのアドレス帳にはメルセデスやアウトウニオンといったドイツの会社の連絡先があった。また、サンパウロでの事故の後に受け取った見舞い状のなかには、ドイツの若者からのカードもあった。その若者は第一次世界大戦のドイツの英雄、「赤い男爵」の異名をとったマンフリート・フォン・リヒトホーフェンの親戚で、写真は凛々しい空軍のユニフォームを着ている。彼女には敵意めいた感情はなかったのだ。それどころか、彼女はヨーロッパでもっともパワフルな車を製造しているドイツの会社が雇ってくれたらと強く望んでいた。一九三八年早春、彼女はアドラーへワークスチームのドライバーとして申し出を送っている。いつものように宣伝媒体としての自分の価値を意識して、彼女は経歴書とともに映りのよい写真も同封した。だが、アドラーは興味をまったく示さなかった。アドラーのマネージャーは、彼女が運転したいという意向を示したリエージュ－ローマ－リエージュ・ラリーでは、自分たちの車によく慣れたドライバーを使うつもりだとすげなく言ってきた。[15]

エレーヌがフランス車ではなく、アドラーを選んだ理由に考えられるのは新しい友人関係だ。

戦後彼女の人生に起きた出来事のおかげで、ラリーに戻ってきたという事実が強調されることとなった。ある記者は、『慇懃な女たらしのナチス親衛隊員フシュケ・フォン・ハンシュタインにそそのかされて』、エレ・ニースは一九三八年に再びラリーに出る気になったという。[16] 実際は、彼女はすでにサーキットへ戻ろうと精力的に何度も試みていた。しかしながら、ハンシュタインとのつながりが考慮に値するのも確かだ。ハンス・フォン・シュトゥック[註7]を除けば、彼は戦争直前に友達付き合いを始めた唯一のドイツ人ドライバーだったのだ。

二七歳のフシュケ・フォン・ハンシュタインはさっそうとした若者で、危険が大好きで、広報に関して直感的なセンスを併せ持っていた。そのおかげで彼は後年ポルシェのマネージャーとして非常に成功している。のちの写真では、大きすぎる眼鏡に墓石のように大きく平べったい歯の見える笑顔で、漫画のキャラクターのようだが、一九三八年の彼は体のひきしまった魅力的な男で何人もの娘をものにしていた。彼の新しいBMW328ロードスターのナンバープレートがSS―333だったという事実に眉をひそめられることもあるが、それも一九三八年の時点ではフランス人ドライバーたちには、特に悪いものとは思われていなかった。[註8] エレーヌの仲間であるアンヌ・イティエは一九三七年にすでにハンシュタインと仕事で組んだことがあったし、彼が助けてくれたあとにめくるめくロマンスを楽しんでもいる。ハンシュタインは、彼女がマルグリット・マリュスと一緒にモロッコ・ラリーに出たとき、砂嵐で砂に埋もれてしまった車を救出するのを手伝ってくれたのだった。それからすぐにイティエはアドラーを運転するハンシュタインのパートナーとしてル・マンに招待されている。

その当時、一九三八年にはアドラーがフランス人の女性ドライバーを使っていることにエレ

フシュケ・フォン・ハンシュタイン。

ーヌは気づいていた。肩の故障で一時的にグランプリから遠ざかっていたハンシュタインだったが、ラリーにはまだ出場していた。ドイツ製のＤＫＷに乗る彼は、エレーヌにボーリュから始まるシャモニー・ラリーでパートナーとなってくれるように頼んできた。これに関してアルナルドがどう思っていたのかははっきりしない。しかし、エレーヌ自身によるレースの記録もかなりの推測と説明が必要だ。『霧のために間違った道を行ってしまった』ために到着が遅れてペナルティーを受けたと記述がある。冬のまっただ中に薄い氷で被われたエストニア横断を生き延びた女から出た言葉としては、この説明はもっともらしくなく、説得力がない。砂嵐のあとのイティエとのロマンスを考えると、ハンシュタインが似たようなことをしていたのではないかと思ってしまう。

手がかりとなるような手紙はない。ハンシュタインの妻が書いた回想録にはイティエに関しての辛辣なコメントはあるが、エレーヌの名には触れていない。ハンシュタインとエレーヌを結びつける文献で唯一残っているのは、彼女自身によるシャモニー・ラリーの予定表だ。彼女がよく知っているはずの道でどうして迷ってしまったのかというのも謎だが、結局たいした意味合いをもたないようだ。エレーヌが戦争の始まるまで更新を重ねていたアドレス帳には、ハンシュタインの名前は見当たらない。もしかすると、戦後エレ・ニースの人生にふりかかった不幸の理由を見出そうとするとき、ハンシュタインという名前が目立って誤解を招くのかもしれない。一年前の彼とのロマンチックな関係が周知の事実であったフランスのアンヌ・イティエに、何か害が起きたというようなことはまったくなかったのだから。

翌年の夏、エレーヌの運転技術が一つも衰えていないことを証明させてくれたのはそのイテイエだった。女性のための女性だけのレースを発起することにイティエはずっと関心を持っていた。現実的に女性ドライバーたちが自分たちの名を挙げるにはそれしかないと認めたのかもしれない。一九三九年、設立にかかわった自動車愛好家組合（ＵＳＡ）を通じて、彼女はグランプリ当日に一連の女性のみのレースを行うことを交渉し始めたのだった。それからイティエはルノーに近づき、これらのレースでルノー車を走らせて女性市場に売り込めば利になると説得したのだった。アイデアとしては目新しいものではない。エレーヌは一九三三年にプジョー301のための似たような競走に出たことがあった。

ルノーは先頃値段を意識しつつもスポーティーなジュヴァキャトル——モノコックのボディを持つ最初の車——を開発したばかりで、乗り気だった。六月一一日、ピカルディー・グランプリと同じ日、エレーヌは一〇台の頑丈なジュヴァキャトル・ルノー・サルーンで朝のレースに出場する一〇人のうちの一人だった。この車はセダンであって、悪条件のもと猛スピードで走ることを前提に作られたものではない。しかし、その日、パリの北に位置するペロンヌ・サーキットは雨で水につかった状態で、吹きつける風に観客たちはさほど大きくもない観覧席で雨をしのげる一部分に集まっていた。エレーヌはうれしかったに違いない。これがあの事故が起きてから初めて競争相手とともに走るレースだったし、彼女は六八キロのコースを走って、イヴォンヌ・シモンという若いドライバーにぎりぎりで敗れて二位となったのだ。このもう少しで勝てたという結果が刺激となった。二ヶ月後には、彼女はサン・ゴダンへと、おなじみの芸当とトライアルをこなすため、山に囲まれたコマンジュのコースへと向かって南西へ車を走らせた。彼女はノリのいい観客が好きだった。そしてここは望むとおりの舞台だ。そこには悪いことが行く末に待ち構えているということを感じさせる何かがあったのかもしれない。古き良き時代のフランスのレースのような、陽気に羽目を外せる日々が終わりを迎えようとしていることを感じさせる何かが。理由はなんであれ、八月六日のコマンジュで、コースの見える空いた観戦場所を見つけるのは至難の業で、その夏の国際的ベストセラー『風と共に去りぬ』を読んでいない人間を探すのと同じくらい難しかった。

「女子自動車クリテリウム」はその立派な名前のとおり、暖かくて風のない、まばゆいばかりの完璧な夏の午前に開催された。楽しむ心づもりの観客たちが、フランスのトップクラスの女性ドライバーたちがきちんと並んだジュヴァキャトルに乗り込み、スタートの合図に備えてエンジンの回転をあげていく様子に声援をあげる。シモーヌ・デ・フォレスト、マリノヴィッチ夫人にアンヌ・イティエといったところがエレーヌにとって真剣に優勝を争う相手だった。クローズド・カーでは誰がどの車に乗っているか、番号でしか分からなかった。

この日はエレーヌのためにあった。最初の二、三周を終える頃には、彼女の勝ちが確実となっていた。ル・オートの記者、シャルル・ファルーは難しいと悪名の高いこのコースを、彼女が攻略する様に以前どれほど感心したかを思い出した。そして今、彼女が曲がりくねりつつ急な下り坂になっている、コース中もっとも難しい箇所を、どれほど大胆に攻め、周回ごとに五秒ずつリードを広げるのを目の当たりにしていた。彼女のコントロールのよさは顕著で、セダンで平均時速九〇キロを保つ能力についても同じことが言えるとファルーは書いている。端的にいえば、ファルーはエレ・ニースに当代でもっとも速く、またテクニックに長けた女性ドライバーとしての栄誉を与えてもいいだろうと思っていたのだ。知る由もなかったが、これが彼女のプロのレーサーとしてキャリアの最後を飾る熱烈な賛辞となった。[17]

その日は彼女の日ではあったが、彼女は女だけのイベントをやりがいに欠けるとして常々バカにしていた。今では偉大なドライバーの一人と見なされている、友人ジャン・ピエール・ウイミーユがコマンジュのグランプリで二位をとるのを見て、物欲しそうにしている瞬間があったに違いない。彼女よりもメーカーに対して忠実な彼はブガッティに乗っていた。二人はレースのあとで話をした。ウィミーユはジャン・ブガッティとともにイギリスに行ってきたばかりだった。プレスコットにあるブガッティ・オーナーズ・クラブの新しい建物を訪れてきたのだ。彼はパリから知らせを聞いたジャンの落胆を分かち合ってきたに違いない。ブガッティ一家とずっと取引をしていた銀行が一年にわたる恐慌のあと、これ以上の融資はしないと決定した。倒産を免れるには、会社の一部を管財人の長い手の届くところから持ち出すしかなかった。ジャンの同意を得たエットーレは、アントワープでの新工場設立について取り決めるため、友人であるレオポルド王へ会いにベルギーへと向かっていた。

コマンジュでそんなうわさ話を聞き、エレーヌはウィミーユを抱きしめた。彼が次に出場するラ・ボールの砂上のコースでの幸運を祈ると、その険しい顔つきに笑顔が浮かぶ。ドライバーが乗る予定の車を用意するのにどれほど密接にジャンが関わっていたのか、彼女はもちろん、ウィミーユでさえ知らなかっただろう。

ジャンはつねに「スピード」を愛していた。八月一一日の夜遅く、ラ・ボールでのレースの二日前に、彼はブガッティ・タイプ57Cタンクの最終走行をしようと決めた。モルスハイムとストラスブール間の長い直線区間を走るのだ。コースに障害がないか確認するため、メカニックたちが脇道への曲がり角を見張っていた。やはり、夜の一〇時なら道路に他には誰もいないだろうとジャンは思う。そして、その重量級のスーパーチャージャーつきの車を最高速度の二三五キロまで加速させた。

真夜中の少し前に、レオポルド王のラーケン王宮にいたエットーレ・ブガッティは電話に呼び出された。そして脇道からブガッティの進行方向に、自転車に乗った人が出てきたと聞かされた。急激に反れながらボンネットが男を斜めから捉えたが、男は両手首を骨折したものの体を投げ出されただけですんだ。一方コントロールを失った車は左に振れて二本の立木に衝突し、次に右方向へよろめいてもう一本の木にぶつかって二つに裂けた。ジャンの遺体が発見されたとき、その手はハンドルを握りしめたままだった[18]。

壮大なブガッティ・ロワイヤルに乗ってモルスハイムへと夜の闇をひた走るエットーレは、痛烈な困惑と喪失感に襲われていた。ジャンの命を守るために彼をレースから遠ざけていたというのに、その努力のすべてが無に帰したのだ。

エットーレは長男を失い、会社の未来に輝く希望も彼とともに失われてしまった。一九三三年以来、工場を取り仕切っていたのはジャンであり、また、エットーレが認めたがらないことも過去にはあったが、斬新で陶然とさせるジャン独自のデザインを作り出していたのだ。

八月二六日、レオポルド王は侵略から国を守るため、即座にベルギーの軍隊を動員することを承認した。そしてイタリアがドイツを支持しているときに、イタリア国民であるエットーレに対し、アントワープの工場のスペースは提供できないだろうと如才なく示した。ジャンを失ったことに呆然としていたエットーレは、友人の決定をただ受け入れたのだった。

三週間後、ヒトラーの軍隊がポーランドを侵略した。陸軍省からの指導のもと、エットーレ・ブガッティはドイツ国境近くのアルザスから西のボルドーへすべての機械を移動した。ここでイスパノ・スイザのV12航空機エンジンのクランクシャフトの生産を請け負うことになっていた。

マジノ線を防衛するために一〇〇万人のフランス人が動員されて東へと送られた。スイス国籍を持つアルナルド・ビネッリには徴兵される恐れはなかった。もしかすると、彼もエレーヌも、宥和政策がヒトラーの注意からフランスを救うと考えた楽天主義者だったのかもしれない。リヴィエラは、おそらく人々の不安感が傾かせたのだろう、毎週のように店が閉まっていき、初めてのカンヌ映画祭は突如としてキャンセルされた。エレーヌとアルナルドの二人はただ退屈して、都会の活気に思い焦がれていた。日課のサイクリングや人気のない海岸の散歩をするには、あまりに天気が厳しくなると、多くの隣人たちが冬に向けて戸締まりをし、ボーリュ・シュル・メールの上の丘陵での生活は孤独なものとなった。

理由はなんであれ、一九四〇年の凍えるような一月に、エレーヌとアルナルドはリュウゼツラン屋敷から持ち物のほとんどをトレーラーに積み込み、それをエレーヌの立派なイスパノ・スイザで引いてパリに向かって北へ走った。五ヶ月後にヒトラーが市内へ進軍してきたとき、彼女たちはそこにいた。

註1　彼女たちにとって内縁の義理の父親であるジャン・ベルナールのこと。

註2　エレーヌの事故とその原因についてビネッリがル・オートに宛てて書いた手紙の本文については補遺1を参照。事故の起きる直前から事故の瞬間をとらえた連続写真のフィルムはアゴスティヌッチ・コレクションに現存する。

註3　アンリ・トゥーヴネがナンシーについて述べていることから、彼はかつてロレーヌ＝ド・ディートリッシュ社と一緒に働いていたと著者は推論する。この会社は、一九二六年にはナンシー近くのリュネヴィルでロレーヌ社として電車の車両や軍用自動車を生産していた。アンリ・ド・クルセルとマルセル・モンジャンが一九二六年のル・マンでロレーヌ＝ド・ディートリッシュを運転して二位になっていることから、エレーヌの恋人と友人のほとんどが職業面でも近い関係にあるという事実にもよく当てはまる。

註4　アゴスティヌッチ・コレクションにある一九三六年八月一一日付の通知には、賠償金の金額は三一コントス三九万二〇〇〇ミルレース、当時の二万三〇〇〇フランに相当するとある。これは驚くほど控えめに思える。弁護士が雇われたと思うとなおさらだ。彼女の中古のブガッティが四万フランだとしたら、その半額では一九三六年に洗練されたレース用の車を買おうにも役には立たないだろう。しかし、言っている金額は人の目を欺くものかもしれない。何年もたったあと、エレーヌ・ドラングルは友人ジャナラ・ジャルナッシュに五〜六〇〇万フランを受け取ったと書いている。確信を持って言えるのは、賠償金は彼女とビネッリの生活を約二〇年ものあいだ支えていくのに十分な金額だったということだ。総額は公式には申告されなかったということもありうる。

註5　エレーヌのアルファ・モンツァは買い取られ、翌年ブラジル人ベネデット・ロペスが首尾よく

レースに出ている。後年エレーヌは、ビネッリがこの売買で得た金を横取りしたと彼を非難している。

註6　これらの旅行の多くで定期的にエレーヌに同行していたマルセル・ルゥーもまた、告発されるドライバーたちの最初のリストに名前があった可能性がある。不安感が彼を動揺させ、最後となったレースで運転に影響したのかもしれない。エレーヌが保管していたイタリアのフェラーリ工場のメカニックと連絡先の詳細なリストは、彼女とルゥーの両者がミラノでフェラーリと共用していた工場からアルファ・ロメオをフランスに持ち込むことに関わっていた可能性をいっそう強いものにしている。ルゥーはドライバーとしての最後の数年はフェラーリに雇われていた。

註7　エレーヌのこのカップルを「ハンス・フォン・シュトゥック・フォン・フィリーエスとパウラ」として、ベルリンとポツダムの彼らの住所とあわせてアドレス帳に書き込んでいた。

註8　この車は親衛隊の自動車部門の一部としてレースに出た。ハンシュタインは一九四〇年のミッレ・ミリアに親衛隊のバッジのついたユニフォームで出場したことを恥じてはいなかった。のちに自伝でチームを励ますためにしたのだと釈明している。

13. 戦争中は何をしてたんだい、お嬢さん？

友よ、野を駆ける黒いカラスの羽ばたきが聞こえるか。
友よ、鎖で繋がれた国の声なき声が聞こえるか。

モーリス・ドゥルオン

一九四〇年の六月、ペタン元帥が行った停戦要求は臆病にも見えたが、現実的な選択は他になかった。軍隊はパリから撤退後も、フランス中枢部を果敢に守ろうとしたが、ドイツ軍の恐ろしく効率的な電撃的猛攻撃に、備えのないフランス軍が持ちこたえられるはずもない。一般市民を含む約一〇万人の命がすでに失われ、パリはドイツ軍占領下に入った。

すでに荷物をまとめて南へ避難した北部の人々は、ペタン元帥と配下のピエール・ラヴァルが統治するヴィシー政権下となった、倫理的ではないが、大きく確保された南部に身を寄せた。疎開できず残された二五〇〇万人は、巨大なドイツ国の領土に捕われの身となった。しかも一九四二年まで、フランスは一日当たり五億フランという驚くべき金額の助成金をドイツに支払った。この状況下では、ドイツ軍に協力するか、抵抗するかの二つしか選択肢はないように見えるかもしれない。しかし究極的な選択肢のあいだには、あいまいで表には出てこない妥協という道があった。食料と燃料が乏しくなり、輸送がほぼ不可能となっては、生き延びるには譲歩せざるを得ないのである。

パリではカギ十字の占領軍の旗が、不気味に静まり返った町並みの上空に翻っていた。一九四一年には、昔の田舎を思わせる自転車のシャーッと走る音と、木靴のカタカタ鳴る音が（皮革はドイツ人が使うものとして徴用された）、パリにもっともなじんでいた。毎朝、シャンゼリゼをレトワールに向かって、占領軍は機械仕掛けの人形のように正確な足踏みで行進していく。そして新聞とラジオでは、ドイツ軍がここフランスでは勝利を収め、残りのヨーロッパも時間の問題と、同じ勝利宣言が毎日繰り返された。

エットーレ・ブガッティにとっては、若く美しいファッション・モデルのジュヌヴィエーヴ・デルキューズとの間に花開いた恋が慰めとなっていた。しかし、かけがえのない後継者を失ったことに変わりはなく、また、息子の幸せの一番の障害となっていたのは自分自身だったことを痛烈に知らされていた。ジャンが亡くなった後に開封された書類のなかに、メキシコ人ダンサーのリーヴァ・レイエスへ宛てたラブレターがあったのだ。一九三八年、エットーレが二人の結婚話に反対して解消させたあとにジャンが書いたものである。その手紙では、ジャンが彼の兄弟たちとともにリーヴァを自分の第一の後見人としていた。

偉大なる一族の家長、カルロ・ブガッティはドイツ侵攻前夜に息を引き取ったために、息子エットーレが直面している屈辱は味わわずにすんだ。新設されたボルドー工場は速やかにドイツ軍の支配下に置かれたため、一九四〇年一一月に英国空軍によって爆撃を受けた。一方モルスハイムのブガッティの作業所は、潜水艦用の魚雷を製造するトリッペルヴェルケというドイツの会社に売却することを容認させられた。そして、壮麗なモルスハイムの屋敷と小洒落たピュール・サン・ホテルは放棄させられ、弟レンブラント・ブガッティによるブロンズ像の傑作が何点も置かれたウィンターガーデンは荒れるにまかされた。

W・E・ブラッドリーは戦後ほどない一九四八年にエットーレの最初の伝記を出版している。エットーレが誠実な夫だった頃に面会しているブラッドリーは、ブガッティが一九四〇年の秋深く、病弱な妻と一八歳になる息子のローランをボルドー近くの家に見捨て、ジュヌヴィエーヴ・デルキューズとパリで新しい人生を踏み出した点にあえて触れていない。ブラッドリーはモルスハイムの作業所についても、空軍大臣の勧告によってエットーレがそこを離れ、続いて強制的に占領軍へ売却させられたという以上のことは触れないことにしたようだ。実際には、イタリア国籍を持つことから当然占領側と見なされたエットーレには、一億五〇〇〇万フランという相当の金額が占領軍から支払われた。その額は、パリの北にある巨大なシャトー・エルムノンヴィルを戦争で失ったものの代わりに購入し、規模を縮小したパリ作業所で新しいデザインの車を製造するのに十分な金額だった。[1] このシャトーを工場の基盤とすることを考えたこともあった。だが戦争が始まってからはロシアからの難民のための宿泊所として使われ、今ではエルムノンヴィルは、かつてモルスハイムにあったアンティークの馬車の莫大なコレクションと、エットーレのブガッティ・ロワイヤルの安全な隠し場所となっていた。イタリア生まれの自動車人をドイツは気に入っていたかもしれないが、あのような豪勢な車を個人で所持することは許可されなかったであろう。著名な劇作家サシャ・ギトリがなんとかイスパノ・スイザを手元に持ち続けたのは事実だが、ギトリはドイツ軍に取り入るためには背信行為とまではいかずとも、なんでも喜んでやった。

エットーレは、長女レベを労働奉仕のドイツ送りから守るため、あらゆるコネを尽くした。しかし、彼は占領軍への協力者ではなかった。一九四三年から一九四四年のあいだ、何人かのスタッフとブガッティのもっとも優秀なドライバーの三人が、活発にレジスタンス活動を行っていたこともよく承知していた。ブガッティ家とスタッフより与えられた個人的な情報によれば、エットーレがオッシュ通りにあった戦時中の最初の家を集会場所として提供し、偽造した通行証や身分証明書を用意したと、伝記作家ブラッドリーは記している。身分証明書もしくは公式通行証なしで占領外区域に立ち入ったなら、撃たれても不思議はない時代に、レジスタンス活動に命を懸ける男たちにとって、これらの偽造証はとてつもなく貴重なものであった。

ブガッティ関係者が一番大きく関わっていた作戦を最終的に率いたロベール・ブノワは、占領が始まったとき四六歳だった。『非常に人目を引く顔をしていた』ともう一人の元ブガッティ・ワークスチームのドライバーだったルネ・ドレフュスが書いている。『鋭い目鼻立ちに突き刺すような瞳で鷲のような横顔。彼の顔には何か美しいもの、彼の正直さや高潔さ、品格といったものが見える。彼こそは真の騎士だった[2]』

ブノワはドイツ軍がパリに侵攻したとき、軍備将校として仕えていた。第一次世界大戦では傑出した航空兵だったが、年齢制限で飛行許可を得られなかったのだ。パリ陥落との知らせが入ってきたとき、彼は自らの部隊とは別にル・ブールジェの軍用飛行場にいた。おびえて逃げまどう群衆をすり抜けるのに手間取り、ブノワは南西へと向かう武装した護衛隊に捕まってしまった。彼はタイミングを待って護衛隊からうまくはぐれ、ドライバーならではの技術を駆使し、細い路地へ入った。そこからブガッティのスロットルを踏み込んで、人気のない田舎道を疾走した。友人の持つ人里離れた農家にたどり着いた彼は、自分の車を隠し、部隊と合流するために古い車を借りた。その後の出来事が、ブガッティの同僚ドライバーだったチャールズ・グローヴァー（ウィリアムズ）が、ブノワに接触したことを示している。グローヴァーは戦争の勃発とともに、通信隊の運転手として英国陸軍に再び入隊していたのである。

バイリンガルとして育ち、フランスについてよく知っているグローヴァーが、特殊作戦執行部（ＳＯＥ）として選ばれたのはごく自然だ。ＳＯＥでは男たちに産業的な破壊工作を含む様々な技術の訓練をし、任務の詳細を授けて、彼らを落下傘で再びフランスへと降下させた。一九四二年五月三一日、グローヴァーはル・マン近くの占領下地域――レーサーにとっては見慣れた風景である――に落下傘で降下した。彼は栗作戦という暗号名のもと、新たなレジスタンス組織網を築くという使命を受けていた。パリに向かいつつ、彼はブガッティの同僚ドライバーであるブノワとジャン・ピエール・ウィミーユと手を組んだ。この三人が新たなメンバーを採用するというデリケートな任務に取りかかったときは、エットーレの事務所が隠れみのとして使われている。まず、最初に参加したのは彼らの妻たちだった。翌年の三月にはイギリスから無線技師が到着した。その後三ヶ月にわたり、栗作戦は相当量の武器や装備といった蓄えを、パリの南西ランブイユの森にある人目につかないブノワ家のシャトーに増やしていった。

一九四〇年当時の占領軍は友好的で、受け入れられたがっているように見えた。ドイツ軍は身元不明の兵隊の墓に敬意を表し、勘定は自ら支払い、自らの規則に従って外出禁止時刻以降はパリの真っ暗な通りから出て行ったことから、初めの数ヶ月は不承不承ながらも「彼らは正しい」が常套句だった。しかし、一九四一年にはそんな空気も硬化していた。エレーヌがかつてレントの祭りでジャンヌ・ダルク役を務めたナントでは、一〇月に起きたドイツ軍士官の暗殺事件がすばやい迎え撃ちに遭い、二二人の人質が処刑されたことに続いて、ボルドーでさらに五〇人が殺害された。レジスタンスの初めての武器による破壊工作に次いで起きたのは、一二月、七〇〇人に上るパリのユダヤ人に対する根拠のない検挙と、パリにほど近いモン・ヴァレリアンで執行された人質一団の処刑だった。翌一九四二年には、大量の国外追放が始まった。六月には多くの女性と四〇〇〇人の子供を含む一万三〇〇〇人のパリ在住ユダヤ人がかり集められ、強制移送されるまで家畜のように拘束された。拘束先の移送収容所は、かつて一九二〇年代にはヘミングウェイも通った屋内の冬期競輪場だった。いっぽう、ヴィシーでは、さらに四万人の犠牲者が敵に引き渡された。後日判明したのは、ヴィシーの警察のトップであるルネ・ブスケが、冬期競輪場に閉じ込められたユダヤ人の検挙をまかされていたらしい。その冬期競輪場では多くが脱水症状と極度の消耗で列車に乗せられる以前に命を失った。

一九四三年には、連合軍による侵攻の恐れが増したことが、ドイツ軍によるレジスタンスの取り締まり強化へとつながっていく。六月には七つの組織にスパイが潜入しており、栗作戦はそのうちの一つだった。七月の終わりに無線技師が捕らえられ、拷問を受けた。そして、彼はもっとも有罪になりにくいと思われた、モーリス・ブノワの名を明かした。ロベールの弟、モーリス・ブノワは不運にも武器の隠し場所をナチの諜報部に漏らすのに十分な情報を知っていた。即座にオーファルジにあるブノワ家のシャトーに赴いたのが、ドイツ警察だったのか、同様に残虐な親ドイツ派のフランス民兵だったのかは不明である。そこでチャールズ・グローヴァーは逮捕された。投獄後に移送されたザクセンハウゼンで一九四五年三月に処刑されたと考えられている。グローヴァーの活動にインスピレーションを受けたある作家は、グローヴァーが身の自由を金で買い、MI6のために諜報活動を続けていたという小説を著している[3]（彼の衣類の包みが、イギリスにいた彼の兄弟に宛てて一九四五年三月にザクセンハウゼンから送られたという事実から、真相はそうではないだろう）。

グローヴァーの逮捕から三日目にパリで捕らえられたロベール・ブノワは、身の毛もよだつような逃走劇を演じている。まずはドイツ軍の車から、そしてそのあとにオッシュ通りの友人宅――ブガッティの自宅かもしれない――から。彼は友人宅から外によじ登り、屋根伝いに逃げた。彼は英国空軍機に救出されてイギリスへ逃れたが、ジャン・ピエール・ウィミーユとともに新たな破壊工作任務である牧師作戦の遂行ため、一九四三年の秋にフランスへ戻ってきた。今回の任務は、ナントのロワール川中洲、エロン島にある二つの大きな高圧線の鉄塔を破壊することと、ドイツ軍が使っている列車の線路に細工を行うこと、ノルマンディ上陸作戦のDデイに向け、ナント地域での効率的な妨害チームを準備することである。

捕えられたレジスタンスの闘士に振りかかる危険を書き表すことは不可能だ。彼らにとっては無線技師が唯一の連絡手段で、武器や弾薬の受け取り計画には暗号を使用する。しかし、ドイツ軍は無線技師を捕まえ、偽の信号を送ることに徐々に成功するようになってきた。そして、たとえメッセージが上手く送信されても、空中投下される武器を受け取る際にも危険が伴う。

投下位置は、トーチで決められた通りのモールス符号を照らして伝えられたが、それが敵に見られてしまう可能性は常にあったし、さらに投下されたものは明るくなる前に安全なところへ運んで隠さなければならない。M・R・D・フットによる、フランスにおけるSOEの活動に関しての研究によると、ブノワはたった二人の手伝いとともに、一晩に一七もの重量のある投下物を受け取って隠すことができたという。彼はまた、その勇気とたぐいまれなるリーダーとしての資質によって、ランブイユの森の自分のエリアから二〇〇〇人ものレジスタンスの闘士を呼び集め、活動へ向けた訓練を開始した。[4] そこからサント・メムはすぐ近くである。エレーヌ・ドラングルの弟のアンリが、ブノワの勇気ある部下の一人だったならうれしいことだ。

ブノワは何度も驚くような逃亡をしてみせた。しかし、一九四四年六月、ついに彼の命運は尽きた。余命いくばくもない母親を訪れていたときに逮捕され、パリの外れ、フレーヌにある悪名高い刑務所に連行された。エットーレ・ブガッティの秘書のステラ・テセドルとその夫も同時に逮捕されている。しかし当局はもっと多くの人間が共謀していると確信していた。ブノワは拷問を受けても、自分の名前（彼の身元は、書類上は「ダニエル・ペルドリッジ」、戦場での名前は「ライオネル」となっていた）以外は黙秘し続けた。「絶対に自白しない」彼は反抗的にも独房の壁にそうひっかいて書いた。そして、自分の本当のイニシャルを自分であることの証明として付け足した。[5] 妊娠五ヶ月だったステラ・テセドルは、パリ北部のコンピエーニュ駅でまさに移送されようとしているところを、赤十字社のメンバーの一団に救出された。彼女の夫はブノワとともにドイツに移送された。九月六日、ロベール・ブノワを含む三六人の将校がブーヘンヴァルト強制収容所の地下の監房で絞首刑に処された。ピアノ線が使われたのは最悪のシャレだ。レジスタンスとともに働いていた無線技師たちは、SOEの指令のなかでは「ピアニスト」と呼ばれていたからである。
物静かで大変信心深いジャン・ピエール・ウィミーユはそれよりは幸運だった。一九四四年の夏、彼はブノワ家の持ち家の一つで、妻である元スキーのチャンピオン、クリ・クリ・デ・ラ・フレサンジュと、牧師作戦の女性「ピアニスト」、ドゥニーズ・ブロッシュとともに逮捕された。妻とブロッシュが取り押さえられているうちに、ウィミーユは玄関へと続く道に停められた車のあいだをすり抜け、川へと逃れた。そこで水中に身を沈め、麦わらを使って息をしながら捜索が断念されるまで持ちこたえたのである。ドゥニーズ・ブロッシュは最終的にラーフェンスブリュック強制収容所で処刑された。ウィミーユ夫人は土壇場で強制移送からまぬがれている。パリ東駅にいとこが赤十字社のバンに乗って待機し、彼女に白いコートを着せ、医療慈善団体働き手の一人としてこっそりと連れ出したのだ。そして、彼女は一九四五年九月九日、彼女らが「プリズナー杯」と名付けたレースで夫が優勝し、エットーレ・ブガッティが隠し場所であるエルムノンヴィルから取り戻した大きなブガッティ・ロワイヤルで到着するのを見るために、ブーローニュの森にいた。それは英雄たちに敬意を表する日だった。その日の最初のレースは「ロベール・ブノワ杯」と名付けられていた。

レーサーのすべてがそのように勇敢だったというわけではない。ルイ・シロンは戦時中を中立国であるスイスで、友人のルディ・カラッチオラとアリス・ホフマンとともに過ごしている。頭がよく意志の固いアリスは、かつてシロンとカラッチオラの両者と関係していたが、一九三七年にカラッチオラと結婚していた。もう一人のブガッティのドライバー、ルネ・ドレフュスはドイツ軍がフランスを侵略したとき、安全なことにアメリカにいた。ドレフュスは、一九三九年の秋にマジノ線の防衛のために入隊した勇気のある男である。そんな彼の命を救ったのは、ドラエの気前のよいアメリカ人後援者、ルーシー・シェルだったのかもしれない。ドレフュスという名は明らかにユダヤ人であるうえ、ルネは一九三九年のニュルブルクリングを最後にレースで訪れたときに、軽率にもドイツの主催者やドイツという国に敬意を表して乾杯しなかったのだ。ルーシーが一九四〇年のインディアナポリスで彼がドラエの代表となるべきだと主張したのは、彼の安全を心配したからではないかと思われる。そして、ドレフュスは新たに受け入れてくれた国のためにGIとして戦い、その後兄弟と一緒にニューヨークの人気レストランのオーナー兼マネージャーとなっている。

女性ドライバーのなかではアンヌ・イティエが陸軍省のためにボランティアとして働く一方、より若いシモーヌ・デ・フォレストはヴィシー統治領で赤十字社のためにトラックを運転していた。彼女はヴィシー育ちで、今でもそこに住んでいる。しかし、ヴィヨレット・モリスはそれほど高潔ではなかった。

一九三〇年代初めにモンレリーでエレーヌと競った男まさりのモリスは、一九三六年にベルリン・オリンピックへ招待されてからナチ党を支持していた。その後ほどなくして彼女は秘密諜報部員となり、マジノ線の防衛についての詳細な計画とともに、他の重要な軍事情報を漏洩した。ドイツ軍の占領中にパリに戻ったモリスは、レジスタンス組織に潜入するという任務を与えられた。[註2] SOEのフランス部門は彼女を排除することを重要課題としたが、彼女の家はポワン・デュ・ジュール付近の河岸に停泊する艀《はしけ》船だとよく知られていたにも関わらず、モリスは一九四四年まで捕まらなかった。四月二六日、彼女は映画でギャングが運転するような、長く黒いシトロエンを運転していたときのことだ。五人のレジスタンスの闘士が車を停め、銃を発射した。機関銃で体がバラバラになるほど撃たれ、彼女は運転席に座ったまま死亡した。モリスの名が初期の女性レーサーの歴史のなかで触れられることが滅多にないのは、こういった理由からである。

それでは、エレ・ニースはどうだろう？「軍、民間を問わず、トラブルに巻き込まれたことはないわ」と戦争のあと自らを弁護するために彼女は言った。自分は告発されずにすんだということを言いたかったのか。彼女が近所に住むユダヤ人たちを裏切ったとか、スパイになったなどということを想像する必要はない。彼女の「占領軍への協力」――もし彼女がそれで罪になるとしたらの話だが――は、ただ占領軍とうまくやっていくという現実的な形をしていた。彼女は楽しいことが好きだった。彼女がドイツ人からの招待だからといってそれを断っただろうと考える必要はないのだ。

彼女のような人間は一人だけではない。『どんな態度をとっていたとしても、その時代にはすべてのフランス人が多かれ少なかれドイツとベッドをともにしていた。どんな喧嘩をしたといっても、今となれば甘い思い出だ』というのは、戦時中の反ユダヤ・親ドイツ派の新聞「ジュ・スイ・パルトゥ」（私はどこにでもいる）を編集していたロベール・ブラジヤーシュによる恥知らずな発言である。[6] この新聞は、愛国者たちから、占領下では「ジュ・シ・パルトゥ」（私はどこにでも糞をする）、ドイツ軍からの解放後にその姿が見えなくなったときには「ジュ・

スイ・パルティ」（私は去った）と呼ばれた。ブラジヤーシュ自身は協力者として一九四五年に処刑されている。しかし、彼の主張にはほんのわずかだが真実が含まれていたかもしれない。戦争が始まったばかりの頃は、多くの人々がこの戦争はヒトラーの勝ちだと信じていた。パリにいると、それが恐ろしいくらいに確実なことに思われた。

パリで占領軍の存在に気づかずにいることなど不可能だった。一〇〇〇人以上のドイツ人が、本部であるクレベール大通りのホテル・マジェスティックから占領区域を監視するために働いていた。警察はシャンゼリゼにあるクラリッジへ移ってきた。忌々しいナチス親衛隊諜報部（SD）がクリヨンに居を構える一方で、ゲシュタポはフォッシュ通り七四番地とソセエ通り一一番地にて夜間の取り調べをしていた。日を追うごとにシャンゼリゼを行く兵隊の行進は、よりいっそう侮辱的な存在になっていく。ヒトラーのフランスについての計画が、搾取以外の何物でもでもないと明らかになった一九四一年には、「彼らは正しい」から「やつらは全て奪う」へと推賞は苦々しく変わっていた。価値のあるものはなんでもドイツ人のためにとり置かれ、フランス人は残ったものでどうにかやりくりしていた。当時流行語となった節約を表す「ル・システムD」は、訳すと「どうにか切り抜ける」という意味である。一九四一年にはル・システムDは生き残るための唯一の方法となっていた。

だんだん少なくなっていく配給に並ぶ長い列を撮った写真に写るのは、素足に自転車に乗るために短く切ったスカートをはいて、くしゃくしゃの髪を勇ましくターバンの下に隠し、不安に憔悴しきった顔の痩せっぽちの女たちだ。ドイツ人と親しくつきあったり、景気づく闇市でものを入手する手だてを持っている者以外はみな飢えていた。警戒心のない鳩を捕まえる隙を狙って、人々はしばしば市内の公園に散歩に出かけた。猫を煮て食べるのは健康によくないとポスターが警告している。田舎に優しい親類がいる運のよいものは、食べ物の仕送りに頼っていた。一九四一年には三〇万個もの小包がパリへ届けられた。豆とカブ、脂肪分なしのチーズのかけらと、ごちそうである灰色のゼリーのようなソーセージという、胃がよじれるほど寂しい食生活を楽しくしようと、地下室でウサギを繁殖させる冒険的なものもいた。たった一つの卵がたいへんな贅沢だった時代に、食べ物はどんどん権力の象徴となっていった。パリでいつもいいものを食べていたのはドイツ軍だけだ。もてなす側が飢えを凌いでいるというのに、彼らは勝者のごとく食していたのである。

凍えるような天気は、占領下のパリに住んだ人々にもっとも過酷な思い出のいくつかをもたらした。一九四〇年の冬は寒さが厳しかったが、翌年の冬はそれ以上だった。エレーヌ・ドラングルは姉のソランジュ同様、血行不良に悩まされていた。着古したコートに冷たい空気をさえぎるための新聞を詰め込み、暖炉にくべるための掘り出し物を絶え間なく探して風の強い通りを歩き回る一人だったかもしれない。栗、小枝に段ボールの切れ端、そして運のいいときは壊れた家具などが見つかるのだ。彼女とアルナルドも郊外のどぶでタバコ代わりに吸うための草の根を掘り起こして漁る人々に加わっていたかもしれない。パンや紙に包まれた貴重なバターなど、もらえるものはなんでももらうために毎月サント・メムへ時間を掛け屈辱的な旅を続けていた可能性もある。

これだけが占領下で生き延びる方法というわけではなかった。もし、良心に目をつぶることができるなら、もしくは——よく使われた言葉だが——状況に現実的に対応すれば、占領下のパリでの生活は以前とさほど変わりがないようだった。公式には、パリの人々の夜は夕暮れのすぐあとで終わる。街灯は紺色の布で厚く覆われ、ピカソの青の時代の作品が持つ幽霊の出そうな空気をかもし出していた。メトロの看板が鈍い光を放つ。裏道では規則に従ってどの窓もきっちりと閉ざされている。灯火管制中の暗闇は深く、薄気味悪い。それでも、作家コレットが友人ジョルジュ・オーリックに宛てて書いたところでは、レ・シスとして知られる作曲家グループの一人が足を押しつぶされたのは、ドイツ軍将校である友人とノアイユ子爵夫人とともに夜中の二時に外で酒を飲みダンスに興じていた時という。『ナイトクラブ』、彼女は手短に書き記した。『朝の二時、シャンパン、アクシデント』[7] マキシムやトゥール・ダルジャンは戦争中も連夜にぎわっていた。表立っては、ドイツ人以外はいつも目立たない横の通路に座らされるのだが、すべてのテーブルが灰色の制服を着た男たちで埋まっているというわけではなかった。ドイツ人だけでなく、フランス人の観客も、カジノ・ド・パリで年を取らないかのようなミスタンゲットが歌い踊るのを観にやってきた。そしてジプシーの血を引くジャズ・ギタリストのジャンゴ・ラインハルトは、門限時刻のとうに過ぎた時間にホット・クラブに出演していた。

これは生活のなかの明るい側面だ。もっと暗い面もあった。カジノ・ド・パリのドアには、すべてのユダヤ人と犬は立ち入り禁止というサインがついていた。フィリップ・ド・ロートシルトの妻、リリは如才なく結婚前の旧姓シャンブル女伯爵に復帰し、占領軍とうまくやっていた。しかし、ノルマンディー上陸の月、彼女は晩餐会でドイツ大使の妻であるアベッツ夫人の隣に座ることを拒否したため、逮捕令状がその週のうちに出された。彼女の一〇歳の娘、フィリピーヌは臨機応変な祖父がこっそりと連れ去った。リリはゲシュタポ本部からパリの刑務所、そしてフレーヌへと移され、その後ラーベンスブリュック収容所へ強制移送された。ラーベンスブリュックでは、レジスタンスの闘士だった女友達が彼女と一緒だった。この友人は生き残り、女伯爵のリリが何度も殴られ、拷問を受けて生きたまま死体焼却炉に投げ込まれたと報告している。[8] フィリップ・ド・ロートシルト自身は八ヶ月間モロッコで、その後クレルモン・フェランで投獄されたのちにスペインへ逃亡し、ドゴールの指令のもとイギリスで兄弟のジェームスと合流した。そして、ノルマンディー上陸作戦で故郷に戻ってきたのだ。のちに妻の死について知ったあとに、彼は、ハンブルグ‐ノイエンガメにあった子供の収容所とベルゼンについて調査する派遣団に加わることを申し出ている。一二歳になる彼のいとこが、薬の人体実験のためにここへ連行され、その後絞首刑にあった子供たちの一人だったということがわかっている。[9]

このような嫌な話はエレーヌ・ドラングルのまわりには見当たらなかった。もしあったとしても、彼女は記憶から消し去ることを選んでいた。彼女がパリの大部分の市民と同じようにつらい思いをしているところを想像することはできる。また、生き残ろうとする本能が彼女に実用的な妥協を許すさまも推測できる。今までの職業がレーサーとダンサーという珍しい取り合わせの女だから、うれしくなるような注目を浴び、招待を受けることもあっただろう。そして、そのすべてを断ったわけではないかもしれない。

占領下のパリでのエレーヌ・ドラングルの生活に関しては、証拠のことごとくがどこかに行ってしまったために、推測することしかできない。彼女の記録の中には戦争に言及するものがまったく残っていないが、それは理由があってのことかもしれない。わかっているのは、アルナルド・ビネッリは改良型自転車の開発を続け、一九四一年から一九四三年七月にかけてパリで三つの特許を登録しており、取得のために、特許代理人を雇うことができたということだ。これは安くはなく、スイスの両親と疎遠になっているビネッリは、支払いをエレーヌに頼っている。彼を自分のものにしておくためにエレーヌは喜んで支払った。このハンサムな若者に対する彼女の情熱は衰えてはいなかった。彼の発明計画は懸命なものだったのかもしれない。パリでは自転車と自転車タクシーだけが市民の移動手段となり、一九四六年にパリに再び現れたタクシーだったが、その料金はほとんどの市民の手には届かないものだった。

エレーヌの一九四一年の身分証明書はもう少し手がかりを与えてくれる。やや横向き加減で撮られた写真からは、彼女が美しさを保っていたことが分かる。何年にもわたる車の運転は、そのかわいい、この写真に限っては物悲しそうな顔になんの跡も残していない。相変わらず彼女が地の色だと言い張る淡い金髪は、お金をかけてブリーチされ、耳の後ろにまとめられている。しかし、警視総監はしっかりと、彼女の生年を一九〇五年から一九〇〇年に修正している。アルクイユのジャンヌ・ダルク大通り一番地という住所は、生活水準でいえばロンポワン・ミラボーの上の洗練されたアパートメントからはかなり落ちる。[註3] ドイツ軍への協力者だったら、セーヌ川を見下ろすおしゃれなアパートメントを難なく手に入れられたかもしれない。アルクイユでは、おとなしくしているのもより簡単だっただろう。食糧供給源となるサント・メムにもより近かった。アルクイユ地域には、二、三軒の小さなビストロも生き延びていた。彼らは、店側も客側もなんとかやっていける金額で、生活が今までと変わりがないかのような錯覚を与えてくれるのだった。

一九四三年に関してはもっと事実が浮かび上がってくる。その秋エレーヌとアルナルドは再び南へ、ニースへと移動しているのだ。[註4] そこで彼らは豪華なまだ新しいヴィラに落ち着いた。ジャン・ド・ラ・フォンテーヌ通りにあるこの「松の木《ヴィラ》屋《デ》敷《パン》」は、映画スターが住んでいそうな家で、人目につかない道の突き当たりに建っており、背の高い門に隠されている。そこまでは息をつく間もなく坂道をぐるぐると登っていく。それは、訓練を積んだヒルクライムのドライバーにとっては浮き浮きするような道だ。門の奥には、絶壁にテラスが張り出し、市街が眼下に広がる。夕暮れにはリヴィエラ沿岸の道路が、海に沿って一筋の光のネックレスをほどいたように見える。

大きな明るい部屋にすばらしい眺めのヴィラは立派なものだ。しかし、占領下のパリの骨まで凍るような寒さの後でいくら暖かさが恋しくとも、愛国心あるフランス女性が新たな住処にするには、一九四三年秋のニースは気持ちのよい場所ではなかった。当時エレーヌがこのような豪華な住まいを手に入れられたという事実からは、彼女が答えたくないかもしれない疑問がわいてくる。

一九四二年一一月に始まったイタリアによるニース占領時は、まだ害がなかった。一九四二年七月にゲシュタポのユダヤ人部門部長であるダンネッカーがニースに赴任して、ユダヤ系の名前がついた二本の通りは改名され、一握りのユダヤ人経営による店は閉店となった。一九四二年八月にはニースで何人かのユダヤ系移民の身元が割り出され、ドランシーへと移送された。ドランシーはパリ郊外にある建設中の団地で、アウシュビッツに送られる犠牲者たちを一時的に拘束する施設として使われていた。こうした不愉快な出来事は市民の間では大変評

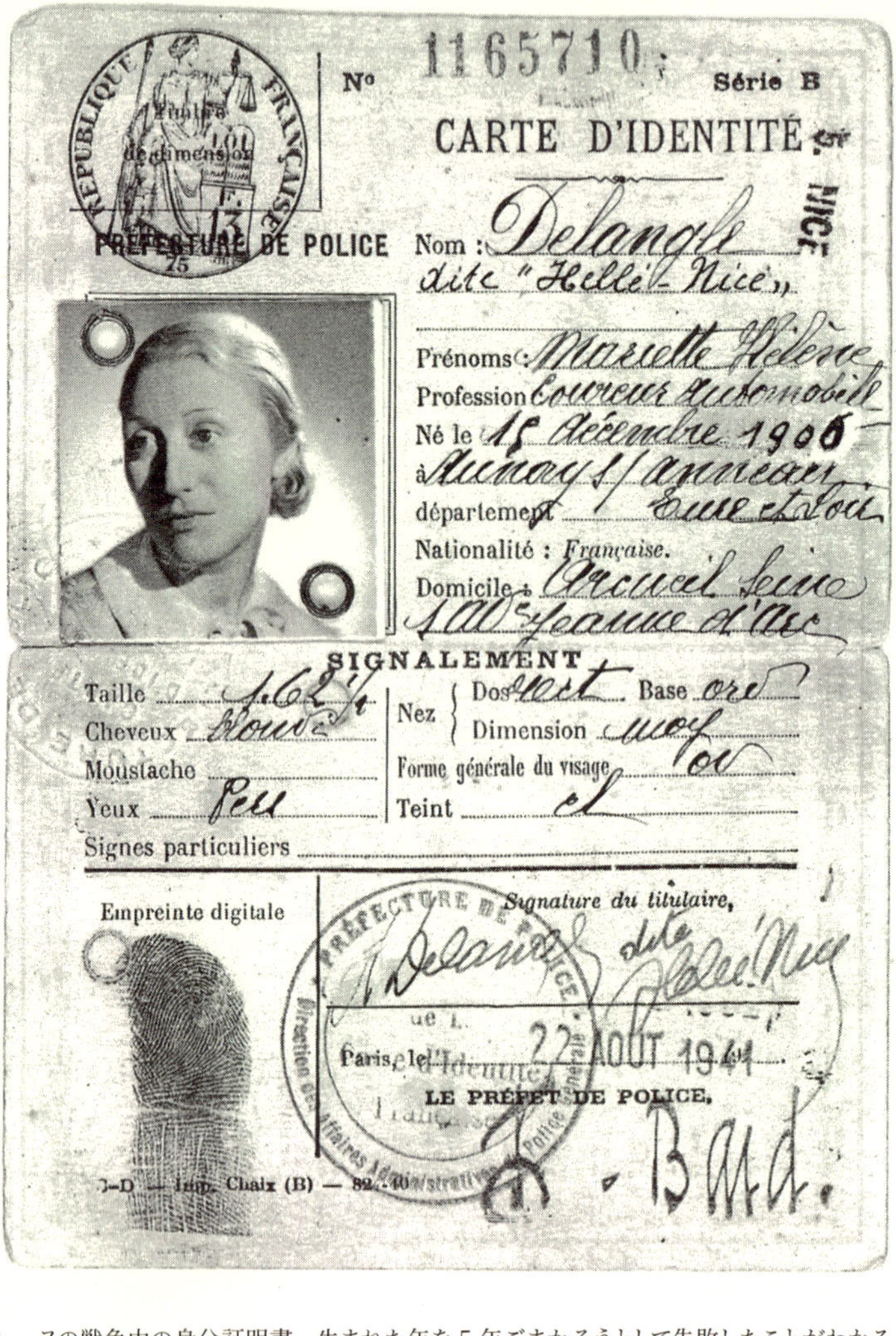
No 1165710 Série B

CARTE D'IDENTITÉ

PRÉFECTURE DE POLICE

Nom : Delangle dite "Hellé-Nice"

Prénoms : Mariette Hélène

Profession : Coureur automobile

Né le 15 décembre 1905

à Aunay s/Auneau

département Eure et Loir

Nationalité : Française.

Domicile : Arcueil Seine 100 r. Jeanne d'Arc

SIGNALEMENT

Taille 1.62 | Nez Dos rect Base ord Dimension moy
Cheveux blonds | Forme générale du visage ov
Moustache | Teint cl
Yeux

Signes particuliers

Empreinte digitale

Signature du titulaire, Delangle dite Hellé Nice

Paris, le 22 AOUT 1941

LE PRÉFET DE POLICE.

Imp. Chaix (B)

エレーヌの戦争中の身分証明書。生まれた年を５年ごまかそうとして失敗したことがわかる。

判が悪かった。イタリア占領下のニースでは、フランス人が町にあるユダヤ教会、シナゴーグを攻撃しようとしてイタリア国家警察官がそれを鎮圧するということが普通だったからである。ナチス親衛隊大尉ダンネッカーの精力的な活動にもかかわらず、一九四三年の九月まではニースはユダヤ人難民に友好的な避難場所だったのである。

一九四三年九月すべてが変化した。ドイツ軍がニースを手中に入れて、予想される連合国軍のリヴィエラ沿岸への襲撃から防衛するための準備を始めたのだ。一〇月にはプロムナード・ザングレへの自転車での立ち入りが禁止された。翌年一月には軍事地域となり、コンクリートのバリケードが置かれて機関銃と対空射撃用の砲台が備えられた。海岸線に奥まって弧を描く静かな入江ベ・デ・ザンジュには塹壕が掘られ、有刺鉄線で囲われた後に地雷が設置された。観光客に人気のあった、ばかばかしいほど派手なジュテ・プロムナードの桟橋は、武器に使うためにすべての金属部分がはぎ取られ、今では立派だった丸屋根の骨組みと、いつかは朽ちて海の一部となっていくであろう一列の杭が残るだけになっていた。ニース市民は家庭内にある金属類の供出を指示され、応じない場合は罰金が科された。バスケットに入れたろうそく立てや暖炉の囲い、銅鍋などがビクトル・ユーゴー大通りのアトランティックホテルへと運ばれ、計量されて山と積まれていく。ここでもパリ同様、人々は腹を空かせていた。

これが住んで楽しいところなのだろうか。あえて選んで住む場所だろうか。ゆとりのある自由な生活のために、妥協し、不愉快なことは見ない振りをし、友情と笑顔とそれ以上の何かで支払う覚悟ができていなければ無理だろう。

一九四三年の九月にナチス親衛隊大尉アロイス・ブルンナーは豪華に飾り立てられたホテル・

エクセルシオールに本部を構えた。現在もエクセルシオールは営業中で、鉄製の手すりや懸崖作りの植物が配された中庭を見下ろす部屋に宿泊できる。その環境からも、その落ち着いた雰囲気を伝える和やかなパンフレットからも、このホテルのかつての姿は想像できない。

ニースを安息の地と思っていたユダヤ人たちは、一九四三年の秋にドイツ軍が南へ進軍したときに避難した。しかし、それでは遅すぎた。当初は、フランス生まれでなにがしかの権利が認められているユダヤ人（レ・ジュイーフ）とドイツやポーランド、ロシア、チェコスロバキアから追い出されたユダヤ系移民（レ・ジスラエリテ）は区別されていた。しかし、今では六歳以上のすべてのユダヤ人が黄色の星を左胸に着けなければならず、ユダヤ人すべてが危険にさらされていた。四五人がヴァル川を渡ろうとしたところを逮捕された。一〇〇人以上が駅のプラットフォームから選り分けられた。ブルンナー大尉がエクセルシオールにやってきた瞬間から、ユダヤ人はニースのベッドから、路上から、駅から、浜辺からネズミのように探し出され、半ズボンや日光浴姿のまま、せかされて北へ、ドランシーへそしてドイツの収容所へと追いやられた。ほんの二、三週間のあいだに三〇〇〇人以上が逮捕された。その名の多くは地元の通報者が知らせたものだった。協力に対しては、ユダヤ人一人につき最高で五〇〇〇フランというすばらしい報酬が支払われていた。[10]

これが戦争の後に告発されたエレーヌが犯したという罪なのか。サンパウロでの事故のために彼女に支払われた賠償金は、七年後の今、残り少なくなっていた。それに完成したものが一つもないに関わらず、彼女は恋人のやりたいことのために相当の費用を負担していた。ニース市の記録には彼女たちの前に松の木屋敷《ヴィラ デ パン》に住んでいたものの名前はない。彼女の選んだ家にもともと住んでいたユダヤ人一家は、彼女のために追いやられたのか。ドイツ人がよしとする女らしさ――金髪で、強くひたむきなイメージの、いわば神話の神ブリュンヒルデのフランス版――の模範となる魅力的な女性を、占領軍が喜んで放任していたということは可能だろうか。

松の木屋敷のはるか下にはニースのベ・デ・ザンジュが広がっている。ヴィラの名前の由来となったすばらしい松の木陰が広がるテラスに立ち、エレーヌはジュテ桟橋が破壊されていく姿を、美しい入り江が地雷だらけの場所へ変わるのを見ていたかもしれない。ホテル・エクセルシオールは視界から隠れていた。見えなければないも同じ。もしかすると彼女と年若い恋人は、ここで戦争の終わる時期を孤独に過ごしたのかもしれない。誘惑にもさらされず、占領軍の存在やユダヤ人根絶という冷酷な任務のみならず、連合国軍の接近にも左右されずに。

もしかしたら、一九四三年から一九四五年のあいだエレーヌとアルナルドは犬と遊び、ベッドで過ごし、くねくねと曲がる道を行き来する以外のことはしなかったのかもしれない。そして、やっかいな質問をしに訪れるものには門を閉ざしていたのかもしれない。

もしかしたら。

註1　戦時中フランスでは、ドイツ兵を指す言葉として「カラス」が使われた。

註2　モリスはフォッシュ通りのゲシュタポ本部で拷問執行人としても働いていたと言われている。

註3　これ以前のアルクイユとのつながりは、エレーヌがエジェル・ガレージでイスパノ・スイザの整備をしてもらっていたということだけである。

註4　この移動はドイツ軍のリヴィエラ占領により、占領されている区域とそうでない区域との間の移動規制がなくなったことで初めて可能となった。

汚名

14. 告発

「お前のいるべき場所はここではない」
エレ・ニースが一九四九年一二月一三日付の
アントニー・ノゲへの手紙中に引用したルイ・シロンの発言

一九四四年八月二六日、ナチスの旗が取り去られ、パリは自由の都市であることを高らかに宣言した。六ヶ月後にはヒトラーの最後の残党が、最後の砦だったフランス東部から立ち退いた。残されたのは貧しく荒れ果てた国だった。連合国軍は港や工場を爆撃し、レジスタンスの破壊工作員は電気の供給線や通信網を粉砕していた。一九四五年現在のフランスの鉄道網を見れば、レジスタンスがどれほどの成功を収めていたかがわかる。このとき路線は、一握りの待ち針をまき散らしたかのように見えた。

一九四五年ペタン元帥が法の裁きを受けるためにフランスへ帰国した。陪審員は元帥が四二年に連合国軍への発砲を命令した事実を掴んでおり、かつての英雄には終身刑が下された。ペタンはブルターニュ沖の島へ送られ、九五歳でこの世を去った。彼の副官だったピエール・ラヴァルは、ユダヤ人の女性と子供の国外追放に精力的にかかわったことをはじめ、戦争中の活動から死刑を宣告された。ラヴァルは自殺を図ったものの未遂に終わり、その二時間後にフレーヌ刑務所で射殺された。犯した罪を知ってはいても、その処刑の残忍さには他の囚人も気まずさを感じた。

ジャーナリストのフィリップ・ヴィアネは一九四四年三月にレジスタンスによる刊行物「デファンス・デ・ラ・フランス」に寄せた記事の中で、敵に手を貸したすべての人間の撲滅を求めている。『感情抜きで、憎むことなく殺すのだ』と彼は言う。『けっして拷問はするな。俺たちは戦士であって、サディストではない[1]』その訴えにも関わらず、残虐行為は行われた。ヴィアネの言葉を引用したある本には、髪を剃られ、裸にカギ十字を塗りたくられた女たちの一団を、群衆が取り囲んで見据えている衝撃的な写真が掲載された。一九四四年の夏には、君主制主義者と疑われ有罪となったシャトーの持ち主が、背中と喉を刺されてガソリンをかけられ、火をつけられる刑罰を与えられた（この拷問を執行したものたちはこの後裁判を経て投獄された[2]）。

一九四四年の夏の状況はひどいものだった。例えば、オラドゥールの村ではドイツ軍士官の命令で女性と子供が教会に閉じ込められ、生きながらに焼き殺されている――男たちは近くの納屋へ連行され射殺された――。このような犯罪への憤りは報復という気持ちを強くし、それをさらに貧困があおった。ドイツ占領下において衣食に不自由しなかったということは、今となっては背信行為と同じだった。ドイツ軍に協力することなく、どうしてそんな生活ができたのかというわけだ。パリでは小説家ルイ・アラゴンの証言により、モーリス・シュバリエは一〇月の裁判から逃れられた。芸人仲間のティノ・ロッシとサシャ・ギトリはフレーヌ刑務所へと送られた。ドイツ軍からの解放直後、フレーヌには多くの有名人が投獄されており、その数は芸能人好きな警備員が巡察の際にサイン帳を持ち歩いていたほどだった。ココ・シャネルは戦時中に作品を占領軍に売ったデザイナーの一人である。しかし、人々にとって彼女が犯した罪は、みんなが衣食住にも事欠いていたにもかかわらず、彼女がホテル・リッツでドイツ人の恋人といい暮らしをしていたということだった。マルセル・カルネ監督による「天井桟敷の人々」(一九四五年)でとらえどころのないガランスを演じた女優アルレッティも、スター総出演中のフレーヌ刑務所に短期間だが加わっている。彼女の場合もやはり同じような愛国心にかける振る舞いが罰せられた。[註1]「ジュ・スィ・パルトゥ」の恥ずべき元編集者であるロベール・ブラジヤーシュは逮捕され、裁判ののちに処刑された。一方、ヒトラーを訪問した後、戦争中をバハマで過ごしていたウィンザー公爵とその夫人は、一三四個の荷物とともにパリへ戻ってきた。

骸骨のようにやせ細り震えながらも、迎えに出た群衆に向かってラ・マルセイエーズを歌う強制収容所から生き延びた人々の写真は、報道規制がなくなったばかりのフランスの新聞や雑誌で広く発表された。自分たちの認めがたい罪の意識——強制収容所の真の恐ろしさを理解していたものはほとんどいなかったのだ——は、餓死や拷問、焼却炉での大量の死体の処分といった話が浮かび上がってくるにつれ、憤りの感情と結びついていった。一九四六年の厳しい配給制や頻発するストライキ、時間の掛かりすぎる産業面での自信の回復——一九四七年にフランスで製造された自動車はたった五〇〇〇台で、パリでタクシーをまかなうのがやっとの数だ――によってさらなる敵意が増していく。協力者を見つけて迫害することが、人々のそんな感情のはけ口となっていた。フィリップ・ド・ロートシルトのいとこがこんな出来事を目撃している。ある格調高いパーティーに出席中、自由フランス軍の将校が元協力者の存在に気づき、その男は退席を要請された。その際パーティーの出席者たちは冷たく無言で二列に並び、男はその間をドアまで歩かされたのだった。[3]

もっと巧妙な報復の仕方もある。エットーレ・ブガッティがモルスハイムの工場を受け渡すかわりに、ドイツ軍からかなりの補償金を受け取ったことが今では知られていた。そして、一九四六年のジェネヴィエーヴ・デルキューズとの再婚にともない、ついにフランスに帰化することに同意したエットーレだったが、モルスハイムについての最初の返還請求は却下された(バーバラ・ブガッティは長い闘病生活の後一九四四年に亡くなっている)。

表向きには、ブガッティの請求に反対したのは共産主義者たちによる労働組合だとされている。彼らはモルスハイムの工場をブガッティ家の独裁的な支配下から解放し、協同組織として運営しようとしていた。実際は、ブガッティが多額の賄賂を受け取り、パリで安穏としていたという思い込みが彼に対する怒りをあおり、その結果所有権を剥奪されたのだった。そのような感情も驚くほどのものではないだろう。係争地となったアルザスはドイツ軍の占領下で相当な屈辱を味わってきたのだ。フランス語が禁じられ、フランはライヒスマルクに取って代わられ、名前以外のすべてがドイツに属する州という状態に戻された。一九四七年五月、エットーレはブガッティ・ロワイヤルに乗り、モルスハイムのすぐ南、同じアルザス地方のコルマールへと向かった。彼はここで再度モルスハイムの返還を訴えた。だが労働組合を代表する弁護士は彼の人となりについて容赦なく非難し、訴えは確実に却下されるように思われた。お抱え運転手、トゥサンの運転でコルマールを離れるなか、落胆したエットーレは工場へ車をやるように頼んだが、彼の前で門は閉ざされてしまった。そして、息子ジャンが命を落とした辺りで祈りを捧げているとき、エットーレはくずおれた。脳卒中で昏睡状態に陥ったエットーレが、コルマールの裁判所がついに彼の請求に応じることを決定したというニュースを聞くことはなかった。エットーレ・ブガッティは八月二一日に息を引き取り、ドルリスハイムのブガッティ家の墓地で息子の横に埋葬された。[4]

一九四六年にエレーヌがカンヌで謎の友人と外食をしている写真は、この頃には彼女を形容するのに「気が気でない」という言葉がたびたび使われていたことを思い出させる。[5] 彼女から、陽気で無頓着な容貌は失われていた。輝くような笑顔も消えた。笑顔のかわりにあるのは張りつめた面持ちだ。装いは地味だが洗練されている。この二人が何を話していたのか知りたくなるような写真である。彼女はまだ松の木屋敷に住んでいた。能のないビジネスマンであるアルナルド・ビネッリが彼女の財政面の管理を任されていた。容姿から若さが消えていくのに気づいたエレーヌが、金で彼をつなぎ止めようとしていたという可能性もある。『Pour Naldo, tout ce que je possédais était à lui』と一九七〇年代に女性の友人ジャナラ・ジャルナッシュに語っている。これは、どういう意味か決めかねるような言い回しだ。「私が持っていたすべてをあげた」なのか、それとも「ナルドにとっては、私のものは彼のものだった」なのか。状況に

エレーヌと身元不明の友人。1946 年カンヌにて。

よってどちらも真実だったのかもしれない。

一九四六年一月、ミラノにいた元レーサーであるマルケーゼ・アントニオ・ブリヴィオ・スフォルザは、南フランスにいる元ガールフレンド、エレーヌからの手紙へ返事を書くために椅子についた。手紙の内容に動揺していたが、返事を書く前にアルファ・ロメオの社長と話すのを慎重に待っていたのだ。

遡る一九三八年、アルファ・ロメオは注目すべき新モデル、ティーポ158アルフェッタを生み出した。そして、その年のリヴォルノで衝撃のデビューを飾った。戦後も一九五〇年から一九五一年にかけて、出場した五四レースで四七勝と、レーシングカーとして例を見ない成功を収め、確固たる地位を築くことになる。しかし、ブリヴィオが返信を書こうとしていた一九四六年の時点では、その車はまだイタリアのチーズ工場に隠されていた。戦争中もそこで静かなときを過ごしていたのだ。エレーヌが一九四五年の終わりにトニー・ブリヴィオへ送った手紙の驚くべき主旨とは、ティーポ158が盗まれたというものだった。それは車を調べて改良し、使用するつもりがある自動車メーカー以外には意味のない行動である。

ブリヴィオはアルファ・ロメオと密接な関係にあり、ミラノの自動車クラブ会長でもあった。彼はエレーヌからの知らせを読んで、ぞっとしたに違いない。しかし、チーズ工場から盗まれたティーポ158などなく、いまだに機密とされている他のモデルに関しても同様で、話に信憑性はなかった。ブリヴィオは無礼にならない程度のそっけない返事を書いた。

きみがどの車のことを言っているのか、本当に思い当たらないのです。それでも、昔を思い出させてくれるような手紙をありがとう。そのうち、フランスかイタリアのレースで再会できるといいですね。では、お元気で。

アントニオ・ブリヴィオ[6]

情報は正しくなかったようだが、いずれにしろブリヴィオからのつれない返信で、彼を通じてアルファ・ロメオのドライバーとして再び走るという一縷の望みは絶たれた。

彼女はレーサーとしてのキャリアを再開したいという熱意を失ってはいなかった。しかし四〇代半ばにさしかかり、レース主催者にまだ下り坂ではないと説得するのも難しくなっていた。

そんなときに再び手を差し伸べて、彼女を運転席に座らせてくれたのは、ラリー・ドライバーを続けていた赤毛のアンヌ・イティエだった。一九三九年夏のコマンジュで、ルノーに乗ったエレーヌのすばらしい運転を憶えていたイティエが、一九四八年の秋に手紙を送ってきた。翌年のモンテカルロ・ラリーに二人でパートナーを組もうと言うのだ。エレーヌはこの誘いに大いに喜んだ。一月一七日彼女はニースへ出かけ、三二万フランをやや下回る金額で新車のルノーを地元の販売店から購入している。運転技術を回復するのに残された時間は六日間、人里離れた松の木屋敷へ通じる曲がりくねった道の往復に明け暮れた。

戦後最初のラリーは、エレーヌが思い描いていた復活を演出するには絶好の催しだった（彼女はすでにランス自動車クラブとの交渉を始めていた）。ルノーは宣伝活動に熱心だったし、この元ダンサー以上に宣伝効果がある者はレース界にはほとんどいなかった。自動車メーカーにとっても、彼女にとってもモンテカルロ・ラリーは完璧な舞台だった。

冬の行楽地としてセレブリティらの人気を回復したリヴィエラに、再び華やかさが戻ってきた。映画監督オーソン・ウェルズはムジャンに別荘を購入したばかりだった。アリ・カーンはリタ・ヘイワースと豪華なシャトー・ドリゾンに滞在していた。モンテカルロ・スポーツクラブで開催された「金の舞踏会」は目もくらむばかりの催しで、インドのバローダ藩王妃マハラニの華麗なドレスとマッチするように、クラブのダイニングルームの壁は金色の木の葉できらきらと飾りつけられ、まばゆい金色のドレスをまとった娘たちが上品に包まれたプレゼントを手渡す。カンヌでは、パリから四四分という最短飛行記録を達成したジョン・デリーを出迎えるために、航空界の偉大なる先駆者であるルイ・ブレリオの未亡人が顔を出した。その翌日には、このイギリス人パイロットがバンパイア機を操り、海面すれすれに飛ぶ曲芸飛行を見ようと群衆が集まっていた。[7] そして一月二三日の朝、人々はモンテカルロの急勾配の小さな町に集って、ずっしりとした防護服にしっかりと身を包み、ゴーグルをつけたドライバーたちが、車と旅の準備をチェックする様子を見ていた。このヨーロッパを縦断する厳しい旅を成し遂げたものは、戦争による中断で過去一〇年間いない。これは単なるラリーではない、自由の象徴なのだ。再び解放されたヨーロッパの道路で、車を飛ばしながら味わう自由の味は、甘いはずだった。

出発の朝、ルノーがモンテカルロから出発したとき、果たしてどのような会話が交わされたのだろうか。その前の晩、衝撃を受けるアンヌ・イティエの目前で、エレーヌは人生でもっとも屈辱的な仕打ちに遭ったのだ。華やかな夜のために着飾り、彼女は選ばれたドライバーの歓迎会に出席していた。イティエと共通の友人であるイヴォンヌ・シモン、ジェルメーヌ・ルーと話に没頭していると、部屋の向こう側にいた背の高い男が、男たちの一団から離れてこちらに向かってやって来た。その男はエレーヌに指を突き立て、みんなに聞こえるように大きな声で、ゲシュタポの手先だと告発した。「この女の参加が許されるとはモナコにとっても、ラリーにとっても面汚しだ」と大きな声で繰り返した。「なぜこの女がここにいるんだ？」

沈黙が広がり、ドライバーたちは振り返ってエレーヌを見つめる。エレーヌは驚きに何も言えず、蒼白となった。周囲はエレーヌが反論するのを待った。彼女は後日こう語っている。「ゲシュタポの手先なんて言われるのを聞いて、あまりの驚きに何を言ったらよいか全然わからなかったの。反論することさえできなかった」[8]

反論したほうがよかったのかもしれない。だが、そのような状況で彼女に何が言えただろうか。そして、誰が彼女の言うことを信じただろうか。告発した男は、モンテカルロでモータースポーツの王として崇拝されるルイ・シロンだったのだから。モナコ生まれのシロンは、一九二九年にモンテカルロ・グランプリを設立し、この公国を観光地図にしっかりと定着させた。そして彼自身も一九三一年の国内のグランプリでは圧倒的な数の勝利をあげている。すばらしいドライバーであると同時に、彼にはスターのカリスマ性と、うぬぼれが備わっていた。

しみ一つない水色のオーバーオールに、水玉模様のスカーフを首に結んだシロンは、美人と一緒にいることが好きで、マスコミのお世辞を喜ぶ男だった。カメラ好きで、芸能人のようにカメラに応えていたことが写真からわかる。だから、マスコミの目を自分に向けさせることに抜きん出ていたエレーヌに対し、彼が憤りを感じていたとは考えられる。だがそんな些細な理由で中傷するとは信じがたい。あるいは、エレーヌが彼の誘いを断ったことがあるのかもしれないし、有力スポンサーの妻であるアリス・ホフマンとの浮気をエレーヌがうわさして彼を怒らせたのかもしれない。しかしいずれにせよ、このように悪意に満ちた計画的な復讐を正当化するほどの理由ではない。

シロンは残酷なまでの巧妙さで、彼女を弾劾する時と場所を選んでいた。エレーヌはフランス人である。ということは、彼女がシロンに対して異議申し立てをする場合、フランス司法権の外であるモナコの裁判所で請求しなければならなかった。モンテカルロ自動車クラブの会長は、モンテカルロ・グランプリをシロンと一緒に設立したアントニー・ノゲである。また、彼はモンテカルロ・ラリーを仕切る委員会の委員長でもあった。苦情があるならノゲがそれを提出する相手だが、彼はシロンがもっとも親しくしている友人の一人でもあったのだ。

イティエとエレ・ニースは目立つところなくラリーを完走した。[註2] ラリーから戻った直後にエレーヌは長く芝居がかった訴えをアントニー・ノゲに宛てて書いている。その際に、「ノグ」と綴り間違えてしまうほど、彼の名前になじみがなかったということは注目に値する。彼女がコピーを一部保管していたその手紙は、告発がどのようなものであったか、シロンがもたらした激しい不快感と不名誉、彼女の評判についた傷について説明している。『彼の発言はそれを聞いた誰もが影響されてしまうほど悪質だったと断言します。そして、その場にいた全員がその発言を聞いていたのです』彼女はノゲにそう伝え、女友達の名を主要な証人として記した。身の潔白を主張し、このような告発を受けたことはいままでなかったことを指摘している。もうすでに噂が広まりつつあることに留意してくれるように彼女はノゲに請うた。ランスでは迅速な判断がなされ、彼女は彼らとこれ以上の連絡を取ることを禁じられていたのである。彼女はラリーから戻ってきたときにそれを知ったのだった。

あまりの怒りから彼女は脅しにまわった。まず初めに、彼女はシロンからの正式な謝罪文書を求める旨をノゲに伝えた。そして提示されなければ、モナコ法廷に持ち込んで、彼女自身の汚名を晴らすと言い渡した。騎士道精神に欠ける嘘偽りを吹聴したシロンの名は汚れたものになるだろう、と彼女はさらに付け足した。

二月二五日、ノゲは障りのないように注意した短い返答を口述している。『遺憾ながらルイ・シロンは不定期間イギリスを訪問中であります。彼の帰国時に手紙を提示いたします』[9] そこに確約の申し出はなかった。告発がどういうものであったかには触れてもいなかった。

果たして、ニースとモナコの市の記録保管所への申請は、裁判に関して何ももたらしてはくれなかった。ルイ・シロンの立派な胸像が迎えるモナコ自動車クラブには、この論争のいかなる証拠もない。荘厳な教会のようなモナコの控訴裁判所には、一九四九年から一九五五年のあいだにルイ・シロンに対して起こされた訴訟についてのファイルも存在しない。エレーヌ自身がノゲからの返答とともに持っていたのは、彼女が書いた手紙のコピーだけだ。彼女がシロンからの謝罪文を、もしくは彼女がシロンに対して起こした訴訟の証拠と勝訴結果を保管していないとは信じられないが、何も見つからないのだ。

シロンのひどい攻撃に根拠がある可能性はあるだろうか。一九九七年に発表されたエレーヌに関しての記事は、彼女とドイツ人ドライバー、フシュケ・フォン・ハンシュタインとの友人関係から疑惑が持ち上がったと示唆している。しかし、それならばなぜシロンはイティエに何も言わなかったのだろうか。ハンシュタインとは既知の間柄で、短期間だが情事を重ねたこともあり、なにより告発のときはエレーヌの横に立っていたのだ[10]。万が一、エレーヌがハンシュタインといっとき関係を持っていたとしても、彼がゲシュタポのスパイとなることを勧めるだろうか。率直なところ、この発想は荒唐無稽なものに思われる。ハンシュタインも、ブダペストにあるブラジル大使館のパーティーに出席したという情けない罪で、彼自身がゲシュタポに逮捕されて禁固六ヶ月を言い渡されている。ロシアの前線に送られた彼は、かろうじて帰国した後は戦争が終わるまでおとなしくしていた。彼に会ったものにとっては、フシュケ・フォン・ハンシュタインは後年ポルシェの優秀な宣伝部長となった威勢の良いレーサーでしかなかったのだ[11]。

もう一つ、別の可能性がある。エレーヌが大切に保管していた写真の一枚に、飛行機に乗ったハンサムな航空兵が写っている。そしてもう一枚には同じ男がドイツ軍将校の制服を着て写っているのだ。それは空軍大将フリードリッヒ・レオポルド・フォン・リヒトホーフェン男爵で、彼はサンパウロでの事故の後にお見舞いのカードを送ってくれていた。これらの写真が秘密のカギを握っていたのかもしれず、エレーヌを敵のために働くことへ誘い込んだ友人だったかもしれない。だが、仮にそうだったとしても、ドイツ軍士官と友人関係にあるだけで協力者として嫌疑がかけられたような時代に、正式な制服姿の彼の写真をとっておくほど彼女が不注意だったというのはありそうにない。

一九九七年の記事の著者は、シロンから弾劾を受けた彼女が、汚名を晴らすために行動を起こしたと確信を持っていたが、フランスの戦時中の記録にはエレーヌ・ドラングルに関連する

フリードリッヒ・レオポルド・フォン・リヒトホーフェンの写真。彼がエレーヌに送ったもので、この写真は亡くなるまで手元においていた。

ものは存在せず、現存する裁判記録に詳細はない。そして、ゲシュタポに雇われたフランス人スパイの詳細についてフランスで手に入る資料もない。まったくきわどい質問なだけに、返答を得ることが非常に難しいのである。

この件に関しては、ドイツ側はもっと協力的であり、より周到だった。ベルリンのドイツ連邦公文書館では詳細にわたるリストが作成されている。占領下のフランスでゲシュタポの手下として働いていたすべてのスパイに関する包括的な報告と思われる資料が保管されている。筆者はこの本のための情報収集の過程で、ドイツ連邦公文書館へ調査申請を行った。公文書館の管理者たちは、エレ・ニースの名を芸名でも本名でも知らなかった。彼らは、彼女がシロンが主張したようなゲシュタポの手下ではなかったという結論に達した。

しかし、無実を証明するために、好意的でもないモナコ公国で法廷に立つ心づもりが彼女にできていたのだろうか。一九九七年の記事の著者が、彼女が法廷に立ったと主張するのにはある証拠を誤解した可能性がある。彼が短期間閲覧を認められていたアメリカで所蔵されている記録に収められた数枚の写真には、法廷と思わしきところに座るエレーヌの姿が写っている。実際は、それらの写真は一九三五年にビエッラ・グランプリ前の正式な会合で撮影されたものだ。

誤解していたとしても、著者は彼と見解を共にしたいと思う。戦争が終わってからまだ四年しか経っていないときに、エレ・ニースほど名の知れた女がゲシュタポのスパイだと判明したら、新聞いっぱいにニュースとなり、公然とひどく罰せられただろう。彼女の罪が忘れられることもないだろう。しかし、彼女自身のノゲへの手紙以外には、そのような嫌疑に関しての言及はどこにも見受けられないことから、シロンが発言を撤回したと結論を下しても問題ないように思われる。彼女がその後二度とこの屈辱的な経験について触れていないという事実に驚く必要はない。大切だったのは自らの汚名を晴らすことだ。勝利の後であっても、沈黙を守るのが分別ある行動だったのだろう。

その訴訟案件はモナコの裁判所で取り扱われるはずだったが、仮に、シロンがぎりぎりになって彼の主張を取り下げたとしよう。エレーヌの汚名は晴れたが、彼女の有名レーサーとしてのキャリアは終わりを告げた。一九五一年に彼女はレースに戻るための最後の勇気ある試みを行っている。そして地元のニース・グランプリに出場を登録したが、直前になってジャン・ベーラに取って代わられてしまった。ジャン・ベーラは若く優秀な熱血ドライバーで、その評判は翌年ランス・グランプリを勝利で飾り確立された。その交替の判断は驚くにあたらない。彼女は五〇を過ぎていて、ブラジルでの事故以来、男たちを相手に競走したことはなかったのだ。彼女はまだルノーを持ち、運転する意志もあったが、ラリーのパートナーたちはシロンの告発の後、彼女から離れていった。ドイツ軍のために働いていたと告発された女と一緒にいるところを見られたい者などいなかった。完全な無実が証明されても、嫌な過去の記憶はそこに残っていた。

エレーヌが憤り落ち込んでいた当初は、同情して愛情深かったアルナルドだったが、次第に彼女を安心させることに疲れてきた。彼の努力がほとんど何の功もなさぬように思われるときはなおさらだった。彼女はもはや、一九三五年に初めて会ったときから彼を魅了していた強くて魅力的な女ではなかった。サンパウロでの事故以来、気まぐれで、一緒に眠ることすらできなかった——彼女は二、三時間おきに目を覚ました。事故につながっていく瞬間が繰り返される悪夢を見たあとは、しばしば汗でびっしょりになっていた——。そして、彼女を破滅へ追いやったルイ・シロンへの憎しみが彼女の顔に跡を残し始めていた。彼女のほほえんでいたような口元はへの字に下がり、不安げな難しい顔つきにしわが深い溝のように現れていた。

アルナルドは楽しみを他に求めるようになった。午後は友達とカードをしていたというような独創性に欠ける作り話は、すぐにばれた。最初は見つかったが許してもらった。彼はもう魅力を感じない女と別れたいという気持ちと、金銭面では彼女に面倒をみてもらっているという事実のあいだで身動きが取れなくなっていた。困った末、その関係のあり方を変えようとした。彼自身の不実についてはたいしたことではないように見せようと、ひどくしつこく言い寄ってくる女性からどうやって逃れたらよいか、彼女にアドバイスを聞いてきた。彼は、エレーヌがこの役割に満足していると思っていたようだ。彼女のほうは、何年も経った後ですら、これほどまでに鈍感になれるのだろうかと不思議がっていた。なぜ聞きたい以上のことまで話したがるのか一度尋ねたという。その返事は決して忘れられなかった。「どうして？　他の誰に話せるっていうんだい？」

註1　アルレッティが映画の始めの場面で「トゥルース」として巻いているターバンは、剃られた頭を隠しているというのはよく言われることだ。この作品は、残酷な報復が実行されていた一九四四年に制作された。

註2　エレーヌはモンテカルロ・ラリーでの自分とイティエの写真を見つけてスクラップブックに貼り、その年のラリーはルノーが滑ってアムステルダムの運河に落ち、悲惨に終わったと記している。ラリーの年を誤って一九五〇年と書いていた。スポーツ雑誌の「レキップ」は一九四九年の一〇日間のラリーレポートの中で、エレとイティエの運転する156番は事故を起こしたとあるが、詳細には触れていない。しかしルノーは、一九四九年二月にエレーヌに宛てて彼女のすばらしい運転を祝福し、彼女が戻ってきたときの写真を宣伝用写真として提供するという手紙を送ってきた。これはルノー側の不注意による誤りか、挨拶のつもりだったのかもしれない。確かなのは、彼女たちの帰国は勝利でも意気揚々としたものでもなかったということだ。

15. すべてを失って

「幸運は私の番号をなくしてしまったようね」
一九六七年四月一八日付
エレ・ニースからジャナラ・ジャルナッシュへの手紙

エレーヌ自身の話によれば、財産のすべてを失ったのはアルナルド・ビネッリの責任だという。一九五〇年に彼はパリのビジネスマンと知り合い、その男はエレーヌの預金を元手に、リヒテンシュタインの会社への投資話を持ちかけた。彼女がサンパウロでの事故の後に受け取った賠償金は、カナリア諸島でブラジル通貨から金へ換えていた。一九五〇年当時でその価値は、彼女の計算では約三〇〇万フラン（現在でいえば約四万二〇〇〇ポンド、日本円で六〇〇〇万円以上）に達していた。スイス国籍を持つアルナルドは、合法的に通貨を海外に持ち出せたが、しかし、パリ市民のビジネスパートナーにとって通貨持ち出しは違法である。二人の男は税関で逮捕され、投獄された。最終的に二人は釈放されたが、金はパリの資本家ともども、どこかへ消えてしまった。

これが彼女が言い出した、金持ちから貧乏人へと真っ逆さまに落ち込んだ理由の説明である。一九七四年にこの話をしたときは、被害妄想からか、アルナルドが彼女の資産を手に入れてスイスの銀行口座にしまい込むために、ビジネスマンの存在をでっちあげたとまで言っていた。[1] 盗まれた金額が誇張されているのは確[註1]かだが、しかし彼女の金がどこかへ消えてしまったことは疑いようのない事実だった。

そしてアルナルドも消えようとしていた。

一九五七年、困窮状態の二人は松の木屋敷からグラース近くのマガーニョスクにあるもっと小さく質素な家へと引っ越した。エレーヌは持っていた家具と絵画の中でも一番いいものを売って家賃と借金の返済に充てた。そして、残りの家具などは実家へしまっておいた。彼女は一九五八年にもう一度家財道具を売却し、あと一年二人の生活を支えるのに十分な金額となった。しかしついに翌年には、一文無しになっていた。自分の発明が成功することをいまだに夢見るアルナルドは、レーサーのジャン・ベーラにたずねた。ベーラは一九五一年のニース・グランプリにエレーヌに代わって出場し、その後フェラーリのトップレーサーへと成り上がっていた。ベーラは、兄弟のジョゼがアルナルドの企画に興味を持つかもしれないと話した（しかしジョゼは興味を持ってはくれなかった）。また、二人の財政難を知り、助けになるかもしれないと、新しい慈善団体について教えてくれたのだった。ベーラはその後一九五九年にドイツでのレース中に命を落としている。

ベーラの紹介してくれた慈善団体ラ・ルー・トゥルヌは、自動車レースの世界とはまったく関係がない。ベーラが意味したつながりというのは、エレーヌがかつてミュージックホールのスターだったことに関連している。ラ・ルー・トゥルヌは、レジスタンスの英雄の未亡人であるジャナラ・ジャルナッシュと、元映画スターのポール・アザイスによって一九五七年に設立された。アザイスはトラックにはねられたことが原因で俳優の道が絶たれてしまったのだが、彼と同じように、不幸な出来事によってキャリアに影響を受けた劇場界の誰にでも、陰から援助の手を差し伸べようと設立された。有名な喜劇俳優フェルナンデルを会長に据え、その慈善団体はルジャンドル通りの建物内に設立され、現在もまだ同じ場所で活動している。

ラ・ルー・トゥルヌから援助を受けた最初の一人は、一九三〇年代に大きな成功を収めたパフォーマーのアンリ・ギャラだ。彼の売りだったすばらしい声と魅力的な物腰は取り替え可能だったとみえ、年下でもっと才能あるティノ・ロッシにその座を奪われた。鬱病で体調不良のうえ金の管理ができないこともその敗因の一部だった。1950年代後半にはアンリ・ギャラはぼろぼろだった。彼とスイス人の妻アナリース、そして幼い息子マルセルが、アルナルドと出会ったとき、彼らはすでにラ・ルー・トゥルヌから援助を受けていた。

アルナルド・ビネッリがラ・ルー・トゥルヌを最初に訪れた直後に、二人の関係が最終段階に入ったと、エレーヌは後に書いた手紙の中で記している。新たな恋敵の存在を疑った彼女は、彼の洋服のポケットを探り、当時慈善団体本部で働いていたアナリース・ギャラが書いた手紙を見つけた。手紙の中の『私たちが愛しあった忘れられない夜』という言葉と、一緒に新たな人生を踏み出して欲しいというアルナルドへの懇願（このあいだに夫のギャラはイエールの病院に収容され、一九五九年に息を引き取った）がエレーヌの記憶にこびりついた。かわいらしい子供もアルナルドを慕っており、美人のアナリースは、決然としていた。一方アルナルドのほうは、エレーヌによると、情けないほど優柔不断で、ある日出て行くと告げたかと思えば、次の日には留まると言い出す始末だった。時にはエレーヌに暴力も振るった。グルノーブルのアナリースの新居まで会いに行く費用に、エレーヌから金を取り上げたことも二度、三度あった。そして一九六〇年四月、彼は永遠に彼女の元から去っていった。アナリースと彼はスイスで結婚し、そこで息子のマルセル・ギャラは養子となり、義父の苗字ビネッリを名乗っている。興味深いことに、ビネッリの両親は彼とエレーヌとの関係以上に、彼がアナリースのためにエレーヌを捨てたことに腹を立てた。彼らはアルナルドから相続権を奪い、義理の息子を相続人とした[3][註2]。

　昔を振り返るとき、最終的に不実な恋人に出て行くように命じたのは自分だったとエレーヌは信じ込もうとしていた。当時書いた手紙は、実際はそうではなかったことを示している。アルナルドが出て行ったことは彼女の自信に痛烈な痛手となった。六〇歳で健康状態も悪く、友達もおらず、金もない状態で捨てられたのだ。彼女は持っていたものすべてをアルナルドのために使ってしまって、手元には何も残っていないという殺伐とした手紙をジャルナッシュ夫人に書いている。そして今、家賃は彼女がまかなえる以上の金額になった。ひと月後には住むところも失ってしまうのだ[4]。

　ポール・アザイスとジャナラ・ジャルナッシュはショックを受け、そして後ろめたく感じていた。非はないのに、ビネッリがアナリースと慈善団体の建物で出会ったという事実に彼らは責任を感じたのだ。エレーヌに会ったことはなかったが、彼らは彼女の面倒を見ると約束した。

彼女はパリに行けばいいだけだった。

　肉親はどうしていたのだろうか。娘の当面の生活費に充てるため、いやいやながらも一〇〇〇フランを渡していたドラングル夫人はそれほど同情的ではなかった。エレーヌの家具のいくつかを保管することに不承不承応じながら、便利な薪小屋が使えなくなってとても不便すると不満を露わにしていた。母はいつになったらマリエット（彼女はエレーヌをそう呼び続けた）が収入のある仕事を見つけるつもりなのか知りたがっていた。[5] 手紙からは愛情は感じられず、年を取りつつある娘の幸せなど心配する様子もほとんどない。

　一九六〇年の夏、エレーヌはパリのルジャンドル通りにある、団体事務所へ続く細い階段を上っていた。彼女が持っているのは、タイプライターにスーツケースいっぱいに詰まった切抜きと写真、初めてアメリカに渡ったときから集めている切手のコレクションだった。[註4] 大柄で金髪のかわいらしいジャルナッシュ夫人に迎えられ、エレーヌは今すぐにでも何でも手伝うつもりだと明るく言った。望むのは仕事をたくさん言いつけてもらうことだけだ、と。急な階段を上ったところに小さな屋根裏部屋があった。受付の上に当たるその部屋はすでに片付けられ、ベッドとテーブルが備え付けられていた。その壁にエレーヌはお気に入りのダンサーだった頃の写真を掛けた。その写真には安っぽい黒いテープが額のかわりに貼られていた。

　その慈善団体を訪れた人々が彼女について憶えていたのは、元気のよさだ。ジャナラ・ジャルナッシュとポール・アザイス――彼を崇拝していたエレーヌは、彼にポポルというあだ名をつけていた――は彼女の情熱の激しさに驚いていた。彼女はしばしばアルナルド・ビネッリのことを考えていた。彼のことを許せなかった。時が経つにつれて、彼女の記憶にある彼の罪は

って、どこにでも持ち歩いていたと知って衝撃を受けた。エレーヌがアルナルドといつかばったり出会うことを願って、どこにでも持ち歩いていたと知って衝撃を受けた。エレーヌいわく、彼の膝を撃つつもりだったという。賢明なジャナラはピストルの弾を抜き取っておいた。[6]

日中のラ・ルー・トゥルヌの受付は混んでいて忙しい。夜には資金調達のため出席する催しがある。エレーヌはそんな催しに出るときが一番幸せだった。オランピア劇場やカジノ・ド・パリを訪れると、当時の思い出が蘇る。だんだんと混乱してきた彼女の記憶のなかでは、今ではその思い出は栄光に包まれていた。過去について再び語るときは、ミスタンゲットではなく、彼女がスターだった。それがラ・ルー・トゥルヌでレースの勝利は何の意味も持たない事実に対するわずかもの慰めだった。ここで唯一重要なのは、ラ・ルー・トゥルヌの由来である女神の運命の輪であって、車輪ではないのだ。しかし、国際的なサーキットでの勝利を自慢したことが、ある仕事につながった。彼女は団体のお抱え運転手として指名されたのだ。ジャルナッシュ夫人によれば、彼女の運転は乗客を安心させる類いのものではなかったというが。

ジャルナッシュ夫人から見ると、エレーヌは表面的には幸せそうだが、実際にはそうではないように思えた。それほど有名でもない人々と一緒にされるのは、有名人だった彼女にとって屈辱だった。そして、もはや自立していないことをひどく嫌がっていた。弱って歩くのにしばしば杖が必要になり、血行不良に苦しみ、パリの湿っぽい冬にはひどく悩まされた。ルジャンドル通りの寝室は、どれだけ改善しようと暖かくならないのだ。彼女はニースに、太陽に、海に輝く光に、海沿いの遊歩道を散歩する日々の喜びに、思い焦がれた。

こういったことは不幸の目に見える部分だったが、家族間の問題がやがて姿を現してきた。ドラングル一家に起きた悲劇は、ギリシャ神話の呪われたアトレウス王家のようだ。三人の子供が幼少時に亡くなり、もう一人は戦地で、父は人生の盛りに亡くなった。エレーヌのキャリアはサンパウロで事故にあったときに一度、公衆の面前でゲシュタポの手先と告発されたときにもう一度と二回台無しになった。一九六〇年、ラ・ルー・トゥルヌが彼女を迎え入れてくれた。だが一九六一年には、姉ソランジュ・ドラングルがパリの精神病院に約一年入院。そのあいだエレーヌは毎日見舞い、彼女のアパートを代わって管理した。ところが今度は、心優しい弟アンリ・ドラングルが交通事故に見舞われた。一九六三年のある日の夜、サント・メムで散歩していたときに、酔っぱらい運転の車にはねられ、怪我を負った彼が発見されたのは翌日の朝だった。その日の午後、地元エスタンプの病院を訪れた母親と姉たちが見たのは、ベッドに縛りつけられて電気ショック療法にかけられようとしている弟の姿だった。ショック治療は回避できた――エレーヌは自分が率先して止めたと言っている――が、アンリは頭蓋骨にひどい損傷を受けていた。集中力を保つことができず、書くこともほとんどできなくなっていた。その結果、彼は母親とサント・メムに週末用の別荘を購入したソランジュに全面的に頼ることになった。[7] 二人は便利な働き手として、また、壁を塗ったり、壁紙を貼ったりする労働力としてアンリを雇ったのだった。

　アンリとエレーヌはいつも仲良くお互いを気遣っていた。しかしこの事故で、相続権争いについては弟からの支持は期待できなくなった。彼女は相続についてますます心配になっていた。サント・メムにあるドラングル夫人の資産は、エレーヌの計算では少なくとも一五〇万フランの価値があった。[註6] 法律では、彼女には資産の三分の一を遺産として受け取る権利がある。しかし、残念ながら一九二六年に作成された権利書にあるのはソランジュの名前だけで、姉妹間の関係は友好的ではなかった。エレーヌがやっきになって母親へ訴えると、将来の取り決めについてはソランジュが適切な方法で対処するという冷たい返事が返ってきた。安心などできなかった。

エレーヌはアンリの事故の夏、ずっとヒステリー状態に落ち入っていた。ポール・アザイスとジャナラ・ジャルナッシュは海沿いで二週間の休暇をとり、ラ・ルー・トゥルヌは夏休みのために閉鎖している。エレーヌはひとりぼっちだった。彼女は不条理にも、団体の保護者なのだから戻ってくるべきだと二人に力説した。断る彼らに、彼女は電話口で口汚くののしり、自分を巡る確執の数々をとりとめもなく綴った、苦しみを吐露する長い手紙を書いた。ジャルナッシュ夫人は「あなたはいつでも私たちの大事なエレなのよ。いつだって心配することはないし、私たちはいつもあなたのことを考えているわ」と言って彼女を安心させた。団体がしてくれたことや彼らが最後まで面倒を見るつもりでいることを思い出し、彼女は落ち着きを取り戻したようだった。[9]

アザイスとジャルナッシュ夫人が八月末にパリに戻ってくると、屋根裏の寝室はもぬけの殻になっていた。そして、はしゃいだ手紙がニースから届いた。家出人はすてきな部屋を見つけたと浮かれて記していた。優しい大家は部屋に花を飾ってくれて、猫のミネットを飼ってもよい、庭へも好きに出入りしてよいと言っていると。「かわいらしい部屋で家賃はちょっと高いけれど、また太陽の光を浴びて、海の近くにいられることがどんなにすばらしいことか、あなたたちにわかってもらえたら」そして、ニースまでのドライブの最後の区間は最短記録だったと自慢げに付け足していた。[10] ジャルナッシュ夫人は、エレーヌが乗っていった車がラ・ルー・トゥルヌの所有物であることにはあえて触れなかった。ひどく胸騒ぎがして、彼女はルジャンドル通りの部屋は空いたままだと憶えておくようにと言い、エレーヌに懇願した。「私たちのところに戻ってこない？」[11]

エレーヌが恐れていたことはすぐに現実となった。翌一九六四年にドラングル夫人の体調が急激に悪化し、娘たちのあいだで熱い議論が交わされることになった。ソランジュは母を療養所へ入れたがった。エレーヌはニースで引き取ることを提案した。彼女はいまだに母親を感化して自分の名を家の権利書に復帰させることを期待していたのかもしれない。アンリはソランジュの側についた。その結果、ドラングル夫人はボワシー・サン・レジェのラ・ドメンヌ療養所へ預けられ、六月にそこで息を引き取った。ソランジュは即座にサント・メムの家を手に入れ、保管していたエレーヌの家具はニースに送ると知らせてきた。遺書の書き換えについて、彼女は手紙でこう言っている。「弁護士に会いに行ってきたわ。どうしようもないの。何もできないって。それでも、できるかぎりのことはするつもりよ」[12] 一週間後、エレーヌの持ち物がニースに届いた。彼女の銀のトロフィーの数々は変色してはいたが、元のままだった。湿っぽい小屋に四年間しまわれていた家具は業者によって売却されたが、がっかりするほどの金額にしかならなかった。

貧窮して不安を募らせたエレーヌは、生活のすべてをラ・ルー・トゥルヌに頼ることとなった。彼女はニースのシミエ地区のぞっとするような地下の部屋へ、そしてその後ボーリュへと引っ越した。ボーリュはかつて彼女が丘の上で何の心配もなく豪華に暮らしていた場所である。団体のものであるルノーは中古のシムカのために下取りに出された。そのシムカに乗って映画館で昼間に団体のための寄付金つき封筒を販売した。「私は小枝に止まった鳥のように暮らしている。いつも冷えきっている気がするし、いつも疲れている」と彼女は書き記した。[13] ジャルナッシュ夫人の提案でマルセル・モンジャン――「あなたの元夫」――に援助を訴えてみた。すると彼は五〇フランを送ってきた。アンリ・トゥーヴネは二〇〇フランを寄付してくれた。それを聞いてエレーヌは、少なくとも四年ぶりに新しい靴の一足は買えると答えた。そして、昔のような勝ち気さを見せて、モンジャンに会うようなことがあったら尻に一発蹴りを入れてやるわと付け加えるのだった。[14]

ポール・アザイスが亡くなった一九七四年、エレーヌは弟のアンリとアルナルド・ビネッリの死も経験している。弟の死に彼女は悲しみがあふれるのを感じた。「私のちっちゃなディディ」彼は彼女のお気に入りだった。とても温和で、とても無邪気で、優しかったアンリ。「あの子のことをとても愛していた」と彼女は書いている。[15] ビネッリの死の知らせ――死因はがんだった――には、心が痛むことはなかった。「どうして私から三〇〇万フランを奪った男の死に悲しまなければならないの?」今となっては、憶えているのは、彼のために何でもしてあげたというのに、一文無しにされ、捨てられたことだけだった。役にも立たない発明にかかった費用を、腎臓の手術代を、今思えば他の女とのお楽しみのために旅行費を払ってやったのは私ではなかったのか。「そんなこともあんなことも、なんでもよ」彼女は邪険に締めくくった。アルナルドの死が彼女を悲しませる理由などなかったのだ。[16]

エレーヌの終の住処となったニース、エドゥアール・スコフィエ通りの家。1975年から1984年までここに暮らしていた。

衰えたエレーヌの最後に残った友人、ジャナラ・ジャルナッシュへ手紙を書くことが、みじめな晩年の間の心のよりどころだった。ある手紙では、再びレースに出て華々しく引退する計画について綴ったりして、不安定な精神状態が現れている。他の手紙には彼女の相続を奪ったソランジュへの憎悪がまくしたてられており、その獰猛さには目をみはるものがある。しかし、練習帳から破りとった方眼紙に、斜めに傾く小さな字で書くかタイプした束の大部分は、健康状態の悪化するなかで友達もおらず、極度の貧困に暮らす女の惨めさを綴ったものだった。ソランジュの不幸の種でもあった乾癬に、今ではエレーヌがひどく苦しんでいた。皮膚のただれたところが化膿して出血している。シーツを汚したら大家に追い出されるのではないかと恐れた彼女は服を着たまま寝ていた。ラ・ルー・トゥルヌが定期的に送ってくれる支給品の古いズボンを履いて横になっていた。眠ることもできなくなっていた。歯も弱り、抜かなければならなかった。もはや団体への寄付を集めに映画館へ出向く勇気もなかった。人前に出るには自分の姿は恥ずかしすぎた。

いくらかのなぐさめとなることもあった。一九七五年、新しい大家のレイモンド・アゴスティヌッチはレーサーとしての彼女の前歴に、愛想良く興味を示してくれた。彼女は人生最後の九年間を小さな寒い屋根裏部屋で過ごしている。エドゥアール・スコフィエ通りはニース市の裏手にあたる荒れた地域にある薄汚い通りだ。家賃も払わず住んでいるようなイタリア人の店子ばかりの建物で、輝かしい日々新聞の切抜きを見つめ、唯一の贅沢に太い黄色のジタンを吸いながら孤独に暮らしていた。彼女は毎日くたびれたヒョウの毛皮のコートをお守りのように体にしっかりと巻きつけて道路を渡る。そして、シムカのエンジンをかけてそこにしばらく座ってから再び階段を上って部屋に戻るのだ。時には、住人の一人に切抜きや、今となっても売る気になれないトロフィーを見せることもあった。

一九七八年、郵便配達人に前の晩に彼女のブラジルでの事故の映像をテレビで見たと言われたとき、彼女はつかの間の栄光を味わった。ラジオ・モンテカルロからは事故について話すために招待されたが、彼女は断らなければならなかった。「どうやったらそんなことができるのよ？　交通費もないし、歯を抜かれてからしゃべることだってほとんどできないのに」とジャルナッシュ夫人にこぼした。時々ドアを閉めてガス栓を開くことを考えた。「エレ・ニースとつらい生活にさようならってね。よく考えるわ」それでも、と彼女は昔のような明るさで付け加えた。「少なくともまだ大好きなジャナラのくれた履き心地のいいズボンと私の毛皮のコートがあるしね。すごく古いけど。私みたいにさ！」[17]

一九八三年、彼女は失った相続権を取り戻すための最後の努力をしてみたとジャルナッシュ夫人に話している。弱々しくなってはいたが、彼女はシムカに乗てサント・メムまで行き、母親から相続した家を売った姉の住む小さな家のドアをノックしたのだ。[註7] ソランジュは話すことさえ拒否した。立ち去るように伝えるのにわざわざ年若いいとこが呼ばれた。「血の繋がった姉妹なのにこんな目にあうなんて信じられない」そう彼女は書き記した。「それでも合法なの。悪筆でごめんなさい。でも目がもうだめなのよ」[18]

一九八四年九月、エレーヌは足の手術のため、病院へ収容された。そして、見舞いを頼まれ果物とビスケットを持って訪れたジャルナッシュ夫人の友人が、昏睡状態で横たわるエレーヌを発見したのだ。「親愛なるエレ、がんばってね」というジャルナッシュ夫人からの言葉をエ

messes

La Roue Tourne.

L'Association d'Entr'aide du spectacle vous prie d'assister, ce lundi 29 octobre 1984, à 18 h 45, à la messe qu'elle fait célébrer, en l'église Sainte-Marie des Batignolles, 77, rue Legendre, Paris (17e), en souvenir d'

HELLÉ - NICE

championne du monde automobile

décédée récemment à Nice et inhumée à Dourdan.

レ・フィガロ紙に掲載されたエレーヌの死と追悼礼拝の告知。

レーヌが読むことはなかった。二、三日後に別の病院へ移され、エレーヌ・ドラングルは昏睡状態のまま息を引き取った。ラ・ルー・トゥルヌは最後まで義理堅く、一〇月二九日にルジャンドル通りにある小さなサント・マリー・デ・バティニョル教会での追悼礼拝を手配した。小さな告知がレ・フィガロ紙に掲載されたが、教会にはほとんど誰もいなかった。

ジャルナッシュ夫人はニースに足を運び、エドゥアール・スコフィエ通りのわびしい住まいを訪ねた。心から感嘆した女性の思い出に、敬意を払う術が見つかることを願っていた。しかし残念なことに、スクラップブックやトロフィー、切手の収集帳もすでにすべてを撤去して処分してしまったと教えられたのだった。建物の最上階にあるその部屋には何もなく、色のあせた緑色の鎧戸は固く閉じられていた。ジャルナッシュ夫人はパリへと戻る道すがら、少なくとも葬儀は済ませ、ドラングル家の墓地に埋葬されるよう遺灰をサント・メムへ送る手配をラ・ルー・トゥルヌで面倒をみたことを考えていた。伝統どおりに、八月一八日のサン・エレーヌの日には墓に献花されるように金も払ってあった。少なくとも彼女の死に関してはすべてが適切に扱われることだろうと。

支払いとその手続きを実証する詳細はニース市役所に保管されている。しかし、ジャルナッシュ夫人の願いは無視された。サント・メムの墓地にあるドラングル一家の墓石に刻まれている名前はアレクサンドリーネとソランジュ、そしてアンリの三つだけだ。一九八六年に亡くなったソランジュは、二年前に妹が死んだときサント・メムに住んでいた。墓地の区画の購入者として彼女は自分の望むようにできた。そして彼女は、妹の存在を消し去ることを選んだのだ。

トロフィーは売り払われ、スクラップブックはどこかに行ってしまった。そして埋葬された場所には標しもない。まるでマリエット・エレーヌ・ドラングルがこの世に実在したことなどなかったかのように。

註1　一九八一年には彼女はビネッリが五、六〇〇万フラン（現代の通貨で七、八万ポンド、一一〇〇万円前後）を「盗んだ」と言っている。（エレーヌからジャナラ・ジャルナッシュに宛てて。一九八一年五月一八日）

註2　『巴里のアメリカ人』（一九五一年）で、ジーン・ケリーに最終的にレスリー・キャロンを奪われる魅力的な若い歌手の役を最初に演じたのが、おそらくギャラだった。

註3　アルナルド・ビネッリの兄弟、オラツィオとセコンドの反応は不明である。

註4　彼女の死後バラバラにされてしまった切手帳は、彼女のもっとも大切な宝物の一つだった。郵便局長の娘として興味を持っていたのかもしれない。彼女が旅行し始めたときに収集を始めたと考えるのが妥当なところだ。

註5　この発言は一九六二年のものだが、フランは一九六〇年に通貨価値が見直されている。もし彼

女が旧フランを考えているのだとしたら、これは一五万フランとなる。しかし彼女がどちらの意味で話していたのかは不明。

註6　果樹園、井戸、川岸の一帯はソランジュに二〇〇万フラン（旧）の利益をもたらしたらしい。（エレーヌからジャナラ・ジャルナッシュに宛てて。一九七六年六月一四日）

あとがき

私が初めてウォーナー・デイリーに出会ったとき、彼はロンドンの自宅でアンティークを販売していた。家の外には油の浮く運河が流れ、そのわきの通りは五〇年代のギャング映画のシーンのようだ。キツネのように細面のウォーナーは黒い中折れ帽をかぶって、一列に並んだピカピカに手入れされたパッカードや黒いシトロエンたちと完璧にマッチしている。家の中は気に入った風変わりなものでいっぱいだった。ウィンストン・チャーチルの電話、ロシアのトロイカをかたどった一八世紀のベッドに仕立て屋のトルソ、箱形カメラに枢機卿の座る椅子、そして、自分たちの髪で編んだ額に入った色白な娘たちの写真。

ウォーナーと彼の家について書かれた記事はいくつかある。例えば、薄暗くなぜか恐ろしげな雰囲気のキッチンで、夕食に出席した勇気ある客たちは、パンはサヴォイかクラリッジのゴミ箱から好意でもらったものだと告げられ、嘘だと笑ったというような（届いたのは裏口経由ではあったが、その出所はいつも一流どころだ）。私の知るなかでも真の変わり者の一人であるウォーナーにとっては、彼のコレクションにも、パンの手配にも少しもおかしなところはなかった。

一五年後、ウォーナーと妻はフランスの南部へ引っ越した。彼はまだアンティークを扱っていた。毎週日曜日の朝、オリーブの木立の中で開催されるコゴランの蚤の市を訪れた。コゴランはサン・トロペから二、三キロ内陸側に入ったところだ。一九九四年のある朝、彼はそこで一冊の厚いアルバムに出会った。中身は黄ばんだスポーツ欄の切抜きで、言い値は七〇〇フラン。新聞の切抜きのなかの一枚には短い金髪の娘が写っていた。耳まで届くかというような大きな笑顔でレーシングカーに乗っている。キャプションには「エレ・ニース、チャンピオンレーサー」とある。そして、その横には誰かが「一九二九年」と書き記していた。

七〇〇フラン（七〇ポンド、一万円余）というのは、名も知らない女の切抜きを集めたものに払うにはかなりの金額である。しかし、ウォーナーはそれを購入した。それと似たようなもう一冊のアルバムを二、三週間ほど前にニースの蚤の市で売ったとディーラーは言う。また出回ってくる可能性がある。四ヶ月後、彼はもう一冊を購入する機会に恵まれた。今回は一〇〇〇フランだった。この女性が誰なのかは分からないが、その価値はあがっているようだ。

モナコのクリスティーズで車のオークションを担当するピーター・ホーキンスが、次のステップを手助けした。そのアルバムの中に一貫して出てきた車はブガッティだった。切抜きと販売の証書から登録番号が判明した。もし車が現存するならば、その持ち主の名は車両登録番号とともにブガッティ・トラストに記録されているはずだという。六ヶ月後、ウォーナーはそのブガッティの持ち主となっていたアメリカ人のヴィンテージ・カー愛好家ベン・ローズへたどり着いた。ローズは二冊のスクラップブックとエレ・ニースのブガッティを合わせて所蔵することを喜んで、その二冊を七〇〇〇ドルで購入した。そして二年後にはその車とスクラップブック二冊は、七〇〇〇ドルよりもかなり大きな金額で他の収集家のもとへ売られていった。

二〇〇一年八月、私はウォーナー夫妻に大変久しぶりに再会した。その夕食の席で、ウォーナーが本に書かれるべきすばらしい話を知っていると言い出したのだ。そして彼は私にそのスクラップブックの話をしてくれた。数日後には三年前の車雑誌に掲載された記事が送られてきたのだった。『One Hellé of a Girl』というタイトルがついたその記事に書かれていたのは、あるフランス人女性の驚くべき人生だった。その女性はストリップのダンサーから一九三〇年代にもっとも成功した女性レーサーとなり、その後ドイツ人ドライバーとのつながりからナチのシンパという告発をうけ、裁判で汚名を晴らさなければならなかったという。その記事は『せめてエレ・ニースが自伝を書いていたらよかったのに』と締めくくられていた。そしてその横にはウォーナーがこう書いていた。『その通り！　しかしご心配なく！　その件はミランダが引き受けました！』

ウォーナーの言う通りだった。車に乗って豪快に笑う娘の顔を見た瞬間から、私は彼女に夢中になっていた。ただ問題は、車とともにスクラップブックもどこかに行ってしまったということだった。ウォーナーは誰がそれを購入したのか見当もつかなかったし、ベン・ローズにどうやったら連絡が取れるのかも分からなかった。私は私でこれほどまでに知られていない人の人生を調べるということ、そしてその作業すべてが外国語となる可能性が高いことを懸念していた。ほどなくしてブガッティ愛好家たちが、初めの一歩を踏み出すのに絶好の資料を教えてくれた。一九九七年に発行された『Souvenirs d'un bugattiste』の表紙に、エレ・ニースの写真が使われていたのだ。彼女がスカーフ一枚で体をおおっただけの写真は、著者アントワン・ラファエリのコレクションの一部だと言う。ラファエリは彼女についての大量の記録を、ウォーナーが一冊目のスクラップブックを購入した頃にフランスの南部で手に入れたと言われていた。念入りな調査の結果、彼がマルセイユにいることは分かったが、彼は何も応えず、沈黙を守り続けていた。ようやく、彼は病にふせていると言ってきた。

エレ・ニースのブガッティの新しい持ち主、オスカー・デイヴィスが遅くなって申し訳ないと電話をかけてきたのは、二〇〇一年のクリスマス・イブのことだった。一ヶ月後、デイヴィスは私をニュージャージーにある彼の事務所に連れて行ってくれた。そこで私は彼女のスクラップブックを吟味し、生まれて初めてレーシングカーの運転席に座ったのだ。彼女の車とは、彼女が一九二九年にモンレリーで世界記録を破ったブガッティ以外の何物でもなかった。私はそれまでブガッティがあんなにかわいい車だとは思ってもみなかった。そして、実際に運転してスピードを出してみて初めて、ブガッティがもたらす強烈なアドレナリンラッシュ、心が弾むような感覚、興奮、そして危険な喜びを実感したのだった。このような車でレースするというこの強烈な幸福感にかなう経験はほとんどないだろう。

アルバムにあった切抜きから、私の読んだ雑誌の記事がおおよそのところ正しいものであることが分かった。それでも、彼女の生い立ちや家族、恋愛関係——フォン・ハンシュタインへの言及以外には、ということだが――、もしくは彼女の最後についてなど、何もわからなかった。一番重要なことだというのに、彼女がどこで死んだのかすらわからない。フランスではイギリスと違って、人の始まりは終わりに見つかるのだ。出生時の詳細は、死亡届けとともに記録される。常識から考えて、スクラップブックがサン・トロペ付近で出てきたということは、彼女はどこかその近くに住んでいたに違いない。どこかレースの歴史があるところ。そこから的をモンテカルロかニースに絞った。

読みが当たって、それはニースだった。しかし、私の意気揚々とした気持ちはエドゥアール・スコフィエ通りを歩くにつれて小さくなっていった。私は、この女性が太陽と山と明るさが大好きだったと、スクラップブックにあったインタビューから知っていた。彼女が最後の月日をニースの後ろにそびえる崖の冷たい陰で、この灰色のさびれた家で過ごしたというのはひどい仕打ちのように思えた。地下に無断で住み込んでいる愛想のよい住人が建物の中に入れてくれ、放置された部屋を好きなように見させてくれた。隣の家を訪ねて住人と話したが、その女性は私の質問に当惑したようだった。それにもかかわらず、私は彼女の名前を書き留めた。マダム・ルイ・ラヴァーニャ。

今ではわかっているように、エレーヌはシャルトル近くのオネ・ス・オノーで生まれた。このオネ・ス・オノーとサント・メムで彼女の幼少時のイメージを具体化することができた。郵便局長がかつて住んだことのある小さな家やエレーヌが通った学校、サント・メムでドラングル一家が住んでいた家もこの目で見てきた。村のはずれにある淡い褐色の建物に住んでいた姉のソランジュは人付き合いを避け、プライベートについて話すことは決してなかったと教えられた。年老いた近隣の住人は、子供の頃にソランジュの妹が大きな格好いい車で村にやって来たことを憶えていた。地元の歴史家であるロジェ・ドレールは、母親であるアレクサンドリーネ・ドラングルはサント・メムに住んでいたあいだベルナール氏の妻として通っていたと確認してくれた。しかし、私は墓石を見て混乱してしまった。もし、エレ・ニースがここに埋葬されたと記録にあるのなら、なぜ彼女の名前がないのだろうか。

イギリスに戻ってから、私はエレ・ニースの写真がルイ・ラヴィーニャ夫人の記憶を呼び起こすかもしれないと思い、写真を送ることにした。思った通りだった。ラヴィーニャ夫人は、名前を忘れてしまっていたと申し訳なさそうに返事をくれた。エレーヌを憶えていたのだ。小柄で元気のよい女。青いシムカに乗って、身なりはみすぼらしかった。大家のアゴスティヌッチさんが奉仕活動の一環として部屋に住まわせていた。もしお役に立つのなら、と彼女は大家の娘の名前と住所を教えてくれた。彼女が何かとっておいたかもしれないから、と。

彼女の予想した通りだった。二〇〇二年四月、私が必要な資料が見つからず絶望的になっていたときのことだ。アンドレ・アゴスティヌッチは私を家に招いてくれた。その家はニースの町の裏手から曲がりくねって丘を登っていくメンディギューロン大通りにあった。今となっては明らかなように、エレ・ニースはかつて彼女の近所に住んでいたのだ。お互いに会ったことはなかったが。アンドレは小柄で物腰の優雅な娘さんで、手紙や写真、書類が入ったトランクを父親が持っていた建物のガレージで見つけたと説明してくれた。父親はもうこの世を去っている。誰もそのトランクには興味を示さなかった。しかし、彼女はそのトランクをとっておくことに決めた。ウォーナーや私と同じように、彼女はそのトランクの中身が織りなす物語の主人公に魅せられてしまったのだ。

その日、アンドレはトランクの中身を私に見せてくれた。ついに姿を現したその中身とは、伝記作家の夢が現実となったかのようだった。山と積まれた手紙や写真、切抜きはどれも人の目に晒されたことがない。ある手紙の差出人はラ・ルー・トゥルヌという団体のジャルナッシュ夫人となっていた。そして、アンドレが彼女と連絡を取るように私に熱心に勧めたのだ。

しかし、それ以前にももう一つ、私は思いがけない幸運に恵まれていた。二年間音沙汰なしだったアントワン・ラファエリが、ウォルフガング・スタムという人物の住所を送って来たのだ。ラファエリは自分のコレクションをこの人物に売却したという。また、そこには私がそれまで見たことがなかったエレ・ニースの写真も同封されていた。彼は親切にも、待たせてしまったお詫びのプレゼントだと言った。それは、今まで目にした彼女の写真のなかでももっともすばらしいものの一つだった。

それから二週間後、私はウォルフガング・スタムとヒースローのホテルで面会した。夕食が済み、彼はブリーフケースを開いてもう一つのごちそうを別のテーブルに広げた。羽ばたく白い鳩を捕まえようと腕を上に伸ばしている裸のエレ・ニース、一九三〇年にアメリカのスピードウェイでミラーを運転するエレ・ニース、エレ・ニースと奔放なアメリカ人マネージャーであるラルフ・ハンキンソン。エレ・ニースのボーイフレンド、ビリー・ウィンのハンサムな写真には『世界で一番かわいい女の子へ』という走り書きのメッセージが入っている。そして、もちろん、ラファエリの本で目にしたエレ・ニースが薄衣のスカーフをほんの少しだけ身にまとったスタジオでの写真。ウォルフガング・スタムは彼のコレクションからどれでも好きなものをこの本のために使ってよいと言ってくれた。私自身の経験から言うと、このような気前のよさにお目にかかることはめったにない。しかし、今回のエレ・ニースに関するリサーチでは、そのような寛大さが当たり前のようになっていた。

最後の大きな発見が出てきたのはほとんど偶然だった。パリで何かを見つけることなどないだろうと思っていたが、ジャルナッシュ夫人を訪問しておくのが筋のように思えたのだ。ラ・ルー・トゥルヌは明らかにエレ・ニースの人生で重要な役割を果たしていたのだから。二〇〇二年一一月に、車いすに乗った美しく手入れされた髪型の上品な夫人を訪問した際、彼女が団体の施設内で昼食を用意していると告げられた。私の浮かぬ顔——午後は仕事抜きのフリーな時間に充てるつもりだったのだ——を見た彼女は、仕事に役立つものがあるかもしれないと付け足した。

ラ・ルー・トゥルヌでの昼食は楽しいものだった。映画のスタントマンを父に持つダンサーの誕生日ということもあり、それに敬意を表してワインもたっぷりと振る舞われた。長いテーブルで私の隣に座ったのは九〇歳になるとても小柄な綱渡り師で、食事の後で彼はその腕前を私たちに披露してくれた。その後、団体の秘書兼すべてを扱うオーガナイザーであるジャニーヌ・シャポネが、私をエレーヌが使っていた小さな寝室へと案内してくれたのだ。そこは、なぜエレーヌが暖かい南へ逃げ出したのかわかるような、ひんやりとした薄暗い部屋だった。「もしご興味がおありでしたら、彼女の写真や手紙なども保管してありますが」とジャニーヌはためらいがちに言った。「あと、彼女のアドレス帳もありますよ」そして、ここでももちろん、すべての品が借りるなりコピーを取るなり、私の好きにしてよいと言うのだった。

その午後、引退したダンサーであるジャニーヌと、エレーヌからのプライベートな手紙の束――ここではつねに「エレ」と名乗っていた――を整理していくにつれ、エレーヌの物語の結末が見えてきた。それらの手紙は、彼女にとって最後の、そしてもっとも信頼のおける友人に宛てたものだった。そこにあるのはアルナルド・ビネッリに捨てられた後の彼女の人生の最終章、ラ・ルー・トゥルヌの援助なしに生き延びることができなかったであろう年月についての哀れな話だった。『あなたはいつでも私たちのエレよ。私たちがずっと面倒をみてあげるから』ジャルナッシュ夫人は一通の手紙の中でそう言っている。そして、彼女がその約束を守ったことは明らかだ。

それでも空白の部分は残る。したがって、エレ・ニースの子供の頃の話を再現するには想像力を働かせた。それでもいつ、そしてなぜ彼女がパリで独り暮らしするためにサント・メムを離れたのか、また彼女がどのようにしてあれほどダンサーとして鍛えられたのかははっきりしていない（小説家なら、エレーヌが十代の頃にサント・メムにあった宣教師のサマースクールと、何か関係があるのではないかと切望した私に同情してくれるだろう。残念ながらそれにつながる証拠はかけらも出てこなかった）。彼女とアンリ・ド・クルセル（当人によるメモではいつも「クーク」となっている）との関係は、彼の死亡記事とともに彼女が保存していた何ページにもわたる彼についての切抜きと写真から推測したものだ。マルセル・モンジャンは言ってみれば謎の人物のままである。アンリ・トゥーヴネも同様だ。彼女とエットーレ・ブガッティおよびジャン・ブガッティの関係がどのようなものであったのかについては、推測の余地が残されている。また、彼女がゲシュタポの手先だったとルイ・シロンに言い掛かりをつけられたのちに、怪しくも消えてしまった彼女の財産についても同じことが言えるだろう。

記憶力に問題のある女性が残した証拠に頼る場合、慎重さが必要とされる。しかもエレーヌの記憶力が一九三六年の事故以降あてにならなくなっていたことは明らかなのだ。一九三八年に行われた日付の入っていないインタビューでは、彼女は自分の住むアパートメントの建物はおろか、実の母親の顔すらわからないと冗談めかして言っている。調査の結果、彼女のアルバムに記された日付や状況は正確でないことがわかっている。一つ例を挙げると、彼女はアンヌ・イティエと一九五〇年のモンテカルロ・ラリーに出場したと記憶していた。確かにイティエは出場しているが、それは別のパートナーとであった。エレ・ニースが出場したのは一九五〇年のラリーではなかったのだ。作品中真実だということが証明できる部分はすべて、実際の出来事をとりあげている。

私が皆さんに伝えた物語は、申し訳ないが、彼女がどの車を所持していたのか、どの車が貸与されたのか、それらの車がどの程度彼女の必要に応じてあつらえてあったのか、彼女とイティエのつながり、メカニックたちが彼女についてどう思っていたのか、金銭的には他に負けないような車が簡単に買えたようなのに、彼女があえて時代遅れのアルファ・ロメオを使い続けた理由といったことを、正確に知りたい専門家を満足させるものではない。私は彼女の職業についての専門的な史実を提供するというよりも、彼女の物語を伝えたいのだ。私としては、これでもっと詳細な調査にのり出すための基盤を築き上げたのではないかと思いたい。

私が何よりも望むのは、彼女の非凡な人生が忘れられずにいるということだ。何もないところから成り上がり、今では墓碑銘もない墓に眠るヒロインは、世界一のチャンピオンとして尊敬され、思い出されるに値するだろう。かつて彼女がそう呼ばれたように。

お礼のことば

まず、ウォーナー・デイリーと彼を支えるフィオナ夫人なくしてこの本が書かれることはなかったでしょう。また、アンドレ・アゴスティヌッチ、パトリック・トラパニ、ブライアン・ブランクホースト、オスカー・デイヴィス、ジャナラ・ジャルナッシュ、サイモン・ムーア、アントワン・ラファエリ、ウォルフガング・スタム各氏には、寛大に所蔵する資料の使用を許していただいたばかりか、いろいろと時間を割いていただきました。いつも親切に説明したり情報を教えてくれたりして助けてくれたジャン・ピエール・ポティエ。際限なく出てくる私の質問に仕事の範疇を超えて根気よく、ときにはユーモアを交えて答えてくれたディック・プロフとパトリシア・リー・ヤングは最高のEメール相手となりました。

この本を書くにあたって以下の皆さんに大変お世話になりました。万が一お手伝いいただいたにもかかわらず、お名前のない方がいたらごめんなさい。

レビュー・オートモビル誌のピエール・アバイヨン、フランス・ブガッティ・クラブのジョアン・アコチェラとジャン・ルイ・アービー、プレスコットのブガッティ・トラスト、中でも特にリチャード・デイとスー・ウォードにはお世話になりました。ブルックランズ・ミュージアムのジョン・ターリングと故ジョン・グランジャー、お二人のことは忘れません。ビューリー自動車博物館では、マルコム・ソーンがすばらしい資料の発掘を手伝ってくれました。また、フランスのボーリュ・シュル・メールでは、アンドレ・カネが親切にサポートしてくれました。オネ・ス・オノーのレイモン・バレントンとピコー市長には親切に辛抱強く多くの情報を教えていただきました。本を貸してくれ、貴重なアドバイスをくれたフィリップ・オベール、アントニー・ビーヴァーとアルテミス・クーパーにも感謝しています。ベルリン軍事公文書館にフランス国立図書館のスタッフ。アラン・ブラック、ウィリアム・ボディ、マルコムにイアン・ブラッケンバリー、大英図書館スタッフ、ウィリアム・キャッシュ、カジノ・ド・パリ、M・キャヴァリエ、ジャイルズ・チャップマン、ラ・ルー・トゥルヌのジャニーヌ・シャポネ、トム・クリフォード、イアン・コネル、ジェラード・クロムバッハ、ゴードン・クルックシャンク、チャールズ・ディーン、サント・メムのロジェ・ドレール、エルシー・バーチ・ドナルド、英国自動車協会（RAC）図書館のトレヴァー・ダンモア、アイヴァン・ダットン社の皆さん、アイリーン・テストット・フェリー、グレガー・フィスケン、M・R・D・フット、シモーヌ・デ・フォレストとご家族、リン・ガラフォラ、アンドリュー・グレアム、ロベルト・グレスコヴィッチ、マルコム・ハリス、ヴェテランズ・カークラブのマルコム・ジール、ルイ・クレマンタスキ、オネ・ス・オノー公文書館のダニエル・ララール、ルイ・ラヴァーニャ夫人、マイク・ローレンス、キャサリン・レッグ、故ジョアン・リトルウッド、ロンドン図書館のスタッフ、デヴィッド・ロング、モーリス・ルーシュ、マイク・リンチ、アラステア・マコーレイ、スタンリー・マン、ジョン・マークス、マイク・マーシャル、レスター・マシューズ、ミッドランズ自動車博物館、モナコ自動車クラブ、ビューリーのモンタギュー卿、モナコ控訴裁判所、ニース市役所公文書館と特にお世話になったミレーユ・マソにルイ・ジル・ペロー、アニエス・ルジエとオーギュスト・ヴェロラ。パトリック・オコナー、パリ公文書館のスタッフ、ジミー・ピゲ、サム・ポージー、ダン・ラートブルフ、ピーター・リックリー、ロートシルト卿、ローラン・ソニエ、ジョー・セイワード、デヴィッド・シーウェル、アレッサンドロ・シルヴァ、レイフ・スネルマン、イヴリン・ストッダール、CHHモーターカーズのケン・サマーズ、サイモン・テイラー、デヴィッド・サールビー、アントニア・ティル、ジリアン・ティンダル、デヴィッド・ヴェナブルズ、ヴィンテージ・カー・クラブのニック・ウォーカー、エレ・ニースの死後、イギリスで発表された最初で現時点では唯一の記事の著者、ミック・ウォルシュ。

さらに、すばらしいエージェントであるアンソニー・ゴフとヘンリー・ダナウ、そして担当編集者のアンドリュー・ゴードンとマーティン・ブライアント、アイリーン・スミスにも感謝の気持ちでいっぱいです。ペン・キャンベルにアラン・ホリングハーストにも感謝しています。

最後に、私が必要としているときに支えとなり、話し相手となってくれた息子マーリンと義理の娘シュラ・シンクレア。そしてトーマス、サリーに〝無類の三人組〟。本当にどうもありがとう。

補遺1

以下はアルナルド・ビネッリがサンパウロからパリの『ル・オート』編集者シャルル・ファルーに宛てた手紙の訳である。

拝啓

七月一五日に発行されたエレ・ニース嬢の事故についての記事を拝見してお便り差し上げます。多くの詳細が不確かだったことから、御紙では何が起きたのかご存じないのではないかと思います。そこで、ご自分の目で確かめていただけるように、事故の瞬間をとらえた写真を同封いたしました。ここには柵などはなく、秩序というものは存在せず、サーキットのいたるところに観客が立っているのが貴兄の目にも明らかでしょう。レースはまだ継続しており、後ろからあと一五台が猛スピードで迫ってきているのがお分かりかと思います。

また、御紙ではこの事故が六〇周目――最終周――のゴールラインまでほんの二五メートルのところで起きたということをご存じないのではないでしょうか。写真をご覧いただければ、左側の車がデ・テッフェでエレ・ニース嬢が右から彼を抜こうとしているのが分かります。そして、デ・テッフェは彼女に譲ろうとはしていません。しかし、事故の主な原因は観客の一団にありました。彼らは、ゴール間近で三位の座を奪われようとしているブラジル人ドライバーを応援するために、サーキットに走り出てきたのです。これらの車は時速約一四〇キロを出していました。現地での調査では観客たちに非があり、エレ・ニース嬢はその第一の被害者という見解に達しました。

私はエレ・ニース嬢のメカニックで、このときゴールラインに立っておりました。事故の起きた場所から二五メートルのところです。ですから、すべてを目撃したのです。現地のフランス人はみな、御紙の記事を不満に思っております。現在はエレ・ニース嬢もそれなりによくなってきておりますし、帰国の際は彼女自身の口からすべてご説明できるかと思われます。また、事故に関しての証拠となる写真およびフィルムを提供することも可能でしょう。

敬具

アルナルド・ビネッリ

補遺2

ヤッコ1937年国際記録　クラスC（10）　モンレリーにて

3日目	143.78km/h
4日目	144.08km/h
15000km時点	143.77km/h
10000マイル時点	141.59km/h
5日目	141.74km/h
6日目	141.16km/h
7日目	141.48km/h
15000マイル時点	141.48km/h
20000km時点	141.39km/h
8日目	141.29km/h
30000km時点	140.88km/h
9日目	140.83km/h
20000マイル時点	140.18km/h
10日目	139.99km/h

世界記録

20000km時点	141.39km/h
6日目	141.16km/h
7日目	141.48km/h
15000マイル時点	141.48km/h
8日目	141.29km/h
9日目	140.83km/h
20000マイル時点	140.18km/h
10日目	139.99km/h

補遺3

レース出場記録（註1）

1928年

6月（日曜日）
第2回レディース自動車デー
モンレリー：シトロエン10CVクローズド・カー（ボディはタラモ製）でコンクール・デレガンスにも出場。

1929年

6月1〜2日
第3回レディース自動車デー、モンレリー：1位（オメガ・シックス、レース№9）女子選手権150キロ／30周／ハンディキャップレース（スタート位置最後となる15番目）
（第1回）女子グランプリ50キロ／10周：1位（オメガ・シックス）
コンクール・デレガンス：1位（12台中）クローズド・ツーリングカー・クラス（オメガ・シックス）
6月（日付不明）
レ・トゥケ　自動車ミーティング：ジムカーナ・イベントにて1位（ロザンガール）
6月14日
第6回アクターズ選手権
パルク・デ・プランス：女性部門で優勝、男女をあわせての当日のベストタイムを記録。
12月18日
モンレリー・スピード記録トライアル
トラブル発生まで、10㎞を平均時速198キロで走行。（ブガッティT35C 2ℓ、おそらく№4863。エットーレ・ブガッティからの借用車）

1930年

3月29日
モルスハイムがブガッティT35C №4863をエレ・ニースに引き渡す。仮の車両登録番号は1647—WW5。（註2）
4月21日
モロッコ・グランプリ、カサブランカ・ラリー（709・5㎞・ハンディキャップ・レース）：ブガッティ2ℓで参加したが、友人ブルーノ・ダルクール伯爵の死亡事故の後、出場取り消し。
5月23日
アメリカでラルフ・ハンキンソン主催の「レース用自動車でのスピード公開演技」をする契約書にサインする。

6月1日
ブガッティ・グランプリ　ル・マン：3位（ブガッティT35 2ℓ、レース№32、車両登録番号2066―RD9）

6月20日
第7回アクターズ選手権
パルク・デ・プランス　スピード実演とジムカーナ・イベント／ジムカーナ：女性部門1位（ブガッティT43A　車両登録番号2066RD）
コンクール・デレガンス：女性部門3位

6月
ビュファロー自転車競技場　アクターズ自動車クラブ主催：ダート・トラックでのデモンストレーション

7月29日
計18回のダート・トラック及びスピードボウルでのデモ走行のためアメリカに到着。アメリカ・トラックツアーで使用された車は、ラルフ・デパルマの1500ccスーパーチャージャーつきミラー、ボブ・ロビンソンの4ℓスーパーチャージャーなしのミラー、ビル・ロビンソンのデューセンバーグなど。

8月2〜8日
デラウェア州ハリントン

8月10日
ニュージャージー州ウッドブリッジ（1／2マイル板張りトラック）：10周のデモ走行を4分29秒で完走。ラリー・ビールズのデューセンバーグを使用。

8月16日
ニュージャージー州ミドルタウン：オレンジ・カウンティ・フェア・スピードウェイの5／8マイルのコース。

8月21日
ランカスター：ダート・トラックで5／8マイルのコース。

8月30日
ニュージャージー州フレミントン（フェア）：1／2マイルのダート・トラック。
9月5日
ペンシルヴェニア州ポッツヴィル：1／2マイルのダート・トラック。
9月6日
ニュージャージー州トレントン：1／2マイルのダート・トラック。
9月13日
マサチューセッツ州ブロックトン：1／2マイルのダート・トラック。
9月19～20日
ペンシルヴァニア州アレンタウン（フェア）：1／2マイルのダート・トラック。デパルマのミラーを使用。
9月27日
ペンシルヴァニア州ブルームスバーグ：1／2マイルのダート・トラック。デパルマのミラーを使用。
10月11日
ノースカロライナ州ウィンストン・セーレム：事故にあうが、怪我はなし。
10月12日
ノースカロライナ州コンコルド：1／2マイルのダート・トラック。ホフマン・スペシャルを使用。
10月18日
ペンシルヴァニア州ラングホーン：1マイルのダート・トラック。
10月24日
ノースカロライナ州キンストン：1／4マイルのダート・トラック。
10月25日
ノースカロライナ州ウィルソン：1／4マイルのダート・トラック。
11月1日
サウスカロライナ州スパータンバーグ：スピード記録に挑戦する3周のトライアル。ジミー・パターソンのミラーを使用。

11月12日
ヴァージニア州リッチモンド：1／2マイルのダート・トラック。

ヨーロッパに戻ったのちブガッティでレースを再開。

1931年

7月5日
ラ・マルヌ・グランプリ　ランス：総合14位（2ℓクラス4位、女性ドライバー賞2位／ブガッティT35C レースNo.54）

7月26日
ディエップ：7位（ブガッティ・T35C）

8月2日
ドフィネ・サーキット　グルノーブル1500ccクラス：7位（ブガッティ）

8月16日
第7回コマンジュ・グランプリ（サン・ゴダン）：9位（ブガッティT35スーパーチャージャーなし、レースNo.30、車両登録番号2066―RD9）

9月6日
モンツァ・グランプリ

9月13日
ラ・ボール：8位（フィリップ・ド・ロートシルトのブガッティT35C No.4921を使用。レースNo.8、車両登録番号2678―RB6）、最終ラップまで6位を走行。

9月27日
ビリニョル・グランプリ（アルファ・ロメオ）

1932年

2月22日
パリ―サン・ラファエル・ラリー。スーパーチャージャーつきのブガッティT35を使用。
プーギュ・レゾー・ヒルクライム（パリ―サン・ラファエルラリーの一部）（ブガッティT35C No.4921）

4月24日
オラン・グランプリ（アルジェリア）（ブガッティT35C）

5月16日（もしくは17日）
プロヴァンス・オートモビル・トロフィー　ニーム（ブガッティT35C）

5月22日
カサブランカ・グランプリ（ブガッティT35C）

6月26日
ロレーヌ（ナンシー）

7月17日（日曜日）
第5回レディース自動車デー　モンレリー・トライアル：1位（ブガッティ〝コース2ℓ〟）。
女子選手権　20キロ（6周）のハンディキャップ・レース：5位（ブガッティ〝コース2ℓ〟）

7月24日
ディエップ・グランプリ：2ℓクラスで7位（ブガッティT35C）。

8月7日
クラウゼン・ヒルクライム：6位（ブガッティ2ℓ）

9月3～4日
モン・ヴァントゥ：ヒルクライム女性部門スピード記録　18分41・1秒、2ℓクラスで2位。（フィリップ・ド・ロートシルトのブガッティT35C No. 4921を使用。レースNo.42、車両登録番号2678―RB6）使用。

9月25日
第1回マルセイユ・グランプリ（ミラマ）：オイル・パイプの故障により棄権。（フィリップ・ド・ロートシルトのブガッティT35C No. 4921を使用。レースNo.18、車両登録番号2678―RB6）

1933年

日程不明
第6回レディース自動車デー　モンレリー
トライアル（25キロ）：2位と4位。5ポイントで決勝へ進出。（プジョー301）
女子選手権（50キロ）：3位および1周のベストタイム（プジョー301）
第4回女子グランプリ：1位（プジョー301か？）
コンクール・デレガンス：1位（ドラージュ、ルトゥルヌール・エ・マルシャン）

7月16日
ディエップ・グランプリ

7月31日～8月5日
国際アルペン・トライアル（クープ・インテルナショナーレ・デ・ザルプ）：2～3ℓクラスで3ポイントを失い3位。（ブガッティT43、パートナーはロジエ・ボネ）

8月13日（日曜日）
コッパ・アチェルボ　ペスカーラ：（ブガッティ）

8月27日
第2回マルセイユ・グランプリ（ミラマ）：9位（ブガッティT35C No. 4921、レースNo.28、車両登録番号 2678―RB6）

9月10日（日曜日午後）
モンツァ・グランプリ：総合9位、予選2組3位（アルファ・ロメオ8C 2300 モンツァ No. 2311213）

9月24日（？）
サン・セバスティアン

1934年

2月
パリ―サン・ラファエル・ラリー　パートナーはオデット・シコー（アルファ・ロメオ8Cモンツァ）。

5月20日
モロッコ・グランプリ　カサブランカ・サーキット：後輪車軸の欠陥により棄権。（アルファ・ロメオ8Cモンツァ）

5月27日
ピカルディ・グランプリ　ペロンヌ：7位（アルファ・ロメオ8Cモンツァ）

6月3日
アイフェルレンネン　ニュルブルクリング　前列からのスタート：完走せず。（アルファ・ロメオ8C 2300モンツァ　レースNo.5）

7月15日（日曜日）
ヴィシー・グランプリ：予選7位、決勝は完走せず。（アルファ・ロメオ8Cモンツァ）

7月22日
ディエップ：予選5位、決勝7位（アルファ・ロメ

オ8Cモンツァ）
8月12日
タルガ・アブルッツォ　第24回スポーツカー・レース　ペスカーラ：完走せず。パートナーはマルセル・モンジャン。（アルファ・ロメオ8Cモンツァ、レースNo.5）
8月26日
第10回コマンジュ・グランプリ（サン・ゴダン）：8位（アルファ・ロメオ8Cモンツァ、レースNo.22）
9月16日
モン・ヴァントゥ・ヒルクライム：2位および女子新記録16分43・2秒。（アルファ・ロメオ8Cモンツァ）
10月28日
アルジェ・グランプリ：総合7位、予選10位と7位。（アルファ・ロメオ8Cモンツァ）

1935年

2月24日
ポー：8位。（アルファ・ロメオ8Cモンツァ、レースNo.6）
4月21日
ラ・チュルビ・ヒルクライム：クラス2位。（アルファ・ロメオ8Cモンツァ）
5月26日
ピカルディ・グランプリ（ペロンヌ）：4位。（アルファ・ロメオ8C2300モンツァ）
6月9日
ビエッラ　イタリア：予選7位、決勝は完走せず。（アルファ・ロメオ8Cモンツァ）
6月30日
ペンヤ・リン　バルセロナ：完走せず。（アルファ・ロメオ8Cモンツァ　レースNo.24、最後列からのスタート）
8月4日
コマンジュ・グランプリ（サン・ゴダン）：決勝7位、予選2組5位。（アルファ・ロメオ8Cモンツァ）

1936年

1月1日

南アフリカ・グランプリ　ロンドン東部

1月26〜29日
モンテカルロ・ラリー　タリン（エストニア）よりスタート：レディース杯1位、総合18位。パートナーはマリノヴィッチ夫人（マットフォード）

3月1日
ポー・グランプリ：コネクティングロッドの故障のため2周で棄権。（アルファ・ロメオ8Cモンツァ、レースNo.22）

4月9日
ラ・チュルビ・ヒルクライム：スポーツカー2ℓ超クラスで1位（アルファ・ロメオ8Cモンツァ2300）
パリ―ニース・ラリー

6月7日
リオデジャネイロ・グランプリ（ガヴェア）：8位。（アルファ・ロメオ8Cモンツァ）

7月12日
サンパウロ・グランプリ　ブラジル（ハルディン・アメリカ地区での公道レース）：4位走行中にクラッシュ（アルファ・ロメオ8Cモンツァ、レースNo.34）

1937年

5月19〜28日
モンレリー：女性のみのヤッコ速度記録チームのメンバーとして、平均時速140〜144キロで10個の世界記録と、15個のインターナショナル・クラスCの記録を塗り替えた。チームメンバーはシモーヌ・デ・フォレスト、オデット・シコー、クレール・デスコラ。

1938年

シャモニー・ラリー：完走せず。フシュケ・フォン・ハンシュタインのパートナーとして出場。（DKW）

1939年

6月11日
68キロレース　ペロンヌ：2位（ルノー・ジュヴァキャトル）

8月6日
女子自動車クリテリウム　コマンジュ（サン・ゴダン）：1位（ルノー・ジュヴァキャトル）

１９４９年
１月24～27日
モンテカルロ・ラリー：トラックとの事故の後、継続を断念。パートナーはアンヌ・イティエ。（ルノー４ＣＶ―１０６０、７６０cc、レースNo.１５６、車両登録番号 ２５４４ＢＡ９）

１９５１年
ニース・グランプリ：エレーヌ最後のレース（ルノー４ＣＶ）ジャン・ベーラと交替。

註１　補遺３を作成できたのは、ディック・プルフがデータを提供してくれたおかげである。エレ・ニース自身による記録はあまり正確ではないが、ブランクホースト・コレクションに所蔵されている。

註２　コンウェイ著『グランプリ・ブガッティ』によると、この車はこれ以前、１９２７年７月２日にアムステルダムのマルコ・アンドリエッセという人物へ届けられている。考えにくいが、この１９２７年の販売もエレ・ニースと関連があるという。ピエール・イヴ・ロジエが行ったより最近の調査によると、１９２７年にアンドリエッセがブガッティを購入したというのは正しいようだ。一方、エレ・ニースが４８６３番を購入する前に、この車の最初のオーナーとなったのはヴァン・ヒュルゼンだった。彼はこの車を１９２９年３月29日に購入し、車両登録番号は２０４８ＮＶとなっている。

注釈

1. はじまり

エレ・ニース（以降HNと表記）は一九七四年から死ぬまでの一〇年間、エドゥアール・スコフィエ通り六番地に住んでいた。この章の初めの部分を書くにあたって使用した情報の大部分は、彼女がジャナラ・ジャルナッシュ夫人に宛てて書いた手紙に基づいている。ジャルナッシュ夫人が主催する慈善団体「ラ・ルー・トゥルヌ」はHNの家賃を肩代わりし、週五〇フランという援助金を配当していた。三〇年にわたって書かれた約一二〇通の手紙は、ジャルナッシュ夫人が所有するものであり、彼女のご厚意によりここでの使用を許可いただいた。

　この部分に出てくるディテールはまた、エドゥアール・スコフィエ通りの住人であるルイ・ラヴァーニャ夫人、そしてHNの最後の大家の娘で、HNの写真や記録、家族に関する書類のほぼすべてを所有するアンドレ・アゴスティヌッチから提供された情報もふまえたものでもある。また、資料を提供してくれたニース市役所およびニース市文書館にも感謝している。HNの部屋や家についての記述は、二〇〇一年に著者自身がそれらの場所を訪れた経験に基づくものだ。

　同章後半部分での、ボワシー・ル・セックとオネ・ス・オノーの描写は二〇〇一年に著者が現地を訪問した経験をもとにしている（本文中では後者の正式な名称を便宜上「オネ」と省略している）。現在は一九〇七年に建てられたもっと近代的な建物が郵便局長宅となっているが、以前の家もいまだ健在だ。HNの年上の兄弟およびその死亡についての完全な記録は、彼女の個人的な記録文書にあるだけである。証拠となる彼らの墓や記録はどちらの村にも、レオン・アリスティド・ドラングルが埋葬されているルヴスヴィル・ラ・シュナールにも見つけられていない。

　また、以下の方々には特に感謝の意を表したい。まず、情報を探し提供してくれたボワシーとオネ・ス・オノーの市役所。次にドラングル一家の系図を提供してくれたジャック・シャト、オネ・ス・オノーの歴史家であり、文書もしくは口承による記録をもとに描かれた二〇世紀初頭のオネ・ス・オノーが舞台となっている小説『La Petite Marquise』マリー・ジョセフ・ゲール著（Mercure de France　一九九三年）を紹介してくれたレイモン・バラントン。郵便業務に関する公文書館では、パリでもシャルトルでもドラングル一家に関しての有益な情報はまったく得られなかった。

筆者はこの章で二つの推論を展開している。二つのドラングル家の不仲は明確だが、その理由を明かにすることは不可能だった。後にHNはカナダに住む親戚アンリ・ドラングルを訪ねている。これは出生時にダニエル・ブノワ・ドラングルとして登録されている父親の兄弟と筆者は見る。一九二一年以降のことだが、彼はカナダへ移住している。また、レオン・ドラングルの病気と、若くして亡くなった原因を実証することは不可能だった。

フランス、ボース地方についての本の中では、エミール・ゾラによる『大地』が、偏見も含まれるものの、一九世紀終わりの農民の暮らしや村の様子を生き生きと描いている。また、オネ・ス・オノーの歴史についてのパンフレットにも助けられた。この辺りに住んでいたことのあるオーギュスト・ブランキやフランソワ・アンドレ・イザンベールといった他の著名人の話は、HNとの関連性に欠けていたために役に立たせることができずに申し訳なく思う。プポン氏は一九〇二年には市長の職についていていたが、一九〇〇年にすでに市長になっていたかは定かではない。

2．一九〇三年　死のレース

1．HNからジャナラ・ジャルナッシュ（以降JJ）への手紙　一九七六年六月一四日付（ラ・ルー・トゥルヌ：以降LRT）

これだけ家の近くで開催されたのだから、ドラングル一家が村人らと一緒になって、この大レースを見に行ったと考えるのが妥当かと思われる。レースに関しての記述はいくつかの資料が存在するが、もっとも生き生きとした描写ながら、もっとも知られていない作品の一つに触れておきたい。『De Dion Bouton en témoignages et confidences』（二〇〇一年にド・ディオン・ブートンの愛好家らにより私費出版されたもの）79〜82ページに掲載されているルネ・ヴィルによる記述である。また、チャールズ・ジャロットはイギリス人ドライバーによる唯一の詳細な体験談を書き記している。彼の真に迫ったレースの記述はインターネット上で読むことができる（www.ddavid.com/formula1/race.htm）。

3．喪失と学習

ドラングル一家とオネの学校長ショピトーとの友人付き合いは、彼がオネの町役場でのHNの出生登録の際に証人となっていることが示している。

1．この段落は推論である。わかっているのは、HN

の祖父の名前と彼女の叔父の職業、そして彼女の父親が埋葬されているのはルヴスヴィル・ラ・シュナールにある一族の墓であるという事実のみだ。

2．ここを書くにあたっては、Philippe Aubert 著『Les Bugatti: Splendeurs et passions d'une dynastie』(Jean-Claude Lattes 一九八一年刊) 109〜112ページおよび David Venables 著『Bugatti: A Racing History』(Haynes 二〇〇二年刊) 24ページを参考にした。

4．パリ

これがHNの人生の中で以前はほとんど何も知られていなかった時期である。筆者による再現の主な情報源となったのは、アンドレ・アゴスティヌッチ所有の写真やニュースの切抜きといった目を見張るほどの記録の山だった。アンドレは父親の店子であったHNの死後、父親のガレージからそれらを救済した。HNは、すべての写真に注釈をつけていた。

1．Jean Rhys 著『After Leaving Mr Mackenzie』(一九三一年) 第一章より。

2．HNがダンスをしている写真を検討したうえでコメントをいただいたジョーン・アコチェラ、リン・ガラフォラ、ロベール・グレスコヴィッチ、アラステア・マコーレイに感謝する。

3．パリでのHNの一日に関する記述は想像だが、マレ・スティーブン・ガレージは評判が高かった。これらのガレージは建築家たちにとって刺激的な発表の場を提供していた。例えばニューヨークでは、超高層駐車場が計画された。パリでは、新しいバンヴィル・ガレージにらせんを描く上り坂がついていた。これは通行人におしゃれなイメージを提供する一方で、レーサーたちにとっては腕を試す場となった。

4．ソランジュとHNの関係については、多くの写真と手紙から仮説を立てた。ソランジュが写っている写真は、グループでの休暇のように思われる。手紙は一九三〇年代に彼女が妹に宛てて書いたものだ。それ以前の手紙は現存しない。

5．クルセルとM・メロン（モンジャン）はレースの出場者としてブルックランズのリストに記載されていた。HNと友人らのブライトンでの写真には、彼女が一九二〇年および一九二一年と記している。ブルックランズを訪れた様子の記述は推論である。ヨーロッパ最古のスピード・サーキットであるブルックランズでは、違反ではあるが、いまだに傾斜面に沿って歩くことができる。当時をしのばせるこのサーキットは、コースの一部はいまだに特別なイベントのために使われている。ウィリアム・ボディによるブルックランズについての本が、その歴史についてはもっとも信頼の置けるものだ。また、ファンはブルックランズの図書館も訪ねてみるべきだろう。

6．確かではないが、クルセルの死亡事故のあった日にモンジャンとHNがモンレリーにいた可能性が高い。HNが大切に保管していた彼の死亡記事によれば、病院へ行く途中に息を引き取ったとされる。一九二七年七月一〇日付の『La Vie Automobile』P243〜245に掲載された事故に関してのもっとも詳細な記事によれば、クルセルは即死だった。すべての追悼記事から伝わってくるのは彼の勇敢さ、愛嬌、慎ましさである。

5．踊り子

1．ここでの記述は、アゴスティヌッチ・コレクションにあった二人の写真に基づいている。

2．ここであげられた楽曲は、一九二七年と一九二八年における彼女たちの公演についてのレビューに登場したものである。

3．こういったプライベートでの出演でHNが財を成した可能性もある。ミュージックホールでの出演料は、それほど多くはなかった。

4．『Le Journal』一九二七年一月二二日付より。

5．ウィリーの発言は、それを引用したピエール・ヴァレンヌのレビューを通してのみ確認されている。日付なし（ブランクホースト所蔵）

6．ウィリーの言葉を引用しているヴァレンヌのレビューは、HNのスクラップブックにあるが、出典および日付は明記されていない。

7．HNのキャリアについての説明は、一九六〇年から一九六二年に彼女とJJ夫人とのあいだで交わされた会話に従った。JJ夫人はまた、彼女の寝室についても説明してくれている（著者とのインタビュー及び書面でのやり取りにて。二〇〇二年秋）

8．HNが『パリの翼』のプログラムを保管していたことは重要である。彼女はそれとともに、出演メンバーから愛情のこもった献辞を書いてもらったサイン入りの写真一式も保存していた。同様のサイン入り写真を手に入れていないのは妙だが、ドリー姉妹とモーリス・シュバリエの写真は持っていなかった。

HNがモーリス・シュバリエと関係を持ったと推測したいのはやまやまだが、その証拠はない。ただ、シュバリエの元彼女であるミスタンゲットが一九二八年に『パリ・ミス』でカジノ・ド・パリのステージに再登場したとき、HNはキャストに入っていなかったことは多少注目に値する。しかし彼女の宣伝用写真からは、当時もっとも人気のあったフランスのミュージックホールのスターの真似をしようと懸命に努力していたことが分かる。ミスタンゲットの笑い方、足の組み方、車のボンネットの上でのポーズの取り方など。彼女はどれも真似していて、その出来はなかなかのものだった。
9. HNは〝ガラ〟のプログラムや批評をすべて保存していた。彼女の出演に対する礼状も同様である。だからこそ彼女が一九二九年のガラに出演していないという事実が目立つ。このことから彼女が悲惨なスキー事故にあったのがこの年であった可能性がもっとも高いと思われる。
10. HN自身による事故の体験談は彼女のスクラップブックに残されている。(ブランクホースト所蔵)

6. マウンテン・プリンセス、スピード・クイーン

1. Sylvia Beach 著『Shakespeare & Company』(University of Nebraska 一九九一年刊) 80〜81ページより。日本語訳『シェイクスピア・アンド・カンパニイ書店』
2. Ernest Hemingway 著『A Moveable Feast』(Scribner's 一九六四年刊) 64〜65ページより。日本語訳『移動祝祭日』
3. コンクール・デレガンスは、アクターズ選手権の一部として一九二一年以降、毎年六月一七日〜一九日にパルク・デ・プランスにて開催された。これらの催しは一九二八年には広く知られていた。
4. JJ夫人およびルイ・ラヴァーニャ夫人がHNと交わした会話より。二〇〇二年一〇月に筆者が説明を受けたもの。
5. ペドロンとマージョリーによるレポートやインタビューはHNのスクラップブックに保存されている。(ブランクホースト所蔵)

8. 白日の下で

1. Winifred M. Pink 著『Woman Engineer』(一九二八年刊) 2 (17) 235〜236ページより。
2. パテ・シネマから来ていた撮影隊の反応は、HNのスピード・トライアルが行われた週に、彼らに同行していた記者の記述に基づくものである。ル・オート紙の男というのはシャルル・ファルーかもしれない。編集者であるファルーは、HNの運転の抜群の才能を頻繁に褒めていた。(ブランクホースト所蔵)
3. ここで描かれているHNの気持ちは、スピード・トライアルの後に彼女が受けた複数のインタビュー

と、記録を破ったサーキットで後日彼女に同行できた記者からの情報を照合したものである。（ブランクホースト所蔵）

4．明細入りの請求書はブランクホースト・コレクションに所蔵されており、彼女がモルスハイムから車を回収したことを示している。この車がスピード・トライアルのために用意された二台のうちの一台であり、ブランクホースト・コレクションの一台がそれだと一般に認められている。

5．『L'Intransigeant』一九三〇年二月七日付より（ブランクホースト所蔵）

6．これはブランクホースト・コレクションのスクラップブックに数多くある、日付のない切抜きの一つである。筆者の記述は以下の仮定に基づいている。ビュファローで彼女のきたるべきアメリカ行きの詳細が披露されたということは、このビュファローでの二つ目のアクターズ選手権は、一九三〇年の夏に開催されたものに違いない。HNがダート・トラックで競走するために渡米したのは一回きりなので、この事実からパルク・デ・プランスでの催しに関する切抜きで、アメリカ行きに言及しているものは、すべてこの夏に関係していると思われる。パルク・デ・プランスの会場は一九三〇年に取り壊された。一九三一年以降のすべてのアクターズ選手権はパリの別の場所、モンルージュのビュファロー自転車競技場で開催されている。

9．ラルフのハニー

この章については、パトリシア・リー・ヤング教授からの情報と、教授が『The Alternate』（二〇〇二年刊）のために書いたHNのアメリカでの冒険についての優れた記事を資料として参考にしている。また、『The Alternate』（一九九二年五月一五日付）掲載のジョン・コツープによるウッドブリッジの板張りコースについての記述も同様である。

1．アンリ・ラルティーグからHNへの手紙（一九三〇年八月三日付のHNからの手紙への返信）一九三〇年八月一八日付。これらの手紙はサヴォイ・プラザの勘定書とともにスクラップブックに保存されている。（ブランクホースト所蔵）

2．スクラップブックより。日付なし（ブランクホースト所蔵）

3．Derek Nelson 著『The American State Fair』（MBI Publishing Company, Osceola, Wisconsin 一九九九年刊）78ページより。

4．Albert R. Bockrock 著『American Auto Racing : A History』（Cambridge, Patrick Stephens

一九七四年刊）９９８ページより。

5．スクラップブックより（ブランクホースト所蔵）新聞記事には誤植とともにHNがしばしば勘違いされていたHelen Rice（ヘレン・ライス）という名前が見受けられる。

6．彼女が使用した車はラリー・ビールズが所有しているか、当日彼が運転していたものだが、ミラーかデューセンバーグかは明らかでない。

7．スクラップブックより（ブランクホースト所蔵）

8．『Record』一九三一年二月一四日付

9．この記述は、一九三〇年代のあいだにテディ・コールドウェルがHNに宛てた手紙に基づくものである。（アゴスティヌッチ所蔵）

10．『Record』上記8に同じ。

11．『France Soir』一九六一年三月七日付より。

12．『Record』上記8に同じ。

10．女と男と自動車と

1．HNからJJ夫人への手紙　一九七七年三月三日付（LRT所蔵）

2．Erwin Tragatsch 著『Das Grosse Rennfahrer-buch』(Bern:Hallwag AA　一九七〇年刊）２３８ページより。

3．テディ・コールドウェルからHNへの手紙　一九三一年一一月一二日付より。（アゴスティヌッチ所蔵）

4．テディ・コールドウェルからHNへの手紙　一九三三年一一月二二日付より。（アゴスティヌッチ所蔵）

5．HNからJJ夫人への手紙　一九七七年三月三日付より。（LRT所蔵）

6．この部分は推測による描写である。

7．HNからJJ夫人への手紙　一九七六年六月一四日付より。（LRT所蔵）

8．日本語訳『カミュ全集7　十字架への献身・精霊たち・夏』滝田文彦訳／佐藤朔・高畠正明編集（新潮社　一九七三年刊）

9．テディ・コールドウェルからHNへの手紙　一九三三年一一月二二日付より。（アゴスティヌッチ所蔵）

10．二台目のスーパーチャージャーなしのブガッティ（登録番号２０６６-ＲＤ９）はイギリス人ドライバー、チャールズ・ブラッケンベリーの手に渡り、彼はこの車で一九三〇年代半ばにかなりの好成績を収めている。

11．Dame Joan Littlewood 著『Milady Vine: The Autobiography of Philippe de Rothschild』(London: Jonathan Cape　一九八四年刊）及び二〇〇二年六月の著者とのインタビュー、電話での会話より。

12．Clive Coates 著『Grands Vins: The Finest

Chateaux of Bordeaux and their Wines』(Los Angeles: University of California Press　一九九五年刊）64ページより。

13．アンリ・ラルティーグからＨＮへの手紙　一九三五年三月三〇日、四月五日付より（ブランクホースト所蔵）

11．不運の年

1．マルセル・モンジャンからＨＮへの手紙　一九三六年六月五日付。（アゴスティヌッチ所蔵）

2．アンリ・トゥーヴネからＨＮへの手紙　一九三六年六月三日付。（アゴスティヌッチ所蔵）

3．同上

4．マルセル・モンジャンからＨＮへの手紙　一九三六年六月（日付なし）。（アゴスティヌッチ所蔵）

5．事故に関する記述はさまざまだが、アルナルド・ビネッリが撮影したフィルム（現在はアゴスティヌッチ・コレクション所蔵）には、わらの梱もそれをどけようとしている警察官も写ってはいない。しかし、彼女が観客のわきを走りながら、助手席側の車輪に何か（わらの梱かもしれない）を引っ掛けたことを示している。コントロールを失いつつもスリップする車を元に戻そうとした後、車の先端が観客のほうに向いているのが見える。同レースに出場していたチコ・ランディが彼の見解をwww.atlasforumのウェブサイトで述べている（二〇〇一年一一月二〇日）（訳者註：このフォーラムには「チコ・ランディ」というハンドルネームの人がおり、著者はその人の発言を本人と認識しているようである）。もう一つの記述が『Allgemeine Automobil Zeitung』（Berlin　一九三六年刊、33号）16ページに出ている。

（以下引用）

ドライバーを失った車は一番近くにいた観客たちを地面へと投げ飛ばした。そして、取り憑かれたモンスターのように彼らを轢いてその手足をもぎ取った。ゴールラインを越えたところでようやく車は停止した。五人（原文ママ）がその場で死亡し、さらに三五人（原文ママ）が病院へ運ばれている。その時点では勇敢な女性ドライバーは犠牲者の一人だと思われた。彼女は大怪我を負い、昏睡状態で病院に運ばれた。

12．戻り道

1．ソランジュからＨＮへの手紙　一九三六年七月一七日付。（アゴスティヌッチ所蔵）

2．マルセル・モンジャンからＨＮへの手紙　一九

三六年七月二四日付。（アゴスティヌッチ所蔵）
3．アンリ・トゥーヴネからHNへの手紙　一九三六年七月一八日付。（アゴスティヌッチ所蔵）
4．レースの記録によると彼女は初め四位となっていたが、順位は修正されて三位となっている。（ブランクホースト所蔵）
5．アンリ・トゥーヴネからHNへの手紙　一九三六年八月二一日付。（アゴスティヌッチ所蔵）
6．HNからJJ夫人への手紙　一九七七年三月三日付。（LRT所蔵）
7．レオン・ムーラレからHNへの手紙　一九三六年一二月二九日付及び一九三七年一月一四日付。（ブランクホースト所蔵）
ここで「ビドン」という名が出てきていることが、彼女がルゥーから購入したアルファ・ロメオにつけたニックネームの謎を解くカギになるかもしれない。そのアルファ・ロメオを整備していたのが、やはりガソリンの缶を意味する「ビドン」と呼ばれていたルゥーのメカニックだった。
8．『La Gazzetta del Popolo della Sera』より。日付は引用文中を参照。その年の四月四日にミッレ・ミリアは開催された。（ブランクホースト所蔵）
9．二〇〇一年に行われた筆者によるシモーヌ・デ・フォレストとのインタビュー。
10．セザール・マルシャンの発言。『La Fanatique de L'Automobile』一九七九年八月。
11．もっとも詳細なヤッコ・トライアルに関する記述はAnthony Blight著『The French Car Revolution』(G.T.Foulis　一九九六年刊）283ページ参照。
12．二〇〇一年に行われた筆者によるシモーヌ・デ・フォレストとのインタビュー。
13．JJ夫人を指している。二〇〇二年一〇月。
14．Julien Green著『Journal』一九二六年〜一九三四年『Oeuvres completes』（一九七五年）第四巻収録338ページ。
15．アドラーヴェルケ社ハインリッヒ・クレイェルからHNへの手紙　一九三八年二月二一日付（ブランクホースト所蔵）
16．Mick Walsh筆『Classic and Sports Car』一九九七年六月
17．Charles Faroux筆『L'Auto』一九三九年八月七日、またアンソニー・ブライトが『The French Car Revolution』(G.T.Foulis　一九九六年刊）中にも引用している。522ページ
18．ここを書くにあたっては、David Venables著『Bugatti: A Racing History』(Haynes 二〇〇二年刊）229ページによる記述を参考にした。

13. 戦争中は何をしていたんだい、お嬢さん？

一三章と一四章を書くにあたっては、アントニー・ビーヴァーとアルテミス・クーパーと交わした議論が参考となり、彼らに借りた本に啓発された。

1. 詳細はDavid Venables著『Bugatti: A Racing History』（Haynes 二〇〇二年刊）２３０～２３１ページとW. F. Bradley著『Bugatti, A Biography』（London　一九四八年）１４４ページによる記述を参考とした。
2. Rene Dreyfus 著『My Two Lives: Racing Driver to Restauranteur』(Aztex Corp　一九八三年）39ページ。
3. Robert Ryan著『Early one Morning』(Headline 二〇〇二年刊）日本語訳『暁への疾走』鈴木恵訳 文春文庫 二〇〇六年刊、『The Hero Who Died to Live』Sunday Times Magazine 二〇〇一年一二月一六日掲載。M. R. D. Foot はこの説に納得していない。ＭＩ６も同様である。
4. M. R. D. Foot 著『The SOE in France』付録Ｆ (HMSO　一九六六年)
5. W. F. Bradley著『Bugatti, A Biography』(London　一九四八年）１４０ページより。
6. David Pryce-Jones が『Paris in the Third Reich: A History of the German Occupation 1940-1944』(London: Collins　一九八一年刊）62ページにて引用したもの。
7. Colette 筆「Lettres aux petites femieres」一九四一年一二月一五日付 Marie-Therese Colveaux-Chaurang による編集、注釈。（Paris: Le Castor Astral 一九九二年）75ページ。
8. Littlewood/Rothschild 共著『Milady Vine: The Autobiography of Philippe de Rothschild』(London: Jonathan Cape 一九八四年刊）１８８ページ。
9. 同上　１８７ページ。
10. Robert Kanigel 著『High Season in Nice』(London: Little, Brown　二〇〇二年刊）１９８～２００ページ。

14. 告発

1. Henri Amoroux 著『Joies et douleurs de peuple libre』(Paris: Laffont　一九九八年刊）４７２ページで引用されているフィリップ・ヴィアネの言葉。
2. 同上　４６３ページ。

3. Antony Beevor/Artemis Cooper 共著『Paris after the Liberation』(Penguin 一九九四年刊) 217ページ。

4. エットーレ・ブガッティの最後の数ヶ月のもっとも優れた記述に関しては David Venables 著『Bugatti: A Racing History』(Haynes 二〇〇二年刊) 223ページを参照。

5. 筆者によるJJ夫人へのインタビュー、二〇〇二年秋。

6. マルケーゼ・アントニオ・ブリヴィオ・スフォルザからHNへの手紙　一九四六年一月一四日付。(ブランクホースト所蔵)

7. これらの詳細については Riviera News 一九四九年三月一日付を参照した。

8. HNからアントニー・ノゲへの手紙(一九四九年二月一三日付)の直筆の写し。

9. 同上。

10. Mick Walsh 筆「One Hellé of a Girl」Classic and Sports Car 誌一九九七年六月掲載。

11. Tobias Achele 著『Huschke von Hanstein, The Racing Baron』(Koneman　一九九九年刊)。

12. ブランクホースト・コレクション、言い換えればHNの未完成のスクラップブック二冊にミック・ウォルシュがたどり着いたのは、その二冊がクリスティーズによるタリータウンでのオークション対象品だったか、もしくはオスカー・デイヴィスが入手したばかりのときだった。

13. HNからJJ夫人への「ナルドに関する返答」一九七四年(LRT所蔵)

15. すべてを失って

手紙や写真、HN個人の所持品の数多くを筆者に貸与してくれたラ・ルー・トゥルヌは、その寛大な活動を個人からの寄付によって続けている。今もパリ一七区ルジャンドル通り五六番地が拠点となっており、JJ夫人が団体の会長である。

1. HNからJJ夫人への手紙　一九七四年。(LRT所蔵)

2. HNからJJ夫人への手紙　一九八一年五月一一日付および「ナルドに関する返答」一九七四年。(LRT所蔵)

3. 筆者によるJJ夫人へのインタビュー、二〇〇二年一一月。

4. HNからJJ夫人への手紙　一九八一年五月一八日付。(LRT所蔵)

5. アレクサンドリーネ・ドラングルからHNへの手

紙　一九六〇年。（アゴスティヌッチ所蔵）
6．筆者によるJJ夫人へのインタビューと文書でのやりとり　二〇〇二年八月～一一月。
7．HNからJJ夫人への手紙　一九七六年六月一四日付。（LRT所蔵）
8．アレクサンドリーネ・ドラングルからHNへの手紙　一九六〇年。（アゴスティヌッチ所蔵）
9．HNからJJ夫人への手紙および、JJ夫人からHNへの手紙　一九六二年七月～九月。（アゴスティヌッチ所蔵）
10．HNからJJ夫人への手紙　一九六三年六月一七日付。（LRT所蔵）
11．JJ夫人からHNへの手紙　一九六三年六月二一日付。（アゴスティヌッチ所蔵）
12．ソランジュ・ドラングルからHNへの手紙　一九六四年。（アゴスティヌッチ所蔵）
13．HNからJJ夫人への手紙　一九六四年六月二六日付。（LRT所蔵）
14．HNからJJ夫人への手紙　一九六五年一二月二二日付。（LRT所蔵）ラ・ルー・トゥルヌから募金への協力を嘆願されて、ジスカール・デスタン大統領も一〇〇〇フランを寄付している。
15．HNからJJ夫人への手紙　一九七四年六月一九日付。（LRT所蔵）
16．HNからJJ夫人への手紙「ナルドに関する返答」一九七四年。ビネッリの死は、一九七四年一〇月五日にビネッリの未亡人より知らされた。（LRT所蔵）
17．HNからJJ夫人への手紙　一九七八年一月一一日付及び日付不明の一通（LRT所蔵）
18．HNからJJ夫人への手紙　一九八三年六月二八日付。（LRT所蔵）

掲載写真クレジット　Picture Credits

本書のために写真を提供くださった皆様に、著者および発行元より感謝の念を込め、ご挨拶申し上げます。掲載された写真の版権等を持つ関係者の方々と連絡を取るためにできるかぎりの努力を重ねて参りました。しかし写真が断りなく掲載されている方などおられましたら、ぜひ発行元にご連絡くださるようお願いいたします。

The author and publishers wish to acknowledge with gratitude the following picture suppliers. Every effort has been made to contact all persons having any rights tegarding the pictures reproduced in this work. Where this has not been possible the publishers will be happy to hear from anyone who recognizes their material.

本文中の写真　＊数字は掲載ページ

アンドレ・アゴスティヌッチ Andrée Agostinucci：
43、61、72、77、196、199、213、243、248、258、309
ブライアン・ブランクホースト BrianBrunkhorst：115、121、149、230
ブガッティ・トラスト Bugatti Trust：50、52、126、141、202
ジャナラ・ジャルナッシュ／ラ・ルー・トゥルヌ Janalla Jarnach/La Roue Tourne：87
ジャン・ピエール・ポティエ Jean-Pierre Potier：159、205、264
オスカー・デイヴィス・コレクション Oscar Davis Collection：223、225
個人所蔵 Private collection：64、333
ウォルフガング・スタム Wolfgang Stamm：175、180、267

口絵ページ

アンドレ・アゴスティヌッチ Andrée Agostinucci：1、2、3、6、9、15、28、29
ブライアン・ブランクホースト Brian Brunkhorst：
13、14、16、17、19、20、22、23、24、25、26
ブガッティ・トラスト Bugatti Trust：11、12、18、21
ジャナラ・ジャルナッシュ Janalla Jarnach：8
ジャン・ピエール・ポティエ Jean-Pierre Potier：10、27、30
ウォルフガング・スタム Wolfgang Stamm：5、7
マイケル・ウーリー Michael Woolley：4

(敬称略)

著者
ミランダ・シーモア
Miranda Seymour
作家。ノンフィクション作品では、メアリー・シェリー、オットリーン・モレル、ロバート・グレーヴス、ヘンリー・ジェームスなど作家らの伝記を手掛ける。フィクションでは、グレーヴスとローラ・ライディングの関係を描いた作品『ザ・テリング』が高い評価を受けた。その他四冊の児童文学作品、かつて住んでいたギリシャのコルフを舞台とした短編集などがある。王立文学協会および王立技芸協会会員。前ノッティンガム・トレント大学客員教授。

訳者
オルダダイス佳苗
Kanae Alderdice
翻訳家。一九九二年早稲田大学卒業後、株式会社オレンジページ入社。四年間の編集部勤務を経て、一九九六年に渡英。ロンドンやグラスゴーで活動ののち、二〇〇五年よりニュージーランド在住。ニュージーランド人の夫と一歳になる娘と暮らしている。

ブガッティ・クイーン

華麗《かれい》なる最速《さいそく》のヌードダンサー エレ・ニースの肖像《しょうぞう》

二〇一〇年三月一〇日　初版発行

著　者　ミランダ・シーモア
翻　訳　オルダダイス佳苗
装　丁　Sur　小倉一夫
発行者　黒須雪子
発行所　株式会社 二玄社
〒101-8419　東京都千代田区神田神保町2－2
営業部
〒113-0021　東京都文京区本駒込6－2－1
Tel.03-5395-0511
印刷所　モリモト印刷株式会社
製本所　株式会社 積信堂
ISBN978-4-544-40044-1
Printed in Japan